XINCHANGTAI XIA
JINGZHUN FUPIN DE LILUN YU SHIJIAN
YI HUBEI HUANGGANG DIQU WEILI

新常态下
精准扶贫的理论与实践

以湖北黄冈地区为例

贾利军　赵瑾璐　陈招勇　杨俊霞　等编著

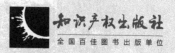

知识产权出版社
全国百佳图书出版单位

图书在版编目（CIP）数据

新常态下精准扶贫的理论与实践：以湖北黄冈地区为例/贾利军等编著.—北京：知识产权出版社，2017.12

ISBN 978-7-5130-5307-5

Ⅰ.①新… Ⅱ.①贾… Ⅲ.①扶贫—研究—黄冈 Ⅳ.①F127.633

中国版本图书馆 CIP 数据核字（2017）第 298137 号

内容提要

本书系统梳理了国内外关于贫困与反贫困的经典理论及研究动态，从多维视角构建了一个分析贫困结构的多维框架以及一个测算贫困程度的多维指数；进一步深入研究精准扶贫的产生背景及理论渊源，抽象出精准扶贫作为中国特色扶贫开发道路新阶段的深刻内涵、存在形式，继而从机制设计视角构建了多主体参与精准扶贫的具体路径。在理论演绎基础上，本书以扶贫任务繁重的湖北省黄冈市为例，通过问卷调查、文献研究、实地访谈的方式收集资料和数据，既深入考察了黄冈市建档立卡贫困人口在宏观、微观上的特征，也详细剖析了黄冈市实施精准扶贫的基本经验和存在问题，进而在借鉴国内外反贫困的成功经验基础上提出优化精准扶贫机制的政策建议。

责任编辑：宋　云　刘雅溪　　　　责任校对：王　岩

封面设计：SUN 工作室　韩建文　　　责任出版：孙婷婷

新常态下精准扶贫的理论与实践

——以湖北黄冈地区为例

贾利军　赵瑾璐　陈招勇　杨俊霞　等编著

出版发行：知识产权出版社 有限责任公司	网　址：http://www.ipph.cn	
社　址：北京市海淀区气象路 50 号院	邮　编：100081	
责编电话：010-82000860 转 8388	责编邮箱：songyun@cnipr.com	
发行电话：010-82000860 转 8101/8102	发行传真：010-82000893/82005070/82000270	
印　刷：虎彩印艺股份有限公司	经　销：各大网上书店、新华书店及相关专业书店	
开　本：720mm×1000mm　1/16	印　张：14.75	
版　次：2017 年 12 月第 1 版	印　次：2017 年 12 月第 1 次印刷	
字　数：250 千字	定　价：58.00 元	

ISBN 978-7-5130-5307-5

前　言

　　贫困问题的长期存在是社会主义初级阶段的基本特征之一。持续消除贫困，缩小贫富差距直至共同富裕，是社会主义的根本要求。2015 年，习近平总书记在中央扶贫开发工作会议上指出："经过改革开放 37 年来的努力，我们成功走出了一条中国特色扶贫开发道路，使 7 亿多农村贫困人口成功脱贫，为全面建成小康社会打下了坚实基础。"改革开放以来，中国扶贫开发始终坚持解放和发展生产力，积极发挥党和政府的主导作用，取得了举世瞩目的扶贫成绩，形成了区别于西方国家经验的中国特色，充分证明了社会主义制度的优越性。但由于人口、历史和制度等因素，我国农业现代化水平整体较低，农村发展水平区域差异较大，农村贫困地区的深层次矛盾依然没有从根本上解决，现行标准下我国仍有 4335 万贫困人口。特别是国际金融危机爆发后，我国经济开始步入中高速发展的新常态，经济增速的放缓意味着原有的增长动力出现了衰减，进而给农村扶贫开发工作带来一定的挑战。党的十八大以来，农村扶贫开发面临新形势、新要求，以习近平同志为核心的党中央，将扶贫开发工作纳入"四个全面"战略布局，大力实施精准扶贫，不断拓展扶贫开发新路径，推动中国特色扶贫开发道路进入新常态。

　　事物发展进入常态是合规律与合逻辑的统一，只有具备发展新阶段的基本规律与内在逻辑才能称为新常态。当前，宏观经济形态由高速增长转入中高速增长，决定了扶贫开发面临的基本经济形势已经改变，而实现第一个百年奋斗目标的时间表则凸显了扶贫开发的任务要求，在压力剧增和时间紧迫的双重夹击下，传统扶贫开发模式已难以适应新的时代要求。伴随"四个全面"战略布局的持续展开，尤其是深入实施供给侧结构性改革以来，以创新驱动发展、产业转型升级和区域协同发展为核心的发展新思路，深刻影响了新时期扶贫开发的组织形式和实现路径。2013 年 11 月 3 日，习近平总书记在湘西考察时首次提出"精准扶贫"，这是对我国扶贫开发工作的又一次重大理念创新，标志着我国扶贫开发工作进入一个新的历史阶段。深入研究新阶段下扶贫开发的基本规律与内在逻辑，总结和提炼中国特色扶贫开发的内涵与路径，无疑具有重要的理论价值和实践意义。

黄冈市是湖北省扶贫攻坚的主要战场之一，位于我国 14 个连片特困地区中的大别山区，从新一轮扶贫开发建档立卡识别认定的黄冈市贫困村、贫困户和贫困人口看，黄冈市的贫困现象在中部地区具有较强代表性。全市贫困村 892 个，占湖北省贫困村总数 4821 个的 18.50%，居全省第 1 位；贫困人口 102.83 万人，占全省贫困人口总数 580.6 万人的 17.71%，居全省第 2 位，仅次于恩施市；贫困发生率 17.75%，比全省平均水平高 3.55 个百分点，在全省 17 个市州中位居第 4 位，仅次于神农架林区、十堰市、恩施市。根据中共黄冈市委文件《关于全力推进精准扶贫精准脱贫的决定》，黄冈市扶贫攻坚的主要任务是：到 2018 年，通过实施"四个一批"，实现全市 102.8 万建档立卡贫困人口全部脱贫销号、892 个贫困村全部脱贫出列、6 个贫困县全部脱贫"摘帽"。近年来，黄冈市各级党政部门高度重视扶贫开发工作，在实施精准扶贫过程中积累了一定经验，取得了初步成效，为中部贫困地区开展精准扶贫提供了有益借鉴。

因而，本书选取了黄冈市作为研究对象，结合国内外贫困及反贫困理论、国外反贫困实践经验、黄冈市经济社会发展基础，重点考察和研究了黄冈市贫困的规模、结构、特征，详细分析了黄冈市扶贫开发具体实践中形成的经验、路径和问题，并进一步为优化黄冈市精准扶贫工作提出了对策建议。为此，我们先后组织了北京理工大学人文与社会科学学院经济系师生连续 3 年赴黄冈市开展暑期实习实训及主题调研活动，并深入黄冈市政府办、发改委、扶贫办、旅游局、农业局等十几个委办局以及红安县、团风县、罗田县、英山县等 8 个县开展调研工作，相关调研成果得到黄冈市主要领导及北京理工大学校领导的积极认可。

本书在写作和出版过程中，得到了黄冈市各部门领导以及北京理工大学人文与社会科学学院主要领导的大力支持，我们在此表达衷心的感谢。同时，本书的出版离不开暑期实习实训团各位师生的调研工作、数据整理和文字校对，我们在此一并表示诚挚的谢意。

目　录

第1章　绪　论

1.1　研究背景 ……………………………………………………… (1)

1.2　研究意义 ……………………………………………………… (3)

1.3　研究思路与方法 ……………………………………………… (5)

1.4　关于贫困与反贫困的研究综述 ……………………………… (7)

第2章　反贫困研究的理论基础

2.1　贫困与反贫困的概念辨识 …………………………………… (14)

2.2　贫困内涵的演进脉络 ………………………………………… (20)

2.3　贫困与反贫困的基本理论回顾 ……………………………… (27)

第3章　国内外反贫困实践的回顾

3.1　西方发达国家反贫困实践的演进 …………………………… (38)

3.2　新兴工业化国家反贫困实践的演进 ………………………… (44)

3.3　民国时期的反贫困实践 ……………………………………… (51)

3.4　新中国的反贫困实践 ………………………………………… (55)

第4章　精准扶贫的理论内涵与实现路径

4.1　精准扶贫提出的背景 ………………………………………… (67)

4.2　精准扶贫的理论渊源 ………………………………………… (71)

4.3　精准扶贫的内涵及形式 ……………………………………… (76)

4.4　精准扶贫的实现路径 ………………………………………… (86)

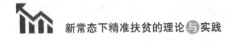

第5章 精准扶贫黄冈样本的解剖分析

  5.1 黄冈市精准扶贫的经济社会发展基础 …………………………（93）

  5.2 黄冈市精准扶贫面临的贫困现状 …………………………（107）

  5.3 黄冈市贫困的精准识别——基于多维贫困的测度 …………（111）

  5.4 黄冈市贫困的诱因分析 …………………………………（125）

  5.5 黄冈市精准扶贫的具体实践 …………………………（128）

  5.6 黄冈市精准扶贫的经验总结 …………………………（135）

  5.7 当前黄冈市精准扶贫面临的困难 ……………………（150）

第6章 黄冈市推进精准扶贫实践思路与对策建议

  6.1 黄冈市推进精准扶贫的实践思路 ……………………（153）

  6.2 黄冈市弥补精准扶贫短板的路径 ……………………（158）

  6.3 黄冈市推进精准扶贫的对策建议 ……………………（168）

第7章 精准扶贫的黄冈案例分析

  7.1 残疾人帮扶扶贫案例分析 ……………………………（179）

  7.2 黄冈市电商扶贫案例 …………………………………（181）

  7.3 黄冈市光伏扶贫案例 …………………………………（185）

  7.4 农业产业化扶贫案例 …………………………………（188）

  7.5 黄冈市交通扶贫案例 …………………………………（190）

  7.6 武穴市教育扶贫案例 …………………………………（193）

  7.7 金融扶贫案例 …………………………………………（196）

  7.8 劳动力转移培训案例 …………………………………（199）

  7.9 驻村帮扶案例 …………………………………………（201）

  7.10 旅游扶贫案例 ………………………………………（203）

  7.11 易地搬迁扶贫案例 …………………………………（209）

  7.12 社会扶贫案例 ………………………………………（211）

  7.13 医疗救助扶贫案例 …………………………………（213）

  7.14 产业扶贫案例 ………………………………………（215）

参考文献 ……………………………………………………（219）

后　记 ………………………………………………………（228）

第1章 绪 论

1.1 研究背景

世界各国的发展经验表明，贫困现象是内生于发展方式的普遍性难题。这是因为，按照自由市场的内在逻辑，经济发展往往是沿着非均衡的增长路径进行的，即经济的快速增长总是首先发生在具有禀赋优势的地区，而后逐渐向其他地区转移和扩散。在缺乏政府干预的前提下，这种非均衡的发展方式不仅带来了贫富的分野，也不断维持和扩大贫富之间的差距。因而，只有将贫困议题引入发展方式的分析框架加以讨论，并将反贫困纳入政府干预的职能范畴加以实施，贫困现象才能从根本上得到缓解和消除。

"二战"结束后，世界各国的经济建设相继进入"快车道"，以经济增长和收入分配为主要内容的反贫困措施在各国成功实践，全球范围消除贫困的努力取得了积极成效。根据人日均 1.9 美元（以 2011 年为基准）的国际贫困线，全球的贫困发生率已经由 1981 年的 42.15％下降到 2013 年的 10.68％。❶但是，由于发展结构失衡、不平衡的国际贸易、全球性的金融危机、地缘政治冲突、社会动乱和恐怖主义等多方面因素影响，全球范围内发展中国家贫困的深度和广度仍不容乐观，贫困群体脱贫发展的总体形势依然严峻。截至2015 年，全球仍有 7.95 亿人正在遭受长期的饥饿折磨，有 8.36 亿极端贫困人口仍生活在低于 2 美元的日均消费水平，此外还有高达 2 亿多的失业人口。❷由此可见，即便发展到今天，贫困问题依然是摆在各国面前的世界性难题。

---

❶ 数据来源：世界银行 2017 年 2 月 1 日发布的《世界发展指标（World Development Indicators）》。

❷ 数据来源：联合国开发计划署人类发展报告办公室（HDRO）《2015 年人类发展报告》。

我国作为最大的发展中国家，人口基数大、发展起点低、地区差异明显、城乡发展不均，这些因素共同决定我国的贫困人口规模大、贫困发生率高、贫困现象异常复杂和多变。1978 年改革开放后，我国开始有目的性地实施大规模扶贫开发，先后颁布和实施了《国家八七扶贫攻坚计划（1986～2000）》《中国农村扶贫开发纲要（2001～2010）》《中国农村扶贫开发纲要（2011～2020)》，在扶贫开发和脱贫攻坚上取得了举世瞩目的成就。从 1978 年到 2015 年，伴随经济持续高速增长，我国城镇居民人均可支配收入由 343.4 元上升到 31194.83 元，基本消灭了城镇地区的贫困问题，而农村居民人均可支配收入也由 133.6 元上升到 11421.71 元。❶ 从 1986 年到 2015 年，随着扶贫开发的不断推进，我国扶贫标准从农民人均纯收入 206 元上升为 2855 元，中央财政拨付的扶贫资金从 19 亿元上升到 467.2 亿元。❷ 正如习近平总书记在中央扶贫开发工作会议上指出："经过改革开放 37 年来的努力，我们成功走出了一条中国特色扶贫开发道路，使 7 亿多农村贫困人口成功脱贫，为全面建成小康社会打下了坚实基础。"❸

但由于人口、历史和制度等因素，我国农业现代化水平仍然较低，农村发展缓慢，城乡收入差距较大，农村贫困地区的深层次矛盾没有从根本上解决。特别是国际金融危机爆发后，我国经济开始步入中高速发展，自 2012 年起我国 GDP 增速正式告别了 1978 年以来年均 9％以上的快速增长，其中 2012 年和 2013 年的增速均为 7.7％，2014 年的增速为 7.3％，2015 年的增速为 6.9％，2016 年的增速为 6.7％。❹ 经济增速的放缓意味着原有的增长动力出现了衰减，经济增长对扶贫开发的带动作用开始减弱，进而导致过去 30 多年扶贫开发的"粗放"特点逐步显现，贫困人口识别不准、扶贫项目"大水漫灌"、扶贫资金"天女散花"、贫困县不愿"摘帽"、扶贫资源浪费、扶贫领域腐败等问题难以根除，严重影响了我国农村的脱贫速度和减贫实效。

党的十八大以来，我国扶贫开发面临新形势和新要求，党中央提出扶贫开发"贵在精准，重在精准，成败之举在于精准"，为新时期的扶贫开发工作

---

❶ 数据来源：国家统计局数据库。

❷ 数据来源：国务院扶贫办网站。

❸ 习近平. 脱贫攻坚战冲锋号已经吹响 全党全国咬定目标苦干实干 [EB/OL]. http://news.xinhuanet.com/politics/2015－11／28/c_1117292150.htm，2015-11-28.

❹ 数据来源：国家统计局数据库。

指明了战略方向。2013 年 11 月 3 日，习近平总书记在湘西考察时首次提出"精准扶贫"，这是对我国扶贫开发工作的又一次重大理念创新，标志着我国扶贫开发工作进入一个新的历史阶段。4 年多来，在精准扶贫的大背景下，全国从中央到地方积极整合扶贫资源，依托"五个一批"工程施策发力，初步解决了"扶持谁""谁来扶"和"怎么扶"的问题，为精准扶贫的政策落地和持续推进积累了一定的经验。四年来，我国贫困人口数量稳步降低，其中2016 年农村贫困人口比上年减少 1240 万人。❶

但是，在取得成绩的同时，各地在精准扶贫的具体实践中也暴露出很多问题，盲目跟风、脱离实际、政府包办、吃大锅饭等现象屡屡出现。比如西部某贫困县产业发展随意性强，对人力资源状况、综合成本控制和市场风险调研不足，盲目推进高端扶贫产业导致项目发展失败；再比如贵州某县缺乏深加工等配套产业链，在设置扶贫产业时只发展附加值较低的初级产品，导致项目的扶贫效果并不明显。此外，难以发展持续脱贫能力的短期扶贫、贫困户产业脱贫积极性不高、脱贫产业陷入饱和市场竞争等问题也时有发生。这些问题的暴露，充分显示了人们对精准扶贫的深层次规律把握不准，对精准扶贫"发展什么产业"和"如何发展产业"的内在逻辑认识不清，这也集中反映了一些地方还未能精准厘清政府与市场在扶贫开发中的界限。

1.2　研究意义

关于反贫困问题的研究，早在农业社会时期就已经开启。一般认为，最早探讨消除贫困的经济学家是英国经济学家马尔萨斯（Malthus），他在 1789年出版的《人口原理》中指出，人口以几何级速度增长与生活资料以算术级速度增长的矛盾是导致贫困的根源❷，因而主张控制人口增长速度以缓解贫困。但实际上，在英国手工业蓬勃发展和机器大工业萌芽时期，亚当·斯密（Adam Smith）在 1776 年出版的《国富论》中提出通过发展分工专业化和

---

❶　数据来源：国家统计局《2016 年国民经济和社会发展统计公报》。
❷　马尔萨斯"人口论"的逻辑起点是两个假设前提：第一是食物为人类生存所必需，食物赖以生产的基本资料是土地，而土地的肥力存在递减的规律；第二是男女之间的情欲是必然，并且这种必然性不会随着时间迁移而改变。

"看不见的手"来解决财富匮乏的一般原则，此后李嘉图（Ricardo）在 1817 年出版的《政治经济学及赋税原理》中指出，基于比较优势原则开展自由贸易可以增进不同国家和不同群体之间的普遍福利。随着工业革命从英国蔓延到主要资本主义国家，劳资矛盾的社会化进一步凸显，法国空想社会主义代表人物圣西门（Saint-Simon）、傅立叶（Fourier）分别在 1802 年发表的《一个日内瓦居民给当代人的信》和 1808 年发表的《关于四种运动和普遍命运的理论》中指出，资本主义私有制是贫困的根源❶，只有消灭私有制才能彻底消除贫困。进一步，以电气革命为核心的技术革命推动了资本主义生产规模的持续扩张，垄断组织的出现深化了资本作用的强度和广度，马克思（Marx）进一步抽象了私有制社会中的贫困现象，发现了资本积累与贫困深化的一般规律，他在 1865 年出版的《资本论》第一卷中指出"工人阶级中贫困阶层和产业后备军越大，从而官方认为需要救济的贫民也就越多。这是资本积累的绝对的、一般的规律"❷，认为只有建立生产资料公有制才能彻底消除贫困，实现人的自由而全面的发展。

进入 20 世纪后，尤其是信息技术革命和新经济诞生以来，新的技术和产业周期推动全球生产力和生产关系的急剧变革，经济全球化进一步重塑各国贫困的规模与结构。美国经济学家舒尔茨（Schultz）在 1965 年《美国经济评论》第 40 卷发表的论文《贫困经济学：一位经济学家关于对穷人投资的看法》中首次提出了"贫困经济学"的概念，在此之后一大批经济学家投入到反贫困的研究中，其中以新制度学派和发展经济学代表人物冈纳·缪尔达尔（Karl Gunnar Myrdal）、印度福利经济学代表人物阿马蒂亚·森（Amartya Sen）、微观经济学家安格斯·迪顿（Angus Deaton）等人的影响最大，由于消除贫困的研究贡献，他们分别于 1974 年、1998 年、2015 年荣获诺贝尔经济学奖。

可见，对贫困问题的关注和致力于反贫困的研究，能够纳入现代经济学的整个发展谱系，古典政治经济学及之后的各经济派别均对反贫困展开了卓

---

❶　圣西门批判了法国社会贵族阶级和资产阶级对无产者的统治，他指出"当你们的伙伴统治法国的时候，那里发生了什么事情？他们造成了饥荒！"而傅立叶则热衷于讽刺资产阶级文明，他明确提出"在文明时代，贫困是由过剩本身产生的"。

❷　马克思. 资本论 [M]. 中共中央马克思恩格斯列宁斯大林著作编译局，译. 北京：人民出版社，2004：742.

有成效的研究，形成了丰富的思想体系和理论成果。那么，今天我们为何仍要开展消除贫困的学术探讨？原因主要有两方面：①在技术与经济范式不断变革的历史演进中，贫困现象及其主要特征已经发生了深刻变化，不同技术水平或产业周期背景下的贫困解读必须充分彰显新的时代特点，因而过去的理论遵照已经不能完全作为新阶段消除贫困的行动指南；②社会科学的研究实验室经常是以一个个处于特定发展阶段的国家为单位的，那么就必须放弃"放之四海皆准"的偏颇态度，而将一个国家的具体国情和发展道路纳入贫困分析的基本框架，因而在西方社会制度土壤上生发的反贫困理论与反贫困经验并不必然适用于我国。

当前，我国正处于扶贫攻坚的关键时期，以精准扶贫为核心的扶贫开发新理念新战略新思想正在推动扶贫开发内容、方式和路径的深刻变革。由此可见，本研究具有重大的理论价值和现实意义。

1.3　研究思路与方法

1.3.1　研究思路

本书按照"从理论到实践、从一般到特殊"的思路进行构建，全书总共由 7 部分内容构成。

第一章是绪论，综述本研究的背景、意义、思路、方法以及国内外相关研究进展。

第二章是反贫困研究的理论基础，重点从经典文献角度解读贫困与反贫困的概念，贫困内涵的演进，贫困与反贫困理论的重要代表，为本书的主题内容提供一个基本的理论依据和研究遵照。

第三章是国内外反贫困实践的回顾，分别从西方发达国家、新型工业化国家以及新中国成立前后三个方面介绍国外反贫困的实践发展以及我国反贫困实践的具体脉络，在历史梳理中寻找反贫困实践的国外经验，同时也探寻精准扶贫作为我国扶贫开发新阶段的历史意义。

第四章是精准扶贫的理论内涵与实现路径，重点分析了精准扶贫提出的背景，强调精准扶贫工作的必要性和紧迫性；其次从理论上回顾了精准扶贫的多元化的理论渊源，表明精准扶贫是中国特色社会主义理论与时俱进的新产物；最后详尽分析了精准扶贫的深刻内涵、表现形式以及实现路径，为推进精准扶贫的具体实践提供了必要理论参考。

第五章是精准扶贫黄冈样本的解剖分析，该部分内容选取黄冈市作为案例样本，深入分析黄冈市开展精准扶贫工作面临的经济社会发展基础、复杂多变的贫困现状，进一步通过构建多维贫困指数分析黄冈市总体贫困的程度与结构，探究黄冈市贫困诱因，最后通过剖析黄冈市近几年来采取的扶贫开发措施，一方面总结黄冈下属各县市形成的精准扶贫经验，另一方面也发现黄冈市推进精准扶贫工作存在的问题。

第六章是黄冈市推进精准扶贫的实践路径与对策建议，主要分析了黄冈市推进精准扶贫工作的主要任务和基础任务，在理清思路后强调从生产就业、移民搬迁安置、医疗救助三方面弥补扶贫短板，进一步从教育扶贫、产业扶贫、旅游扶贫三方面构建对策建议。

第七章是精准扶贫的黄冈案例分析，本书选取了黄冈市精准扶贫的 14 个案例展开分析，案例分析作为调研内容附在全书最后。

1.3.2　研究方法

（1）文献研究法。通过对前人研究文献的搜集、鉴别、整理，充分了解国内外关于反贫困的研究进展。在文献的集中梳理中，一方面可以结合前人研究的具体内容明确本研究的研究背景，以及核心关键词的概念界定；另一方面可以回顾相关的基础理论，进而有利于提出研究问题并进行科学的研究设计。

（2）历史研究法。通过对历史资料的发掘分析，按照事物发展规律研究我国扶贫开发的发展和演进的不同阶段，进而在历史归纳中总结国内外反贫困的基本经验和存在的问题。同时，历史研究法作为比较研究法的一种，通过对发展阶段和发展条件的比较，进一步分析现阶段精准扶贫的发展趋势。

（3）演绎法。从一般性的前提出发，通过推导即"演绎"，得出具体陈述或个别结论的过程。本研究在反贫困的基本理论和国内外关于贫困测度研究基础上，深入研究了精准扶贫的内涵、形式和实现路径，进一步结合黄冈市具体情况，研究黄冈市贫困现状、贫困诱因和扶贫路径等关键性问题。

（4）实证研究法。通过构建多维贫困模型，在选取一定指标和规范数据的前提下，运用计量软件对黄冈市贫困现状展开主成分分析，构建黄冈市贫困程度与结构测度的多维贫困模型，揭示客观现象的内在构成因素及因素的普遍联系。

1.4　关于贫困与反贫困的研究综述

1.4.1　关于贫困的研究综述

1.4.1.1　关于贫困内涵的研究

对"贫困"一词的认识和理解，最初是从占有财富和物质多少的角度展开。《说文解字》中对"贫"的解释是"贫，财分少也"。此外，《尚书大传》中说到"居而无食谓之困"。可见，在我国古代，"贫困"是指缺乏财物、食宿不足的一种困顿状态。在《辞海》中，"贫困"一词被解释为"贫苦穷困"；在英语中，贫困对应着"poverty"。《科林斯经济学辞典》将"poverty"定义为：由于收入不足而不能达到最基本的生活标准，不能获取足量的维持生存所需的衣食住行物质的一种情况。

除了从词义本身来理解"贫困"以外，在不同的历史时期，学者们从不同角度对贫困的概念进行了界定。最初对贫困的认识，围绕着拥有财物和物质多寡这个核心议题，亚当•斯密认为，人们的贫富状况取决于享受各类物质财富的程度，并在其劳动价值论的基础之上提出了对贫富的认识，"他是贫是富，已须看他能够支配多少劳动，换言之，看他能够购买多少劳动"❶。朗特里（Benjamin Seebchm Rowntree）从收入的角度对贫困进行了定义，认为贫困是指一个家庭的经济能力即总收入不足以支付包括物质和服务在内的生活必需品，从而不能满足所有家庭成员正常生活需要的一种状况。朗特里所定义的贫困，也被认为是"绝对贫困"，这一概念是基于人们最基本的生理机能需求状况而界定的。世界银行的《1980 世界发展报告》主题为"人力资源与减轻贫困"，首次集中阐述了贫困问题，并将贫困定义为：由于缺少足够的

---

❶　［英］亚当•斯密. 国富论［M］. 郭大力，王亚南，译. 上海：上海三联书店，2009：23.

资源而不能获取一般的食宿物质条件，不能获取参加一些活动的机会。世界银行的《1990 年世界发展报告》着重关注了发展中国家的贫困问题，以"贫困"作为主题，论述了贫困的现状，并提出了相应的减贫对策，它将贫困定义为：由于缺少足够的能力而不能达到最基本生活标准的一种状况，这种最低生活标准用收入来衡量并综合考虑了支出、社会福利等其他因素，进一步增加了贫困的定义标准。阿马蒂亚·森（Amartya Sen）在其著作《贫困与饥荒》中对"贫困"的概念进行了集中的讨论，认为国家内部穷人的贫困与一个国家的整体贫穷是两个不同的概念，贫困与不平等也是两个截然不同的概念，贫穷这一概念应该集中关注的是穷人本身的福利状况，并采用权利方法分析了贫困与饥荒问题，论述了贫困与权利之间的关系。❶

1.4.1.2　关于贫困分类的研究

对于贫困，最常见的分类方法是将其分为"绝对贫困"和"相对贫困"两种，这也是最基本的一种分类方法。绝对贫困一般是指，在一定的时期，个人或者家庭不能获得满足其最低限度生存需要的衣食住行等物质条件的一种生活状况。人们对绝对贫困的认识较早，绝对贫困的定义起源于 19 世纪末 20 世纪初英国的布什和朗特里关于贫困问题的研究。朗特里的《贫困：城镇生活研究》是对英国贫困的开创性研究。最初意义上的贫困更倾向于绝对贫困，它是基于能否获得满足最低限度生存需要的生活必需品而定义的。绝对贫困的关注点集中在财富和物质的多少，缺乏对社会文化因素的考虑。20 世纪中期以后，学者们提出了相对贫困的概念，朗西曼较早地把相对剥夺运用于贫困分析中，这是相对贫困概念提出的理论基础，它由个人或某群体、某地区相对社会上其他个人、群体、地区的收入水平或实际生活水准而确定。相对贫困考虑了个人收入与社会平均收入之间的关系，指个人收入与社会平均收入之间的差距超过一定标准的情况。

随着对贫困问题研究的不断深入，经济学家开始在贫困的度量中加入了时间这一因素，并基于一个人、一个家庭在一定时间阶段内经历贫困的时间长短，将贫困区分为"长期性贫困"和"暂时性贫困"，不少学者在研究中也采用了这种分类视角。拉瓦雷（Martin Ravallion）对贫困动态做出了明确的

---

❶　［印度］阿马蒂亚·森. 贫困与饥荒［M］. 王宇，王文玉，译. 北京：商务印书馆，2009：18-30.

操作性分类，他们将总体贫困分解为长期性贫困和暂时性贫困：一定的时间段内自始至终经历贫困的家庭或个人属于长期性贫困，而一定的时间段内只有部分时间处于贫困的家庭或个人属于暂时性贫困。具体来说，一般将 5 年的贫困时间作为长期性贫困和短期贫困的分界点，长期性贫困即一个个体经历了 5 年或 5 年以上的确切的能力剥夺，少于 5 年的则为短期贫困。世界银行在《1990 年世界发展报告》中指出："长期性贫困是指有些人口长期处于贫困状态（至少持续 5 年以上）、虽经扶助也难以脱贫的状态；暂时性贫困则是指在一定时期（通常是 5 年）内入贫与脱贫这一现象。"由于实证方法的改变，雅兰（Bimal Jalan）和拉瓦雷在后来的研究中又提出了新的定义：平均消费水平持续低迷的贫困状态是长期性贫困，而消费水平跨期变动的贫困状态是暂时性贫困。章元、万广华、史清华（2013）采用 5 个省份的面板数据，对农户的长期性贫困和暂时性贫困问题进行了实证研究和度量分析，结果显示，通过对农户的总贫困进行分解，其中长期性贫困是其总贫困的主要构成，因此消减长期性贫困应是反贫困工作的重点。

1.4.1.3　关于贫困标准的研究

贫困标准的制定要充分考虑一定时期获取满足最低限度生存需要的生活必需品所需的费用。对于贫困标准的制定，可以从以下 3 个方面进行理解：首先，在一定的时期和范围内，贫困标准是绝对的、确定的；其次，随着时期和范围的改变，贫困标准是相对的、可变的；最后，贫困标准的制定既要关注基本的生理机能需求，又要关注现阶段已经实现的生活水平。❶ 1976 年，经济合作与发展组提出了国际贫困标准，这是一个相对贫困标准，并将一国或地区平均收入的 50% 作为贫困线。2010 年以后，我国采用了新的农村贫困标准，不仅增加了对食物质量的考量，而且保障一定比例的食品以外的支出，分析研究结果显示，这一标准能够适应小康生活要求的稳定温饱生活水平，应正确使用。❷

2015 年 10 月，世界银行采用了新的贫困线，标准为每天 1.90 美元，根据最新的价格数据变化而制定。由于人们对贫困的理解不同以及具体情况的

---

❶ 国家统计局《中国城镇居民贫困问题研究》课题组．中国城镇居民贫困问题研究［J］．统计研究，1991（6）.

❷ 王萍萍，徐鑫，郝彦宏．中国农村贫困标准问题研究［J］．调研世界，2015（8）：3-8.

不同，贫困线的制定有多种方法。比较常见的确定方法包括以下三种：第一，"市场菜篮法"，又称为标准预算法，用生活必需品的市场价格来作为贫困标准，这一方法源于朗特里对英国约克郡贫困问题的调查；第二，马丁法，这一方法由拉瓦雷提出，区分了"低贫困线"与"高贫困线"，以计算"食物贫困线"和"非食物贫困线"为基础，运用了计量经济学回归的方法；第三，恩格尔系数法，即通过恩格尔系数来计算贫困线，根据人们最低的营养需求，用最基本的食品消费支出除以恩格尔系数得到贫困线，它与社会平均生活水平相联系。

1.4.1.4 关于贫困测量的研究

在《1990年人类发展报告》中，联合国开发计划署（United Nations Deve-lopment Programme，UNDP）首次使用了人类发展指数 HDI（Human Development Index）。HDI 是一个综合衡量指标，不仅考虑经济因素，而且融合了包括预期寿命、教育水平在内的社会因素。1997年，UNDP 开始使用人类贫困指数 HPI（Human Poverty Index），它综合了 3 个不同维度的因素。2014年，UNDP 以多维贫困指数 MPI（Multidimensional Poverty Index）代替过去的 HDI，并对一些国家的贫困状况进行测量。MPI 是一种新的衡量贫困的综合指标，涵盖了 3 个维度的 10 个主要变量，包括健康、营养、教育、服务、卫生等，对贫困状况的反映更加全面，较之 HDI 和 HPI 更加完善。采用 MPI 测算方法，结合区域实际调整测量指标，结果显示，这一测算方法优于传统的测量方法，并且指标和权重是重要的影响因素，应结合区域实际进行选择，扶贫工作也应该充分结合区域多维贫困的基本情况。❶

由于人们对贫困的认识存在差异，贫困的统计方法是多样而复杂的。首先，最基本和简单的方法就是采用贫困人口数来度量贫困。贫困发生率用贫困人口占总人口的比例来表示贫困人口的范围大小，它计算的是贫困人口的比率。对于全面度量一国贫困问题状况的方法，印度经济学家阿马蒂亚·森提出了森贫困指数，该计算方法用 P 来表示贫困指数，综合考虑了贫困人口的比例以及贫困人口的收入分配状况，同时还结合了基尼系数，其取值范围在 0 到 1 之间，越接近 1 表示贫困问题越严重。森贫困指数存在着缺乏对穷

---

❶ 郭建宇，吴国宝. 基于不同指标及权重选择的多维贫困测量——以山西省贫困县为例［J］. 中国农村经济，2012（2）：12-20.

人贫困程度的考虑等缺陷，之后在此基础上，出现了众多改进的贫困度量方法。福斯特（James Foster）、格雷尔（Joel Greer）与索贝克（Erik Thorbecke）在 1984 年提出了 FGT 贫困指数，它关注的是贫困水平的平均状况，具有可分解性的优点，可以针对不同人群进行分解。SST 指数也是基于森贫困指数提出的一种改进度量方法，它同样具有可分解性的优点，从而可以进一步得知贫困状况的变化原因，综合考虑了贫困人口的规模、贫困缺口指数、贫困人口的收入分配公平状况等因素。

1.4.2 关于反贫困的研究综述

1.4.2.1 关于反贫困模式的研究

一般按照政府消除贫困的方式，将反贫困模式分为参与式反贫困、制度性反贫困、规制性反贫困。参与式反贫困中的"参与理念"是反贫困战略的重要思想理念，虽然参与式反贫困在我国的实践已经比较广泛，但是贫困人口参与度不足的问题仍然比较突出。何通艳（2013）以藏区为例，从多个角度深入分析了其参与式反贫困的状况，论证了这一反贫困方式的必要性与可行性，并认为参与式反贫困的构建应该适应藏区的具体情况，考虑参与主体特征，从经济文化等不同角度来考量。制度性反贫困模式，是针对以往反贫困范式的不足而提出的一种创新模式。在一些经济较为落后的地区，反贫困仍然是一项困难而艰巨的长期工作，这需要我们对传统的反贫困战略和范式重新进行审视和思考，并对其进行优化和完善。制度性反贫困模式更加适应长期反贫困的需要，能够结合法律制度的实施并针对主体、客体规定明确的法律责任（张施凯，2013）。而一些理论分析说明，反贫困与经济法二者之间存在着紧密的关联：反贫困符合经济法的目标价值，而经济法在反贫困模式的构建方面存在着较为重要的作用。国外反贫困实践中的成功经验，已经给学界提供了不少关于反贫困法律保障构建的启迪。针对目前我国在经济法反贫困方面存在的不足，并结合我国的实际情况，可以提出以经济法为主的反贫困模式的构想。应当认识到，这种反贫困模式是消除贫困问题的有效方式，它融合了经济法规制恶意行为、保护合法权益的优势特性，将经济法融入进来，可以进一步拓宽反贫困的视野，丰富反贫困战略思想（葛薇，2012）。

1.4.2.2 关于反贫困措施的研究

贫困是经济、文化、自然条件等多种因素相互交织的结果，欲改善区域的贫困状况，应综合分析多种不同因素，结合地域特色，充分考虑地域特征。在反贫困战略的制定上，可以从思想文化方面采取措施：第一，可以通过转变贫困人口的价值观念，同时进一步提高其自身的综合素质、发展能力等，从而从根本上消减贫困问题；第二，反贫困战略的制定需要考虑贫困人口的思想意识，要充分与其需求相结合，促进贫困人口增强自身文化素质、掌握一定的职业技能；第三，应该充分发挥社会保障与公共服务对于反贫困进程的积极推动作用，为贫困人口发挥自身潜能提供机会和资源（于吉玲，2011）。

在对反贫困问题的长期关注与实践中，包容性增长被视为一种较为有效的途径。田宇、卢芬芬、张怀英（2016）以武陵山集中连片贫困地区的企业为例，针对包容性商业模式进行了实证研究，讨论了如何增强贫困地区的自我发展能力，并认为贫困地区的企业可以基于贫困地区的本地能力与创业者建立联系，构建包容性商业模式。❶

反贫困还应该因地制宜地制定措施。应对贫困问题，可以吸收、借鉴国内外反贫困的成功经验，对其进行总结和归纳，但更重要的是，应具体问题具体分析，立足于实际问题。我国西部贫困地区在自然资源上具有富集的特点，针对西部地区的贫困问题，应当因地制宜，结合其经济发展的特点，发挥比较优势，突出特色产业对于经济发展的带动作用：一方面，要发展现代化的特色农业，增强农业的机械化、产业化水平；另一方面，要通过法律来促进贫困问题的改善，明确鼓励、制止哪些行为；此外，强化对人才的吸引，发挥人力资源的作用也十分重要（王洪涛，2013）。推进西部少数民族地区的反贫困进程有着十分重要的现实意义，在西部少数民族地区，较为封闭、偏僻的环境以及较为闭塞的交通条件，都是其反贫困进程中的一些制约因素，在反贫困战略措施的设计中，应明确反贫困的重点，着重提高反贫困的效率，借鉴发达国家反贫困的法律、政策经验，改变传统的单一扶贫模式，拓展扶贫方式，实现机制上的创新（陈少君，2013）。

---

❶ 田宇，卢芬芬，张怀英.中国贫困地区情境下的包容性商业模式构建机制：基于无形山片区的多案例研究［J］.管理学报，2016，13（2）：184-194.

　　除此之外，学者们还从多个角度探讨了对消除贫困的途径的认识。消除贫困不能仅仅依靠生产力水平的提高和物质财富的积累，对贫困的认识需要从多个角度出发。朱霞梅（2010）认为，只有着眼于推动人的全面发展，才能够有效消除贫困，对贫困问题、反贫困问题的认识和研究，需要深入认识实现人的全面发展这一必然趋势，把握从片面到全面自由发展的这一过程，贫困不是孤立的，它不仅仅是贫困人口和穷国的事情。王云生（2013）认为，我国经济发展需要推行亲贫困增长战略，从宏观的经济发展与反贫困之间的关系来看，在发展经济的同时应关注收入分配问题、关注弱势群体，要使得经济发展能够确保收入水平、生活质量等不存在不平等的现象，要保证择业公平，低收入人群的收入增长速度应当更快，方能够分享经济增长的成果，即经济发展应具有亲贫困的特点。❶ 此外，向家宇（2014）提供了一种通过加强农民基层组织建设、发挥基层组织的作用来治理农村贫困问题的思路与途径，研究了反贫困与农民组织化之间的联系，着眼于内源性发展，并认为治理贫困应当提高扶贫对象的参与度，重视基层组织的积极作用，发挥农村精英在反贫困中的带动作用。

---

❶　王生云．中国经济高速增长的亲贫困程度研究：1989～2009［D］．杭州：浙江大学，2013．

第 2 章　反贫困研究的理论基础

2.1　贫困与反贫困的概念辨识

2.1.1　贫困的概念辨识

朗特里和布思（Rowntree and Booth）在 1901 年撰文称，一定数量的货物和服务对于个人和家庭的生存和福利是必需的，缺乏获得这些物品和服务的经济资源或经济能力的人和家庭的生活状况，即为贫困。英国的汤森（Peter Townshend）在《英国的贫困：家庭财产和生活标准的测量书》中这样界定贫困："所有居民中那些缺乏各种食物，缺乏参加社会活动和最起码的生活和社交条件的资源的个人、家庭和群体就是所谓的贫困。"英国的奥本海默（Oppenheim）在《贫困真相》一书中则这样表述："贫困是指物质上的、社会上的和情感上的匮乏。它意味着在食物、保暖和衣着方面的开支要少于平均水平。首先，贫困夺去了人们建立未来大厦——'你的生存机会'的工具。它悄悄地夺去了人们享受生命不受疾病侵害、有体面的教育、有安全的住宅和长时间的退休生涯的机会。"贫困反映着多方面多层次的问题，它不仅是一个经济问题，更是一个社会问题。诺贝尔经济学奖获得者阿玛蒂亚·森曾指出："贫困的真实含义是贫困人口创造收入能力和机会的贫困，它意味着贫困人口缺少获得和享有正常生活的能力。"

但对贫困的理解，历来存在很多争议，原因在于学界在贫困的概念实质、诱发原因、分类标准等方面存在诸多差异。进入当代社会，贫困的内涵呈现复杂多变的态势，必须结合上述差异对贫困概念综合进行把握。

2.1.1.1　分析贫困的两个角度

对于贫困概念实质的理解，一般基于两个角度。一是从区域角度看待贫

14

困，贫困是某个国家或地区的综合资源匮乏。从国家角度来说，一般认识中常有以下的二分性质观点：不发达国家是贫困的，发达国家是非贫困的，而不发达的落后国家只有通过不断提高经济、科技实力才能逐步发达起来，最终摆脱贫困，这也是不发达的落后国家努力发展、奋力实现工业化的最终目的所在。二是从个人和家庭角度看待贫困，即贫困居民与贫困家庭。贫困地区或贫困国家必定存在贫困居民、贫困家庭，若从个体角度来看，即使是发达国家也仍存在贫困人口。发达国家虽然实现了经济的发展，但是由于居民对生活水准的要求更高，所以存在无法满足基本物质生活需求的绝对贫困；同样，不发达国家中通过不同家庭、居民个体之间的比较，也有相对贫困的存在。

2.1.1.2　诱发贫困的三种原因

贫困的诱因，即为何会产生贫困，"贫困"这种状态究竟由何引起。现阶段被人们普遍接受的致贫原因有以下三种。

第一，个人原因造成的贫困，即个人应该为他们的贫困负责。有神论的宗教观点认为由于他们个人或者父母的罪孽，导致他们受到了上帝的惩罚，造成了生理或精神层面上的贫困，例如视觉、听觉方面的生理障碍等；或是由于自身的惰性，不思进取导致贫困。这些"缺陷"导致了进一步的贫困，如此循环往复，从而使自己深陷贫困的泥潭。无神论观点则认为个人原因造成的贫困更多是因为自身的惰性与不思进取，缺乏积极向上的精神与艰苦奋斗的毅力而陷入贫困。

第二，经济、政治及社会环境等客观原因造成的贫困。人处于社会之中，方方面面都受社会发展所影响。若社会环境动乱不安定，人自身的安全与温饱问题很难得到保障，更高层次的物质或精神追求则更加难以满足；若社会经济处于萧条衰落状态，人们也很难使自身价值得到更高层次的实现与发展；另外，在诸多仍存在种族歧视的社会之中，遭受歧视的种族本身资源有限，生存环境相对较差，加之受到差别待遇，难以实现有效发展。

第三，自然地理条件造成的贫困。与经济、社会条件等环境因素类似，人们所属环境不同，地理位置、自然资源相应地有所差异。部分少数族群由于人口稀少，加之居住环境条件恶劣，发展可能受到局限，如再面临地震、洪灾等自然灾害，就更容易陷入贫困。正是由于这些原因，我国也一直采取政策措施帮助和维护少数民族的生存与发展，竭力使这些区域的人民摆脱贫困。

2.1.1.3 区分贫困的三种分类

第一，绝对贫困与相对贫困。对于部分落后国家居民来说，动荡的社会、糟糕的生存环境，安全与温饱成为生活的基本诉求。因此，无处可居、无粮可食、无水可饮对他们来说意味着贫困；然而在部分福利水平较高的发达国家，贫困仅仅意味着其居民没有达到较高的生活水平，即使这样的水平在其他地区可被视作富裕。由此可见，同样是贫困，所处的环境不同或选取的标准不同，贫困的内涵也就不同。因而，贫困有绝对贫困与相对贫困之分，二者都是对于贫困的衡量。绝对贫困是一个绝对的概念，针对单一对象，遵循固定标准，内涵在于对某种物质或是精神的绝对缺乏。而相对贫困是一个相对的概念，一般基于至少两个群体之间的比较，标准并非固定的，而是存乎于二者相对水平之中。例如，对于一个家庭来说，其最基本物质生活需求若无法满足，则处于绝对贫困状态；而在与另一个家庭对比时，则需分别观察两个家庭最基本的物质条件要求分别可得到多大限度的满足，满足程度较低的家庭就处于相对贫困状态。但是，对于不同社会环境的居民、家庭而言，其对物质条件的要求不尽相同，因此，相对贫困的衡量对于不同社会环境中的个体与家庭来说有所差异。

第二，客观贫困和主观贫困。关于贫困的测量，存在两种学派，一种主张主观定性分析，另一种主张客观定量分析。对于绝对贫困的研究大多活跃于前一种学派中，而对相对贫困的研究两种学派兼有；客观测度方法大多应用于绝对贫困的分析，有时也应用于相对贫困的分析。研究者把基于客观法评估得到的贫困称为客观贫困。主观贫困是与客观贫困相对应的概念，指依据个体的主观判断而定义贫困。评估客观贫困，需从能够维持正常社会活动所需商品中获取信息，根据各种商品的组合来识别个体所得效用水平。评估主观贫困，则需在特定社会环境和群体中比较，通过对其所能接受的最低生活标准的主观选择识别贫困。主观贫困并不要求对贫困的严格量化，反而认为环境、个体福利判断、个人能够支配商品的水平这类因素，可以预先影响贫困。

第三，物质贫困与精神贫困。贫困是一种匮乏的状态，由缺乏某种东西所致。根据所缺之物的不同，学界对于贫困也有不同的分类，所缺乏的可以是某种实实在在的东西，如食物、饮水、衣服等满足基本温饱之物，该种贫困被称为物质贫困。贫困也可以是一种无形的东西，即某种精神状态的缺失，如缺乏一种进取向上的精神，该种贫困被称为精神贫困。需要指出的是，精神贫困的内涵与分类随具体研究对象的不同而有所差异。相对于精神贫困而言，物质贫困更容易得到满足，也更便于衡量，原因在于"精神"是一种无形的"物质"，难以定量测量，也不易感知并捕捉到对于它的缺失。目前学界尚未将物质贫困与精神贫困进行清晰的区分与界定。物质贫困可能会引起一定程度上的精神贫困，精神贫困也会影响物质资料的获取。处于"比较富裕的物质生活"状况的人也可能同时陷于严重的精神贫困之中，而这种精神贫困却不一定会影响物质生活资料的获取能力。由此可见，尽管两者在某种程度上存在一定的联系，但并没有必然的因果关系。

2.1.2　反贫困的概念辨识

与贫困相对的是反贫困，"反"有对抗，抵制之意，即对抗抵制贫困，故反贫困是与贫困这种"缺乏"的状态作一种斗争，努力地摆脱这种状态。换句话说，反贫困是努力摆脱缺乏某种物质的状态的斗争。反贫困也因程度、效果、结果的差异有着不同的层次与表现，一般来说有三个层次的内容：一定程度上降低贫困、减慢贫困发生速度和彻底清除贫困。一定程度上降低贫困即减少贫困人口的数量，减慢贫困发生速度，重点在于减缓贫困程度；彻底清除贫困重点在于消除贫困，也是反贫困的终极目标。反贫困是人类与贫困进行的一场长久且持续的斗争，也是人类摆脱落后贫困走向富强繁荣的重要手段，它的内涵来源于现实中的实践维度。要准确把握反贫困的概念内涵，就必须深入了解人类社会消除贫困的方法策略、具体实践和政策体系，从国家或集体的行为方式角度出发理解反贫困的深刻内涵。

2.1.2.1　反贫困的方法策略

1. 促进经济增长

新经济增长理论把技术进步和专业化的人力资本引入到增长模型中，认为两者能够产生收益，并增加总的规模收益，这说明，技术的进步和人力资本的投入是经济增长的动力。该理论的出现使人们找到促进经济发展的有力途径，即通过资本的合理投入和不断地吸收知识来促进技术进步，使经济不断增长。当经济增长足够充分的时候，社会贫困在某种程度上就能得到消减。

此理论将消除贫困的主要方法诉诸经济增长带来的正面效应，而促进经济增长的重任又进一步被寄寓在资本的积累、投入和知识储备促进技术进步之中，如此便间接地为消除贫困找到了可以实际投入和付诸努力的方法与途径。同时，由于将反贫困议题转移到经济发展这一点上，因而无论是对贫困程度的衡量还是对消除贫困的效果衡量都是一种简化，便于在研究中进行统计测量。

2. 限制和缩小阶层不平等

贫困从某些方面来看，本身就是不同个体、群体之间的一种差距，因此努力限制和缩小阶层的不平等也是消除贫困的有效方法。美国学者约翰·弗里德曼（John Friedmann）的"赋权模型"提出了现代社会工作理论重要概念——"赋权"，指赋予或充实个人或群体的权力，挖掘与激发潜能的一种过程、介入方式和实践活动。它的价值基础是充分实现人类需要，促进社会公平、正义，关注社会环境保护，消除各种歧视，强调自决和自我实现。❶ 在现实生活中，由于社会制度安排和利益分化等原因，处于社会底层的贫困人口总是缺乏维权和实现自我利益主张的权力和能力。若想消除贫困，改变这种状况，就需要权力的再分配，消除权力的不平等。这里的"权力"是指个人或群体拥有的、对外界的控制力和影响力，强调的是人们对他人、组织或社会的拥有、控制和影响。舒尔茨（Schultz）的人力资本投资理论则认为，人力资本的积累是社会经济增长的源泉，而教育是提升人力资本的主要渠道。教育程度的差异是人们获得工作差异的主要影响因素之一。因此，教育水平的差别在一定程度上会影响工资即人们收入的差别。促进教育资源的公平分配能够促进教育水平的平均化，进而推动个人收入分配的公平化，最终达到消除社会贫困的目的。

2.1.2.2 反贫困的实践路径

1. 开发式反贫困

开发式反贫困的目的在于促进贫困地区的经济发展，从而提高穷人的收入水平，改善物质条件，减轻甚至消除贫困。当前，国家所制定的贫困地区发展规划，包括实行优惠政策、贷款优惠、提供基础设施建设和公共服务建设、发展初等教育等。实行开发式反贫困，有利于把国家的反贫困政策同贫困地区干部及群众的革新与创造精神结合起来，调动其积极性，克服"等、

---

❶　约翰·弗里德曼：赋权模型。

靠、要"等单纯依靠国家的思想,变"输血"为"造血",增强地区自我积累、自主发展的能力。因此,开发式反贫困是有效的也是最基本的反贫困路径,具有较强的宏观意义和战略意义。

2. 救济式反贫困

救济式反贫困是基于"贫困是基本生活需求难以满足"这一判断而建立的扶贫方式,其主张通过为贫困人口免费或优惠提供必要的生活必需品,满足穷人难以自我实现生存的贫困缺口,从而减轻或消除贫困。这类反贫困路径有着悠久的历史,从古代中国的赈灾行动到近代各国建立的社会保障和福利制度,都是救济式扶贫的具体实践。这类扶贫实践可在较短时间内缓解贫困,但也有"治标不治本"的局限性,故具有直接、短促、不可持续的特点。

3. 小额信贷反贫困

小额信贷反贫困是总结国外实践探索经验,逐步形成的一种具有实际应用价值的反贫困模式,具有较强推广价值。小额信贷反贫困模式起源于 20 世纪 60 年代末期,经过近几十年的发展,在国外已有不少成功案例,并形成了比较规范的操作程序,积累了相应的经验,尤以孟加拉国的乡村银行最为突出。1994 年,中国社会科学院农村发展研究所"反贫困经济合作社"课题组借鉴孟加拉国乡村银行经验,以河北易县试点进行实践,开创了中国小额信贷反贫困的先例。近年来,小额信贷在全国各地的实践取得了良好的效果,显示出较强的生命力。

4. 异地迁移反贫困

在我国贫困地区内部,有一部分特困地区,如四川南部石山区、滇西北与滇东北地区、青海和宁夏的西海固地区等,这些地区大多是少数民族聚居区、边远地区,是自然资源贫乏、生产生活条件十分恶劣、生态极度脆弱、基本不具备人类生存条件的自然障碍地区。在这些地区进行救济式或开发式反贫困都较为困难。十几年中,各地陆续进行着移民开发实践,效果较好。这种模式实际上体现了在恶劣自然条件的限制下,反贫困的第一步工作是人口迁移。至于迁移的方式、地点、迁移后续安排,仍然需要进一步研究。

2.1.2.3 反贫困的政策体系

反贫困政策是国家在反贫困治理工作中实施的宏观倾斜性政策。完善的反贫困政策体系是反贫困治理的重要组成部分,它可以为扶贫提供强有力的支撑和保障。完善的反贫困政策体系必须综合发挥财政、税收、金融、产业等各项政策的作用。其中，财政政策主要包括国家财政转移支付和以工代赈。财政转移支付主要是向绝对贫困人口提供基本的生活必需品、人畜饮水、卫生设施、健康服务和基本住房等，满足贫困人口的基本生存与发展条件。它包括对丧失基本劳动能力、很难通过扶持手段脱贫的特困人口建立贫困最低生活保障制度，满足贫困人口的生存发展条件；对难以通过扶贫手段脱贫的特困家庭或无劳动能力和基本丧失劳动能力的人口，建立贫困最低生活保障制度；建立县、乡、村三级医疗卫生网络等卫生设施，尤其针对妇女生育、生殖健康和地方病高发区提供最基本的卫生保障；发展教育事业，搞好扫盲教育、义务教育、职业教育和技能培训教育等。反贫困的税收政策主要是充分发挥税收优惠政策的激励作用，引导产业和经济发展，从而使贫困人口从中受益。具体来说，既可以通过发展特色产业和支柱产业改变贫困人口收入单一的局面，也可以通过刺激贫困地区经济发展来带动贫困人口脱贫致富。反贫困的金融政策则是要解决贫困人口在生产发展过程中缺乏资金的难题。通过建立相应的扶贫开发署（厅、局）统筹资金，下放扶贫资金管理和项目的审批权限，大幅简化贷款和立项手续，完善报账制度，加强监督机制，积极推广小额信贷政策，大力发展扶贫贴息贷款以及建立担保基金或担保机构等方式，进一步缓解当前资金管理上存在的问题，最大限度地发挥资金在反贫困治理当中的效用。

2.2 贫困内涵的演进脉络

贫困是阻碍社会进步、限制经济发展的重要因素。从空间上看，作为一种普遍的经济和社会现象，贫困在世界各个国家和地区的发展过程中广泛存在；但是，不同国家和地区的贫困现象又因不同的国情、现实情况和发展阶段的差异而呈现出特殊性，致使不同国家和地区有着不同的贫困认识。另一方面，从时间来看，贫困自身的内涵也并非一成不变，作为受经济、政治、文化、地理、民族等诸多因素共同影响的动态发展的历史性概念，贫困的内涵一直在不断发展和动态演进。

2.2.1　我国古代对贫困内涵的解释

在中国古代文字中，有关"贫""困""穷"等字词的释义，大体都与货物匮乏、财富不足有关。《左传·昭公十四年》有言："大体贫穷相类，细言穷困于贫，贫者家少财货，穷谓全无家业""分贫振穷"。《庄子·让王》曰："无财谓之贫。"《荀子·大略》曰："多有之者富，少有之者为贫，至无有者为穷。"《说文解字》有言："贫，财分少也。"《广雅·释诂四》则认为"穷，贫也""困，穷也"。

不难看出，古代将"贫穷"和"贫困"主要定义和解释为财物缺乏、生活困苦。伴随历史发展，贫困的含义虽一定程度上受现实影响发生了变化，内容不断丰富和拓展，但仍然没有跳出资源贫乏、生活窘迫的大体框架。

2.2.2　近代社会对贫困内涵的阐述

西方古典经济学体系的奠基人、18 世纪著名经济学家——亚当·斯密（Adam Smith）对"贫""富"含义的解读，也是从财物或财富多少的角度来阐述的。特别的是，斯密从劳动价值论的观点出发论述了财富的价值和商品交换价值，其将"贫"与"富"定义为拥有、支配或购买劳动的多与寡。斯密认为，"一个人是贫是富，就看他在什么程度上享有人生的必需品、便利品和娱乐品。"在他看来，贫困是由于国民财富的不充足、不丰富导致的。只有经济发展了，国民财富增加了，贫困的问题才能解决。❶ 提出著名"人口论"的经济学家托马斯·罗伯特·马尔萨斯（Thomas Robert Malthus），认为贫困是一种自然现象，是由于人口呈几何数级增长而食物呈算术数级增长的内在矛盾造成的。他在代表作《人口原则》和《政治经济学原理》中提出，人类必须控制人口的增长，否则贫穷将成为不可改变的命运。马尔萨斯鼓励人们采用道德抑制来避免恶习和贫困的发生。无产阶级经济学家、全世界无产者的伟大导师卡尔·海因里希·马克思（Karl Heinrich Marx）的贫困理论则是从物质资料生产方式的视角加以分析，他认为贫困源于制度，他创立的制

---

❶　亚当·斯密. 国民财富的性质和原因的研究［M］. 北京：商务印书馆，1990.

度贫困理论比空想社会主义的贫困理论更系统、更科学。马克思辩证分析后认为，资本主义私有制是导致社会分配不公和贫困的制度根源，因此要消除贫困就必须消灭私有制。❶

2.2.3 现代社会对贫困内涵的诠释

20世纪特别是第二次世界大战结束以来，世界的政治、经济、社会环境变化剧烈，因此，对贫困的定义也发生了很大变化。学界基于不同范式对贫困的含义进行了深入的探讨，从多个角度加深了对贫困的理解和认识。一般认为贫困内涵的演进经历了以下几个发展阶段：收入贫困、能力贫困和权利贫困。具体来说，人们一开始只是从收入和消费的角度来理解贫困问题，到了20世纪70、80年代发展到了含有教育和健康在内的能力贫困，再到90年代又进一步发展成为含有社会排斥等社会性的权利贫困。这一演进历程，既体现了人们对贫困问题认识的不断深化，也反映了社会整体的不断进步。

2.2.3.1 收入贫困

收入贫困，即从经济方面强调贫困，从经济领域界定、分析贫困。早期，研究者重视关注向穷人提供满足生存的必需品。19世纪末20世纪初英国的经济学家布思和朗特里对贫困问题进行研究，提出了绝对贫困的概念。在1899年对约克郡进行的一次大型调查研究的基础上，朗特里撰写了《贫困：城镇生活研究》（*Poverty：A Study of Town Life*），开创性地研究了英国的贫困问题。在这里，他明确提出了绝对贫困的概念：一个家庭之所以处于贫困状态，是因为其所拥有的收入不足以维持其生理功能的最低需要；这种最低需要包括对食品、住房、衣着和其他必需品的需求，而不包括烟、酒、邮票、休闲消遣等享受品、娱乐品或奢侈品。由于这种贫困的含义是用家庭收入或支出来衡量的，因而被称为收入贫困。在此基础上，朗特里还首次为个体家庭提供了贫困标准的参考。他根据最低限度生活必需品的数量及价格，制定了一个个体家庭的最低生活支出，即贫困线，按照这一贫困线可以推算出地区贫困人口的数量和比例。他给出了绝对贫困的概念并将其量化，为此后学术界的贫困计量研究奠定了基础。美国经济学家雷诺兹（Loyd Reynolds）把

---

❶ 雷诺兹. 微观经济学［M］. 北京：商务印书馆，1982.

贫困定义为家庭没有足够的收入使之有起码的生活水准。❶ 不少研究机构或者研究者都倾向于向穷人提供能够使其生存下去的生活必需品——"先算出维持基本生理功能所需要的营养量，然后将这些营养量转换为食物及数量，再根据其市价算出相等的金额"❷ ——这就是"绝对贫困"的主张。这种观点认为绝对贫困是"生存贫困"，即指收入难以满足个体家庭最低生活需要的情况。世界银行政策研究部的首席经济学家马丁·瑞沃林（Martin Ravallion）则认为绝对贫困不仅仅是满足最低限度的生活需要，还包括基于整个贫困比较领域而产生的更高的生活需要。显然，最低限度的基本需要是参考食物能量摄入估计的食物支出，在此基础上估计非食物额度所占的份额。❸

朗特里关于收入贫困和贫困线的研究方法和理论在学术界沿用至今。他的学说在 20 世纪 70 年代之前占据了主导地位，但也受到了多方面的质疑。随着经济社会的不断发展，人们对贫困的理解不断深化，学界对绝对贫困标准的抨击此起彼伏，收入贫困理论备受诟病，其反对者提出了"相对贫困"，即"一个相对的贫困定义是建立在将穷人的生活水平与其他较为不贫困的社会成员的生活水平相比较的基础上的，这通常包括对作为研究对象的社会总体平均水平的测度"。具体地说，相对贫困是相比较而言的贫困，是指与社会平均水平相比，某人或某家庭收入水平少到一定程度时所维持的社会生活状况，是对绝对贫困含义的延伸发展。

新制度学派主要代表人物、美国经济学家约翰·肯尼思·加尔布雷斯（John Kenneth Galbraith）指出，贫困不仅取决于自身收入的多少，而且取决于社会中其他人收入的多少，有时候社会整体富裕了，但收入低于社会共同体的平均收入的那部分人却不一定富裕了，即使这部分人的收入足以维持生存，也仍然贫穷。鲁西曼和汤森德等人进一步阐释了相对贫困理论，对贫困问题进行了新的表述。贫困概念提出的理论基础是鲁西曼在《相对剥夺和社会主义》一书中把相对剥夺运用于贫困分析中的观点。相对剥夺是指收入水平虽然能满足基本的生存所需，但与社会的平均水平相差甚远，即低于社会平均水平。美国经济学家维克托·福克斯明确提出了相对贫困的概念，并将

---

❶ 卡尔·马克思，弗里德里希·恩格斯. 共产党宣言［M］. 北京：人民出版社，2015.
❷ "市场菜篮法"（Market Basket Method），朗特里（Rowntree）首创。
❸ 马丁·瑞沃林. 贫困的比较［M］. 北京：北京大学出版社，2005.

"相对贫困线"引入贫困分析。❶ 他用相对贫困的方法去估计美国的贫困人口，把贫困线定为全国人口收入分布中值收入的 50%。这种确定相对贫困线的方法，在后期经过不断的修正和补充，被学者广泛接受和沿用。有些学者认为应当使用均值而不是中值来估计；另一些认为应当使用均值的 40%而非 50%来估计，即对均值的比率有所质疑。汤森德发展了相对贫困的概念，他认为贫困是指穷人们因为缺乏资源而被剥夺了享有常规生活水平的权利。❷ 西欧国家普遍采用相对贫困线的做法很大程度上是受这些经济学家的相对贫困理论的影响。

总而言之，收入贫困是对贫困最直观的定义，它对贫困的内容做了最基本的说明，并为贫困的计量提供了最基础的标准。收入贫困是为绝大多数经济学家所重视并不断深化、发展和完善的一个重要概念，具有极大的现实意义。但收入贫困的理念也存在明显的局限性，它对现实贫困问题的解释是十分有限的。随着社会的进步，能力贫困理论逐渐取代了收入贫困理论。

2.2.3.2 能力贫困

能力贫困将贫困的侧重点从收入转向能力，把对贫困问题的理解转向了更广泛的层面，其内涵在现实中也更广泛地应用。联合国开发计划署的《人类发展和贫困报告》将人类贫困定义为缺乏最基本的个人发展机会和选择权，包括拥有长久而健康的生命，保持体面的生活标准，享有正当的自由、尊严、自尊以及其他方面的权利。这一概念强调了多个贫困特征，包括收入水平、健康和教育等人类和社会发展方面的基本要求极大地丰富了贫困的概念。《1981 年世界发展报告》中指出："当某些人、某些家庭或某些群体没有足够的资源去获取他们那个社会公认的，一般都能享受到的饮食、生活条件、舒适和参加某些活动的机会，就是处于贫困状态。"这从一个新的角度对贫困问题进行了简洁、深刻的说明。在以贫困问题为主题的《1990 年世界发展报告》中，世界银行给贫困所下的定义是：缺少达到最低生活水准的能力。该报告同时指出，衡量生活水准不仅要考虑家庭的收入和人均支出，还要考虑那些属于社会福利的内容，比如预期寿命、医疗卫生、识字能力以及公共货物或共同财产资源的获得情况。它使用营养、预期寿命、5 岁以下儿童死亡率、入

❶ Victor Fuchs. Redefining Poverty and Redistributing Income.

❷ Townsend. The Concept of Poverty [M]. London：Heinemmann.

学率等量化的指标，而不仅仅局限于消费水平，对贫困衡量标准进行了重大补充。1989 年欧洲共同体给贫困下的定义是："贫困应该被理解为个人、家庭和群体的资源——包括物质的、文化的和社会的——如此有限，以至于他们被排除在他们所处的国家可以接受的最低限度的生活方式之外。"这一定义强调了贫困不仅存在于物质层面，同样也存在于精神层面。❶ 英国学者奥本海姆（Carey Oppenheim）在《贫困的真相》一书中给贫困所下的定义是："贫困指物质上、社会上和情感上的匮乏。它意味着在食物、保暖和衣着方面的开支少于平均水平。贫困夺去了人们建立未来大厦——'你的生存机会'的工具。它悄悄地夺去了人们享受生命不受侵害、有体面的教育、有安全的住宅和长时间的退休生活的机会。"阿马蒂亚·森在《作为能力剥夺的贫困》中直接指出："贫困必须被视为一种对基本能力的剥夺，而不仅仅是收入低下。"在1999 年出版的《以自由看待发展》中，他进一步提出了能力贫困的概念，认为贫困的根本问题要求我们按照人实际享有的生活和实实在在拥有的自由来理解贫困和剥夺，发展人的可行能力要直接顺应这些基本要求。阿马蒂亚·森的这一思想随后产生了重大影响，成为国际社会制定反贫困战略和政策的一个重要理论依据。他指出，要用一个人所具有的能力，一个人所拥有的享受自己有理由珍视的那种生活的实质自由来判断其个人的处境。根据他的理论，贫困不仅仅是收入的低下，更是能力遭到的剥夺。对基本能力的剥夺表现为严重的营养不良、慢性流行病、过早死亡以及其他方面的失败。影响能力剥夺的因素包括公共政策、社会制度的安排、收入水平、经济的不平等（区别于收入的不平等，还包括失业，缺乏医疗、教育条件等内容）和民主的程度等。

　　阿马蒂亚·森的理论的提出是贫困理论研究中的一座里程碑。它引发了经济学家对人类发展的思考，将对贫困原因的解释从经济因素扩展到政治、法律、文化、制度等方面，将以往经济发展的战略拓展到人和社会发展的层面，将贫困的概念从收入贫困扩展到能力贫困和权利贫困，认为要解决贫困问题，就必须让人们享有更大的行为自由、拥有更多的机会、做出更多的选择。能力贫困的内涵顺应了新时期经济发展和研究的需要，此后，学术界对能力贫困的含义不断分析和完善，并推动能力贫困演化至权利贫困阶段。

❶　欧共体. 贫困开战的共同体特别行动计划的中期报告［R］. 1989.

2.2.3.3 权利贫困

20世纪末，经济学家们进一步从新的角度看待、分析贫困，逐渐将无话语权、无权无势、脆弱性、社会排斥等因素引入贫困概念，从而丰富了贫困新的时代内涵，引出了权利贫困的概念。

权利贫困是指社会里的部分人群（一般是弱势群体）在政治、经济、社会和文化权利等方面享有不足的状态。20世纪70年代末80年代初，瑞典和挪威学者基于广义福利视角提出了现代贫困的概念。1985年，斯德哥尔摩瑞典社会研究所学者斯坦·林恩（Stan Ringen）在《走向贫困衡量尺度的第三阶段》一文中，将收入范畴的绝对贫困和相对贫困分别称为贫困衡量的第一和第二阶段，而把广义福利贫困的概念称为贫困衡量的第三阶段，也称为贫困的"现代"概念。论文认为："贫困问题的研究是一种可称作'福利问题的研究'，即研究社会的福利水平与分配。"这里所说的福利是广义的福利，并不仅仅是经济福利或收入问题，即不仅包括物质消费品，也包括"非物质"的因素，如工作条件、闲暇、社会关系、政治权利和组织参与等。该文提出，"贫困应该被定义为多种福利问题的累积构成"。目前，广义福利贫困的概念已被国际社会接受和采用，成为理解贫困内涵的关键点。

罗伯特·坎勃（Robert Chambers）从贫困人口的无助和孤立两方面进行了开创性研究，激发了众多经济学家对于脆弱性和风险防范等方面研究的兴趣。他们普遍认为，贫困不仅仅是收入和支出水平低下，也是包括教育、健康和营养等方面的发展能力的低下，此外，贫困还包括无话语权、无权无势和脆弱性等。这里提到的脆弱性有两方面：暴露于冲击压力和风险之中的外在方面以及孤立无援的内在方面，这两方面都意味着缺少应付破坏性损失的手段。❶ 穷人们缺乏在风险中保护自己的手段，风险反过来使穷人从事着低回报的活动，并威胁他们拥有的一切，加深了他们在经济资源和权利两方面的边缘化。无权无势、无话语权是指穷人不仅在物质上受到剥夺，还在国家和社会制度上遭受剥夺。他们缺乏法律的保护，被禁止利用新的经济机会。❷

社会排斥理论起源于20世纪70年代，20世纪90年代以来，社会排斥理

---

❶ Robert Chambers. Poverty and Livelihood：whode Reality Counts? [J]. Economic Review.

❷ 世界银行. 2000/2001年世界发展报告——与贫困作斗争 [M]. 北京：中国财政经济出版社，2001.

论被越来越多地引入贫困概念的阐释中。学者认为，一个人如果被排斥在主流经济、政治以及公民文化的活动之外，那么就算他们拥有足够的收入和能力，也依然可能贫困。社会排斥理论的含义是指个体或家庭部分或全部地被社会排挤，享受不到应该享有的权利，包括无法充分参与经济和社会生活、低收入、不稳定的工作、恶劣的居住条件、家庭压力和社会疏离、被排斥在公民权利和政治平等之外，等等。

2.3　贫困与反贫困的基本理论回顾

2.3.1　贫困理论

2.3.1.1　经济学解释

1. "贫困恶性循环"理论

1953 年，罗格纳·纳克斯（Ragnar Nurkse）在《不发达国家的资本形成问题》一书中最先提出"贫困恶性循环"理论。主要观点是：发展中国家的收入水平低，储蓄能力（资金供给）和消费能力（产品需求）都不足，对资本形成构成限制性因素，使此类国家处于长期贫困中。"这个概念意味着，一组会起循环作用的力量，能使贫穷的国家老是处在贫穷状态中……可以归纳为这样一个平凡的命题：一个国家因为穷所以穷。"

这种恶性循环存在于经济落后国家，是阻碍此类国家资本积累最重要的循环关系。"资本的供给是由储蓄的能力和愿望所决定的；对资本的需求是由对投资的刺激所决定的。"资本形成的供给和需求两个方面都存在着循环。供给方面："低收入→低储蓄能力→低资本形成→低生产率→低产出→低收入"的恶性循环；需求方面："低收入→低购买力→投资引诱不足→低资本形成→低生产率→低产出→低收入"的恶性循环。两个循环之间的共同点在于：实际收入水平低是因为生产率低。一方面，即使有储蓄，也因投资引诱不足而难以消化；另一方面，即使有投资引诱，也缺少储蓄可用来投资。两个恶性循环相互联系，很难打破。但是该理论有明显的不足之处：首先，资本增长的动力来源于储蓄率，但是发展中国家（经济落后国家）的储蓄率未必低，例如中国，资本对于走出贫困有着重要的意义，但反过来说，缺乏资本却不是贫困的唯一缘由；其次，该理论只强调家庭储蓄，忽略了企业储蓄和政府储蓄。

2. "低水平均衡陷阱"理论

1956年，美国经济学家纳尔逊（R. R. Nelson）发表了《不发达国家的一种低水平均衡陷阱理论》，该理论以马尔萨斯的人口论为依据，是对"贫困恶性循环理论"的延续和发展。其主要观点是：不发达国家人均收入水平低下，仅能够维持最低生活水平的需要，死亡率高，人口增长缓慢；当国民收入增加，储蓄、投资增加时，人口随之增长，将人均收入拉回到低水平；欠发达国家陷入难以摆脱的"低水平陷阱"。

不发达国家若想跳脱出这个"低水平陷阱"，需要大规模的投资的刺激，使投资、总产出的增长率超过人口增长。这种理论认为，发展中国家的贫困如果不借助于外力推动，在高度稳定的均衡状态是难以自拔的。而一旦通过外力推动，得到经济发展，则可实现经济自身从低水平均衡向高水平均衡的过渡，从低水平均衡中解脱出来，是发展中国家走出贫困的最重要的标志。

3. "循环累积因果"理论

1957年，著名经济学家缪尔达尔提出了"循环累积因果"理论。后来，卡尔多（Nicolas Kaldor）、迪克逊（John Dixon）和瑟尔沃尔（A. P. Thirlwakk）等人将该理论进一步发展。主要观点有：①影响社会经济发展的因素不是相互独立的，在经济发展过程中，各个因素之间相互联动，互为因果，呈现出循环累积的发展态势；②在动态化的社会经济发展中，某个因素的变化必然会带来其他因素的变化，其他因素的变化，反过来又加强了第一个因素的变化，强化原先的因素，这样会导致经济发展过于依赖于禀赋；③"循环累积因果"理论存在着"回波效应"和"扩散效应"。回波效应是指落后地区的资金、劳动力被发达地区吸引，源源不断地向发达地区输出，从而导致落后地区缺乏发展需要的生产要素，更难追赶上发达地区、取得发展。扩散效应是落后地区受到发达地区资金、技术、发展经验的扩散与辐射，从而取得地区发展的效应。总而言之，"循环累积因果"理论认为：经济的发展一般都是先从具有地域、技术等比较优势的地区开始。在经济发展过程中，发达地区的比较优势会循环累积；相比而言，在落后地区发展的初期，回波效应大，扩散效应小，且大部分情况下回波效应大于扩散效应，非优势也会像发达地区的比较优势一样循环累积，最终造成发达地区和落后地区的差距越来越大，地区之间的发展难以协调。

4. 要素短缺论

哈佛大学教授戴维·兰德斯（David S. Landes）在《国富国穷》一书中写道："像生活一样，大自然是不平等的，有自己的偏好；进一步说，大自然的不平等是难以消除的。从产值和人均收入来看，富国位于温带，特别是北半球的温带；穷国则位于热带和亚热带。"这是贫困成因中要素短缺论的典型论述。要素短缺论包括资本短缺论、资源贫乏论、科技落后论等。这些理论大多从国家间或一个国家不同地区之间经济发展不平衡的经济现象出发，来解释区域性贫困的根源问题。在探讨局部贫困原因时，该理论强调的事实是：难以摆脱的持续贫困往往发生在自然资源匮乏、自然条件恶劣、资本短缺、科技水平落后的国家和地区，在这些问题的背后，地理因素起着决定性作用。

从经济学角度来看，贫困是指国民对于各生产要素（土地、劳动力、资本等）缺乏配置能力或者不能进行有效的配置。在贫困地区，土地、资本是稀缺要素。劳动力相对于土地、资本来说，更容易控制。贫困者最简捷的做法就是通过增加人口来增加劳动力这一生产要素。但是增加人口直接带来的就是人均收入的减少，贫困者生活条件恶化，更为贫困。其次，过多的劳动力没有相应数量的劳动资料、资本等生产要素的配合，难以取得经济的发展，相反会带来劳动生产率的降低，使贫者更贫。

2.3.1.2　社会学解释

1. 社会职能分层学说

在贫困的社会学解释中，比较有代表性的是社会职能分层学说。该学说认为，在每个社会都有一定的位置，这个特殊位置上的人比其他位置上的人更能对这个社会发挥作用，因此社会必须保证将最能干的人放在这个位置，并要给他们适当的奖励以对他们的作用进行鼓励，所给予的奖励涉及不同范畴，有经济的、美学的、象征意义的，根据其工作而定。因工作位置不同，整个社会被分成许多层次，如此就产生收入地位和权力的不平等。这种报偿和它们的分配成为社会秩序的一部分，因此社会分层以及由此产生的不平等和贫困是普遍、必需和不可避免的。

人的能力有强有弱，素质有高有低，其适合的工作岗位各有不同，但只要是社会需要的岗位就会对社会发展同样做出贡献，虽然作用有所不同，但作用大小很难测量，故不能凭位置评测社会贡献的大小继而确定收入。在现

29

实生活中，贫困者大都处于农业部门，而农业是整个经济的基础，没有农业就没有其他产业，因而绝不能依据贫者所处的产业而断定农业的位置不重要。当然，由于种种原因，社会上的不同位置确实存在着收入、地位、权力的不平等，但这很难以位置的职能不同这个单一因素来解释。

2. 智力低下论

1973 年，美国著名比较心理学家理查德·赫恩斯坦（Richard J. Hernstein）提出，贫民的智力要低于非贫民，而贫民又因为社会阶层的固化，大多数会与同样的贫民阶层、智力不高的人成婚，再生养出智商不高的孩子，认为贫困的产生是智力的原因。1994 年，理查德和查尔斯·莫雷（Charles Murrey）合著了《正态曲线》，该书认为，智力由遗传决定，而种族是影响智力的主要因素，并将智力低下与福利依赖、违法犯罪结合在一起。由于此书认为黑人是智力最低下的种族，所以受到多方面的抨击和批判。

3. 贫困文化论

贫困文化论由美国人类学家奥斯卡·刘易斯（Oscar Louis）在 1959 年的《五个家庭：墨西哥贫穷文化案例研究》一书中首先提出。刘易斯认为，穷人的生活背景、生活方式与其他居民有所差异，并逐步形成独特的贫困亚文化。社会文化是社会贫困产生的重要原因。在长期的、世代的贫困生活中，穷人形成了自己的价值体系、行为准则、道德规范，并对周边人、后代人产生深刻的影响。"贫困文化使生活在其中的人逐渐脱离社会生活的主流，使自己在封闭的状态下不断复制着贫困。"

首先不能忽略的是，知识是摆脱贫困的重要力量。穷人相比社会其他阶层的人，重视教育相对少，这加剧了贫困的代际传递，使穷人难以接近依靠知识经济而快速发展的社会的核心，被有意无意地排除在社会主流之外，长期处于社会边缘，从而容易形成一种思维定式：安于贫困、自甘"堕落"、缺乏社会责任感和进取精神。"对于任何促使他们发展（比如教育）和增加财富的事物都不感兴趣，以致许多贫困者刚从贫困泥淖中爬起，旋即又陷入贫困的沼泽。"所以，要想研究贫困问题，对于文化层面的研究必不可少。但是这一理论过多强调贫困者自身的文化因素，弱化了物质条件、社会结构、制度等决定性因素，过于主观。

4. 贫困的代际传递理论

贫困的代际传递理论由美国经济学家于 20 世纪 60 年代初提出，是研究长期贫困的有力工具。该理论认为，贫困家庭、社区存在代际传递。贫困代际传递发生在家庭内部，导致贫困的因素会由长辈传给晚辈，晚辈继承了这些因素，继续进入贫困，并将这种因素继续传给下一代，这是一种贫困的恶性遗传链；同时也指一个社区内，各种致贫因素的代际传递。贫困的境遇不会因时代的改变而改变，只是不断地重复贫困。

在一个家庭中，家庭成员之间具有近似的生活方式、生活背景，进而形成相同的价值体系。贫困文化传递包含在价值体系的形成和传递中。"同时，缺乏经济资源阻碍了儿童人力资本的发展，也由于人力资本低，孩子们缺少找到好工作的能力。同时，贫困父母与非贫困父母相比缺少与劳动力市场的联系。"

2.3.1.3　政治学解释

1. 相对剥夺说

英国学者汤森首次提出"相对剥夺"的概念。他认为："当某些个人、家庭和群体没有足够的资源去获取自己所属的那个社会公认的、一般都能享受到的饮食、生活条件、舒适和参加某些活动的机会，那么就可以说他们处于贫困状态。他们由于缺少资源而被排斥在一般生活方式、常规及活动之外。"欧洲共同体 1989 年《向贫困开战》报告中给贫困所下的定义，就能反映汤森这一观点。定义认为："贫困应该被理解为个人、家庭和群体的资源（包括物质的、文化的和社会的）如此有限，以致他们被排除在他们所在成员国可以接受的最低的生活方式之外。"贫困实质上就是被相对剥夺某些生活条件，慢慢被排除出社会主流，被迫待在社会的边缘、灰色地带。

2. 机会剥夺论、权利剥夺论

"相对剥夺论"后来发展成为"机会剥夺论"和"权利剥夺论"。"机会剥夺论"认为，贫困剥夺了人们年少时的生存机会以及年老时享受生活的机会。"权利剥夺论"则基本是"天赋人权"的思想，即每个人都有基本权利，权利被剥夺导致了贫困，这些权利主要包括生产权、交换权、所有权、继承和遗产权等。由此可见无论是"权利剥夺说"还是"权利丧失说"，都是从政治角度对贫困的一种解释。

3. 制度贫困论

马克思在《资本论》中从制度决定、技术基础和表现形态三个不同的层次分析了贫困问题，构成了马克思贫困理论的内在逻辑体系。第一，资本主义的贫困问题是其制度的必然产物。这就导致了资本家的发财致富和无产阶级的贫困呈正相关关系。目前西方发达资本主义国家的贫困问题虽不同于资本主义早期，但问题依然存在。资本家占有绝大多数社会财富的不争事实赫然在目，不容否认。同时，资本主义国家在一定范围内、一定条件下，贫困现象仍不能克服，特别是危机发生的时候这种情况更是随时可能出现。在那些资本主义欠发达的国家，贫富对立的局面仍相当严重，因为其还不能像发达资本主义国家那样，运用社会福利政策来缓解贫富对立问题。第二，资本有机构成的提高必然引起劳动者就业的困难，这是资本主义贫困的技术基础。一方面是新增就业人口要大于正常的退出就业人口，造成了新增就业人口的就业难题；另一方面，由于资本有机构成提高，被排挤的劳动人口再就业问题在经济危机、社会危机以及自然灾害到来时就会雪上加霜，难以克服。其实，马克思并没有讲资本主义全面的经常的贫困，因为"常备的过剩人口"的贫困同他们所受的劳动折磨成"反比"，他强调的是失业工人在危机到来时更容易遭遇贫困的情形。第三，马克思总结了过剩人口的三种情况，这是从表现形态层面上对贫困所作的阐释。它不仅属于资本主义社会，在其他社会形态中也是存在的。

2.3.1.4 人口学解释

马尔萨斯人口陷阱理论。马尔萨斯是从人口学角度解释贫困原因的典型代表，他提出了人口法则："人口的增殖力无限大于土地为人类生产生活资料的能力。"而贫穷则是这条法则的必然结果。在"食物为人类生存所必需、两性间的情欲是必然的且几乎会保持现状"这两条法则的前提下，生产资料会以算术比率增长，而人口增长如果不加抑制，则会以几何比率增加，得出的结论是人类必须控制人口的增长，否则，贫穷是人类不可改变的命运。马尔萨斯的人口陷阱成为许多理论的研究基础和依据，但是，通过技术和社会进步，人口陷阱可以避免，从而走出贫穷。科技的发展，使一定历史时期内的可利用资源增加，即环境的承载能力增加，从而承担更多的人口。人口陷阱是绝对的，但是又是可控的——技术进步将大大促进粮食生产以及一般生产的可能性，而计划生育将适当抑制人口膨胀的可能性。

2.3.2　反贫困理论

2.3.2.1　罗斯托"起飞"理论

罗斯托（W. W. Rostow）的"起飞"理论中，"起飞"指落后国家在工业化初期的 20～30 年内，实现经济和生产方式的剧烈转变，是突破不发达经济的停滞状态，摆脱纳克斯所说的"贫穷恶性循环"困境，或者莱宾斯坦（Harvey Leeibenstein）所说的"最小临界"努力。"起飞"是经济发展中最困难的时期，一个国家一旦超越了传统社会，进入了"起飞"，经济就可以持续增长。

该理论主要包含以下几部分。

经济增长的六个阶段。"起飞"理论中，经济要增长、社会反贫困要取得成功，要经历六个阶段：传统社会、"起飞"准备阶段、"起飞"阶段、成熟阶段、群众高消费时代、追求生活质量阶段（1971 年补充）。

起飞的条件。一是资本积累率达到 10％以上。罗斯托特别强调"增长必须以利润不断重新投资为条件"，因此必须创造一种机制，使剩余价值习惯地进入投资的渠道，而不是被消耗掉；二是建立"起飞"的主导部门。这个主导部门发展要快，以带动其他部门，并赚取外汇、引进技术和购买先进设备。

起飞的"主导部门综合体系"。"起飞"准备阶段的主导部门体系主要是饮食、烟草、水泥、砖瓦等工业部门；替代进口商品的消费品制造业综合体系主要是非耐用消费品的生产如纺织业等；重型工业和制造业综合体系如钢铁、煤炭、电力、通用机械等工业部门；汽车工业综合体系；生活质量部门综合体系主要指服务业、建筑业。

贫困落后国家"起飞"面临的机遇和挑战。发展中国家"起飞"的困难有两个：一是人口增长率高；二是国内政治动荡引起的人才和资金外流。有利条件也有两个：一是有现成的技术可以利用；二是有"国际援助"以加快"起飞"。

"起飞"后的各个阶段。一是成熟阶段。所谓"成熟阶段"是指"起飞"之后，经过较长时期的经济持续增长而达到的一个阶段。一般而言，铁路建筑、钢铁工业以及大量使用钢铁的通用机械、采矿设备、化工设备、电力工业和造船工业等部门的发展，都是一国经济"成熟"的标志。二是高额群众消费阶段。这是高度发达的工业社会的状况，技术上的成熟使得社会的主要注意力从供给转移到需求，从生产转移到消费。这时，越来越多的资源被用于生产耐用消费品，而且这些耐用消费品会逐步普及到一般的居民家庭。这时的经济成长以耐用消费品的大量生产为基础，居民家庭对耐用消费品的购买保证了经济的繁荣。三是追求生活质量阶段。在这个阶段，服务业越来越重要，医疗、教育、文娱体育、旅游等部门发展速度非常快，服务业部门将成为主导部门。人们开始关注环境污染、城市交通拥挤、人口高速增长等社会问题，公民的权利问题将越来越引起社会的关注。

2.3.2.2 罗森斯坦·罗丹"大推进"理论

罗森斯坦·罗丹（Paul Narcyz Rosenstein-Rodan）的"大推进"理论是平衡增长理论的代表。罗丹于 1943 年《东欧和东南欧国家工业化的若干问题》一文中提出该理论。核心观点是：发展中国家或地区应当对国民经济的各个部门同时进行大规模投资，以促进这些部门的平均增长，从而推动整个国民经济的高速增长和全面发展。贫困国家由于收入低，市场容量小，购买力和有效需求不足，缺乏投资引诱。因此，对一个产业投资而不对其他产业投资，结果该产业的产品因社会购买力低而缺乏市场，投资只能以失败告终。只有对几个相互补充的产业部门同时进行投资，以获得"外部经济效应"，即这种投资能够创造出互为需求的市场，这样就可以克服市场狭小、在需求方面阻碍经济发展的问题。

"大推进"理论基础。理论基础建立在生产函数、需求、储蓄供给的三个"不可分性"上。生产函数的不可分性是指在基础设施供给方面"社会分摊资本"具有明显的过程上的不可分性和时序上的不可逆性。需求的不可分性使得各产业相互关联，各自形成对方的要素供给者和产品需求者。由于储蓄供给的不可分性，人均国民收入较低，低下的实际储蓄水平与临界投资规模所需的大量储蓄之间存在"储蓄缺口"，要打破就必须使边际储蓄率高于平均储蓄率。

"大推进"的主要内容。一是相互补充的产业部门同时投资，产生外部经济效果创造互为需求的市场，降低成本；二是"大推进"所需巨大资本来源于国内国际双向投资；三是重点投资基础设施和轻工业部门；四是政府计划主导投资。

"大推进"的主要问题。一是发展中国家实施"大推进"所需的原始资本如何获得；二是"大推进"忽略了专业化和比较优势问题；三是需要做好政府计划与市场调节之间的平衡。

2.3.2.3 莱宾斯坦"临界最小努力"理论

美国经济学家莱宾斯坦于 1957 年在《经济落后与增长》中提出"临界最小努力"理论。该理论指出发展中国家需要打破陷入贫困的陷阱，就需要达到一个最小的投资率，一旦超过这个临界的最小投资率，经济增长才能带动贫困的消除。

临界限制的原因。莱宾斯坦认为，发展中国家资本形成的规模达不到经济起飞的最低要求，关键在于提高收入与压低收入两种力量的制衡。上一期的收入水平和投资水平决定了提高收入的力量，上一期的人口增长和投资规模则决定了压低收入的力量。只有当收入水平超过人口增长速度时，前者力量才能大过后者，人均收入水平才会大幅度提高。

冲破"临界"限制的四个因素。需要克服由于生产要素不可分性而产生的规模内在不经济；需要克服由于不具备外在的相互依存关系而产生的外在不经济；必须通过大量投资使收入增长冲破人口快速增长的障碍；初期的投资努力必须达到或超过某一最低限度。

2.3.2.4 刘易斯"二元经济理论"

刘易斯的"二元经济理论"提出，让发展中国家摆脱陷入贫困的一个途径就是消减和打破二元经济结构。其论述了二元经济结构的成因在于经济社会的两部门（农业部门与工业部门）生产率不同，并长期存在。二元经济理论指出，农业部门边际生产率递减，因此常存在过剩劳动力，进而形成贫困。随着经济发展和工业化的推进，工业部门可以吸收更多的劳动力，农业部门剩余劳动力开始向工业部门转移，与工业部门进一步发展之间形成良性循环。因此，工业部门的现代化大发展，有助于削弱二元经济结构，以实现整体经济的发展与贫困的消除。

2.3.2.5 舒尔茨"人力资本理论"

西奥多·舒尔茨（Theodore W. Schultz）将解决贫困问题的途径归结于人力资本的积累，提出了较为完整的"人力资本理论"。舒尔茨认为，人力资源作为一种常被忽视的生产要素，对经济发展有着重要作用。舒尔茨通过实证分析，测算了人力资本投资对于经济发展的贡献率水平，分析了人力资本投资的成本与效益关系。人力资本产生较高回报率，需要具备一定的知识技能水平，因此需要对其进行投资。其中，教育是人力资本投资的重要途径，可以有效提升个人技能，提高个人收入水平，减少收入分配的不平衡。

2.3.2.6　赫希曼"极化涓滴效应"

在一个国家中，各个区域的经济发展之间存在着相互作用的关系，经济较为发达地区与经济相对落后地区之间，不是孤立存在而是相互影响的。阿尔伯特·赫希曼（Albert Hirschman）研究了一个国家内的发达与欠发达地区间的交互影响关系。赫希曼将发达地区对欠发达地区的作用力分为两种：第一，极化效应。发达地区除了具有较强的竞争力以外，还对生产要素有更为强劲的吸引力，欠发达地区的各种生产要素会向发达地区流动，从而进一步拉大了两区域之间的差距。第二，涓滴效应。发达地区可以带动和促进欠发达地区的经济发展，一方面提供更多岗位增加就业，另一方面技术知识、管理经验的溢出，可为欠发达地区带来更多的投资与发展机遇。经过一段时期，发达地区与欠发达地区的极化涓滴效应形成涓滴大于极化的均衡局面，才可能促进欠发达地区的发展。

2.3.2.7　收入分配的反贫困理论

收入分配与贫困之间存在着密不可分的关系，对贫困问题的讨论往往离不开对收入分配问题的讨论。如何减少收入分配的不均衡、如何消减贫困在学术界也多有研究。凯恩斯在其著作中从有效需求角度出发，论述了失业问题的成因为有效需求不足。而在造成有效需求不足的各项原因中，收入分配是一个重要的因素，为了实现充分就业的均衡，应当通过国家干预来调整收入分配状况；约翰·罗尔斯（John Rawls）在《正义论》中，阐释了正义分配理论的内涵，将正义观和收入分配调节有机结合，他将公平视为正义的内核，提出了两个正义原则，并基于"最小受惠者"的角度来分析公平问题，认为应当从最小受惠者的利益出发；罗伯特·诺齐克（Robert Nozick）同样对正义分配问题进行了讨论，提出持有正义原则，反对功利主义和模式化的分配，形成了与罗尔斯相反的观点；库兹涅茨（Simon Smith Kuznets）用"倒U型"曲线假说来说明收入分配随经济发展的变化趋势，明确了经济增长与收入差距的变化关系。同时，农业与工业两部门的划分，开拓了经济结构变化对收入分配差距影响的研究新局面。

2.3.2.8　福利经济学的反贫困理论

庇古（Arthur C. Pigou）在其福利经济学理论中，将解决贫困问题、增加经济福利、促进社会的改良视为研究目的，主张关注贫困问题。庇古阐释了经济福利和社会福利两个层次：一方面，经济福利和国民收入之间是同向变动的关系，国民收入的提高会促进经济福利的提高，经济福利的提高也会促进国民收入增加；另一方面，社会福利与国民所得分配的均等化程度成同向变动关系，国民收入分配越平等，社会福利程度越高。对于收入转移的方式，可以是自愿，也可以是国家强制。庇古认为，国家对收入分配的调节和干预，会有效缩小收入差距，增加社会福利。庇古的思想与理论将人们的目光引向贫困问题和改善社会生活方面。此外，在福利经济学中，阿马蒂亚·森对贫困问题的研究也较为深刻。他重新解释了贫困的实质，改善了贫困的测量方法，用"森贫困指数"代替了以往的"贫困线""基尼系数"等测量方法，首次从权利视角分析了贫困的成因。他认为，贫困问题不仅来自于较低的收入水平，还应关注"能力"和"权利"两个方面，提出了"能力贫困说"与"权利贫困说"，阐述了个人能力对解决贫困问题的重要性。

第 3 章　国内外反贫困实践的回顾

3.1　西方发达国家反贫困实践的演进

即便是在已经实现了现代化而且生产力发展水平相对较高的西方发达资本主义国家中，贫困问题仍然显著。这一方面是因为一个国家内部不同地区之间的经济发展存在差异，另一方面则是由于社会分配不公、失业等现象的存在。一般来说，发达国家经济发展要达到的目标是较高的国民生产总值、较高的人均生产总值、较低的通货膨胀率以及较低的失业率，而发达经济体在制定反贫困政策时，这些也是重要参考。目前全球经济发展格局正处于深度变革时期，西方发达国家的反贫困模式也在逐步演进，这对发展中国家探索扶贫模式的发展具有重要借鉴意义和深度启示价值。

据世界银行《2000～2001 年世界发展报告》❶ 显示，2000 年欧洲的贫困率高达 15％，仅在欧盟 12 个成员国当中，贫困人口就有大约 5000 万，且其中有 500 万是无家可归的绝对贫困人口。截至 2014 年，欧盟发展为 28 个成员国，而其贫困人口数也增长到了 1.25 亿，占欧盟成员国人口总数的 24.8％，而 2008 年欧盟的贫困率仅为 17％。短短 6 年间欧盟贫困率的迅速增长，反映了经济危机后欧洲国家所面临的困境：失业率上升、社会福利下调，导致不少低收入人群落入了贫困线范围。同时期美国的贫困问题也非常突出，据统计在 2008～2014 年间美国共有大约 3000 万人只能通过政府救济来解决温饱，更有约 700 万人是无家可归的绝对贫民。2010 年，纽约的贫困率猛增至 20.1％，这是这座美国最大也是最富有的城市自 2000 年以来贫困率达到的

❶　世界银行.2000/2001 年世界发展报告——与贫困作斗争［M］.北京：中国财政经济出版社，2001.

最高水平。而且同时期其极端贫困率高达 16％，贫困率在 40％ 以上的社区超过 200 个。随着时间的推进，西方发达国家的贫困现象依然严峻，并带有反复发生和难以治理的特性，因而这些国家的反贫困模式也必然发生演进。

3.1.1　美国反贫困实践的演进

对于美国的贫困现状，存在着两种相互对立的观点。一些经济学家认为美国现有的贫困线水平夸大了美国的贫困程度，美国的贫困家庭 70％ 拥有汽车，97％ 拥有彩色电视，如果按绝对贫困来讲，美国是发达国家中贫困率最低的国家；而另一种观点认为，美国现在的贫困线水平低估了美国底层的贫困程度，2005 年《今日美国报》公布数据显示，美国共有 72.5 万人无家可归。纵观美国社会的发展历史，其反贫困模式经历了从"罗斯福模式"到"约翰逊模式"的发展历程，还将在新经济背景下发生进一步转变。

3.1.1.1　罗斯福模式

为使美国迅速摆脱经济危机的影响，刺激经济的复苏和增长，解决由长期萧条引起的贫困等社会问题，同时吸取了胡佛政府失败的教训，罗斯福总统实行了新经济政策，即罗斯福新政。新经济政策以政府干预为核心手段，打破了当时传统的自由放任经济模式，奠定了美国福利性国家的基础。在社会工业化大生产的背景下，罗斯福总统签署并实施的《社会保障法》在思想上对工人起到了安抚作用，缓解了工人对于工作岗位及退休后收入的顾虑。罗斯福模式并不是针对某一地区或群体，而是面向全国范围内的任何一位合法公民。在具体实施的层次上，罗斯福强调仅仅依靠地方政府与慈善机构的救济不能从根本上解决贫困问题，必须有联邦政府的力量介入，这也是罗斯福新政的核心思想——政府干预市场经济。

罗斯福的反贫困政策可以归结为以下几个方面：第一，针对社会底层的劳动民众，以提供工作的方式替代单纯的救济，从根本上解决底层劳动人民的收入持久性问题；第二，成立了由总统直接指挥的专门机构来负责救济金的统一发放，如联邦救济总署及地方的工作管理署等一系列机构，保证了救济工作的高效与快速；第三，设立具有社会保障作用的专项法律（其中比较典型的是系统地阐释了各州、各行各业的社会保障标准的《社会保障法》），在全国范围内建立了一套较为完备的反贫困体系。在这种模式下，政府每月会向年满 65 周岁的老人发放一定数额的救济金，同时对 16 岁以下的无依无靠的受抚养儿童实施救济，以此来保证他们的基本生活支出；在针对失去工作能力和工作岗位的群众进行救济的同时，对于劳动者的最低工资及最高工时也制定了相应的法案，保证了劳动者的合法权益。罗斯福所颁布的《社会保障法》及之后继续推行的相关法案对维持当时的经济秩序、保证贫困人民的基本生活、改善底层劳动者的生活质量有着重要的影响，从而形成了美国早期扶贫的基本模式。

3.1.1.2　约翰逊模式

罗斯福时期之后，20 世纪在美国反贫困模式演进中具有划时代意义的第二个时期是约翰逊政府时期。经历了"二战"及朝鲜战争等大型战争后，这一时期美国的贫困问题并没有得到彻底解决，在基本生存问题解决之后（罗斯福模式的成效），政府亟待解决的问题是如何帮助贫困人民在摆脱贫困的基础上继续发展。约翰逊政府的反贫困模式借鉴了罗斯福模式的一些优点，但也存在着一些变革。

第一，约翰逊政府于 1965 年和 1967 年先后两次上调了工职人员的退休津贴及保险福利金。同时，约翰逊政府在医疗保险方面进行了改革，社会医疗保险不仅包括了住院医疗计划，同时也包括了医疗费用报销计划。第二，通过扩大社会保障范围、降低受保要求来保障各个阶级的社会福利。第三，推行教育社会保障政策，以增加教育支出在财政支出中的比重；为贫困州采取教育设施、奖学金制度、职业培训与再培训等多方面的福利措施，最大程度上保证贫苦学生完成学业的需要。第四，推行了住房保障制度，由 20 世纪30 年代政府修建房屋低价租售的旧有模式向政府拨款修建城市及政府住宅的模式转变，在部分城市改善贫民窟的环境，保障居民的住房条件及住房面积。第五，发布"阿巴拉契亚地区援助法案"，通过政府援助协调区域发展之间的不平衡，以此带动贫困地区的发展。第六，将罗斯福时期的食品券临时政策变为永久性政策，有资格获得食品券的低收入家庭可以花费 6 美元来获得 10美元的食品券，其余 4 美元部分由联邦政府承担，与此同时出台了《儿童营养法案》，其中包括特别牛奶计划、学校早餐计划以及非食品援助计划等。约翰逊政府所出台的食品保障法案已成为一种沿用至今的模式。

1963～1969 年 6 年间，美国的贫困率由 19.5％下降至 12.1％，可以看出约翰逊政府在降低贫困率等方面确实取得了很好的成效，在罗斯福模式的基础上整体形成了福利性国家的雏形。

3.1.1.3　卡特模式、里根模式和克林顿模式

约翰逊之后的社会保障改革基本上是在约翰逊模式上进行修正，如尼克松时期针对工作福利做出改革，1972 年美国政府将社会保障水平提高了20%，扩大了社会保障范围，并改善了残疾人的贫困状况。

然而，卡特总统上任后，由于全球刚刚经历了第四次中东战争的石油危机，美国出现了"滞胀"危机。卡特政府提出"更好地工作与收入计划"，将福利与工作挂钩，以增加就业，从而降低通货膨胀率和失业率。里根模式则采取倡导"工作福利"的反贫困措施，以提高就业率。里根通过削减社会保障，将资金用于"真正贫困的人"，缩减了保障受益范围。与卡特、里根类似，克林顿政府鼓励有工作能力的失业者去工作，通过工作获得福利，减少其对于政府发放的生活福利的依赖性，在财政支出中减少直接用于救济贫困家庭生活的资金比例，提高人们工作及创业的资金支持比例。在某种程度上，卡特、里根、克林顿的这些方法提高了就业率，也激发了底层人民的就业热情。在克林顿时期，美国经济出现了迅猛发展势头，在 GDP 高速增长的同时，美国失业率有了较大幅度的下降。截至 2001 年，美国的失业率为11.7%，相比于 1993 年的 15.1%，有了明显改善。

3.1.1.4　小布什模式和奥巴马模式

进入 21 世纪以来，小布什总统对传统的反贫困模式进行了改革，推行社会保障私有化的改革（主要是公共养老金的改革），这一反贫困模式降低了政府的赤字风险，但也带来了私有化的额外成本与风险。

而奥巴马政府在减税方面做出了独特的改革。由于经历了 2008 年全球金融危机以及美国次贷危机，美国经济遭到重创，为了降低失业率、保障底层劳动人民的生活水平，奥巴马政府实行了结构性的减税政策，对低收入家庭和增加就业岗位供给的企业实行相应的减税措施，鼓励企业提供更多的工作岗位。与此同时，奥巴马政府加大了对失业人群的福利支持，保障失业人群的基本生活开支。据统计，美国当时共有约 1000 万人接受失业福利的救济。

从罗斯福新政开始，经历了约翰逊"伟大社会"等一系列的重大改革、发展，美国的反贫困模式在今天已渐趋完善，形成了包括社会保险救助、非保险类的救助、实物及服务形式的援助项目在内的覆盖全社会、能够根据社

会经济状况的变化而灵活多变的社会保障体系。但是，由于福利水平过高所带来的政府预算过大、赤字扩大以及底层存在的消极待业等问题也成为美国现有社会保障制度下的弊端。

3.1.2 英国反贫困实践的演进

众所周知，世界上第一个"从摇篮到坟墓"的福利性国家是英国。英国的社会福利与反贫困救济是伴随着工业革命的进程产生的，早在 16 世纪末，英国政府就以救济金的形式救济 100 多万难民。随着工业技术的不断革新，城市规模不断扩大，失业、分配不均等社会问题日益突出，这迫使英国政府制定相应的政策。英国的反贫困模式经历了费边渐进式阶段、自由主义阶段与"第三条道路"阶段这三个不同的时期。

3.1.2.1 第一阶段：费边渐进式

第一阶段是从 1940～1970 年，在第二次世界大战时期，贝弗里奇提出了福利性国家的构想，这一构想在 1946 年上台的工党执政时期得以实现。工党政府以费边渐进式社会主义改革为指导思想，先后颁布了《家庭补助法》《国民保险法》《国民救济法》等几项重要法律，并主要从保险制度及救济制度两个方面构建了早期的反贫困模式框架。其中保险制度具有一定的强制性，规定从工作开始到 65 周岁之间的这一阶段内无论任何时期都要足额缴纳保险金。而救济制度则涉及孤儿、养老、失业、孕产等多个方面。

3.1.2.2 第二阶段：自由主义

1970 年以后，优厚的福利政策导致政府出现了较大的财政赤字，英国政府在反贫困模式上不得不改变以往大手笔的资金输出模式。受哈耶克主义的影响，撒切尔夫人反对政府对于市场的过度干预，主张运用市场自身的力量来达到社会福利的预期效果，这些主张与凯恩斯的过度干预假说相左。政府主要通过养老保险、医疗保险和失业保险三方面的改革来减少政府福利开支和转移性支出，并缩小其应用的范围。在养老金方面，降低了企业应缴费用，强调了企业在享受政府优惠政策的同时，必须按照规定为每一位员工设立职业养老金；在医疗方面，政府为服务良好的医疗机构提供资金支持，但是整体上减少对于医疗事业的资金支出，强调国有医疗机构应与私立机构进行竞

争，并主张医疗保险应由雇主与工人共同承担。在失业保障方面，摒弃了
"福利国家"时期以提供给失业者救济津贴为主的模式，而是通过对失业者进
行岗位培训来增加失业人群未来就业的机会。撒切尔夫人所主张的一系列变
革，对市场与政府的关系进行了一次重新定位，重组了国家、个人、市场在
社会福利方面的关系。在撒切尔时期，失业人数和失业率也有了明显的降低。
撒切尔变革虽然在某些方面解决了贫困民众的生计问题，但是贫苦人民的生
活质量并没有大幅度提高，导致了贫富差距的拉大。撒切尔夫人过分注重市
场的高效率而忽略了社会公平，这成为布莱尔政府亟待解决的问题。

3.1.2.3　第三阶段："第三条道路"

这一阶段布莱尔政府试图通过改革重新调整国家、个人与市场三者间的
关系，而其主要依据就是吉登斯（Anthony Giddens）的"第三条道路"思
想。在失业的调整方面，鼓励有能力工作的失业者参加工作，去享受国家优
惠政策的私企及环保部门与公共部门工作，并对积极扩充岗位招聘的企业进
行一定数额的资金支持；鼓励更多的单亲家庭投入到工作中去；不单为残疾
人士发放津贴，还对他们进行就业培训，鼓励企业为残疾人提供工作岗位；
实行工作税额抵免制度，减免失业者就业后的纳税额，多方面解决就业问题。
布莱尔政府时期，英国实现了超低的通货膨胀率，社会岗位数量增多，失业
率明显降低。布莱尔政府的成果也说明了在强调个人自由发挥积极作用的同
时，也应该在适当时机发挥政府的干预作用。

3.1.3　简要评述

从美、英两个发达国家的实际措施来看，西方发达国家的反贫困政策有
以下几个特点：①反贫困举措以完善社会福利保障为核心，偏重救济式扶贫。
这主要是因为发达国家较早地完成了工业化，拥有较为丰厚的社会资本积累，
在一定时间内能够维持较高的社会保障水平，但长期而言容易陷入主权债务
危机，也容易滋生懒惰的社会风气。②反贫困制度以完善立法保障为核心，
偏重制度式扶贫。这有赖于西方发达国家较高的法治化治理水平，以立法形
式推动反贫困能够有效降低成本，规避反贫困领域存在的寻租行为。③反贫
困演进以政权轮替为核心，突出党派利益诉求。西方发达国家的反贫困演进
阶段，往往以国家政权的更替作为划分依据，这是因为在不同党派交替上台

执政的过程中，为突出各党派所属利益群体的诉求，反贫困政策的延续性难以得到保障。

同时，西方发达国家的反贫困经验也反映出，相对积极的反贫困举措往往发生在劳资矛盾较为激烈的经济危机和社会危机时期，这一时期对满足社会底层人民基本需求的社会保障往往容易获取选民的认可，这对阶层割裂造成的社会矛盾是一种弥补。但需要指出的是，西方发达国家直至今日也未能解决贫困问题，这不仅与反贫困力度有关，更是西方发达国家基本经济制度的社会反映。所以对于发展中国家和社会主义国家来说，西方发达国家的反贫困经验并不完全适用，只能在一定程度上借鉴。

3.2　新兴工业化国家反贫困实践的演进

新兴工业化国家主要指那些在自身发展过程中已经具备一定的资本主义发展基础，而且在自身的工业化进程中克服了一些发展中国家的社会落后性，发展程度介于发达国家和发展中国家之间的一些国家。新兴工业化国家与一般发展中国家面临着类似的贫困问题：绝对贫困与相对贫困同时存在，且相对贫困的问题愈加突出；农村贫困与城市贫困同时存在，城市贫困的问题越来越凸显，但是农村贫困的形势仍更为严峻。

新兴工业化国家政府对此也采取了一系列反贫困政策，综合 20 世纪 70 年代以来新兴工业化国家的反贫困实际，新兴工业化国家反贫困模式的演化方向如表 3-1 所示。

表 3-1　新兴工业化国家反贫困模式演化方向

反贫困模式的演化方向	具体内涵
由反绝对贫困逐步转向反相对贫困，但仍以反绝对贫困为主（重心的演化）	由救济型、补贴生活基本需求型的反贫困模式开始向通过调整分配缩小贫富差距的反贫困模式转变，但仍以前者为主
由救助型转向救助与投资开发型并重（方法）	由对生活基本需求的补贴的救助型到注重教育以及促进就业等人力资本投资型和补贴救助型并重
由单一追求经济增长到追求通过包容性增长消除贫困（推动力）	由片面追求经济增长以达到反贫困目的转向重视对社会领域的其他投资来实现反贫困

下面将通过新兴工业化国家印度和巴西的一些实际案例来对表格内容进行详细阐述。

3.2.1　从反绝对贫困到反相对贫困

3.2.1.1　重心以反绝对贫困为主

新兴工业化国家在初期阶段，受资金、技术等各方面原因的限制，生产力的发展程度远落后于人们的需求，贫困人口的微薄收入无法维系再生产的需要，人们基本的衣食住行等生活诉求甚至得不到满足。这些国家反贫困模式的重心就落在解决绝对贫困上，即减少赤贫人口的数量。

以印度为例。印度作为新兴工业化国家的一员，贫困人口基数较大，减贫扶贫任重道远。20 世纪 50～80 年代，印度政府为减少赤贫人口、解决贫困问题采取了一系列反贫困政策性措施。20 世纪 50 年代，印度刚刚实现民族国家独立，国家各方面建设都处于起步阶段，贫困人口数量多、比重大，贫困问题亟待解决。当时的印度，乡村贫困人口占总贫困人口的比重大，而乡村贫困人口中大多数是没有土地但从事农业劳动的劳动力，所以土地改革就成为政府减轻贫困的重要措施之一。20 世纪 50 年代的印度土地改革包括取消中间人（位于英国殖民统治者和印度农民之间，帮助榨取印度农民的劳动成果，收取地租）和租佃制度的改革。中间人群体的存在是造成贫困的一大诱因，改革中印度政府共废除了"中间人"250 万，从中接管可耕种土地 1.6 亿英亩，有 300 万佃户和贫农获得耕地所有权，总面积达 620 万英亩，有效减轻了农民负担，直接缓解了贫困状况。土地改革的另一项举措是租佃改革，印度政府采取措施固定租金水平，使租佃关系更有保障、更加规范。改革清晰规定了印度土地所有权的关系，无地农民获得了土地，提高了生产积极性，减轻了贫困状况；同时，增加了印度的粮食产出，降低了粮食价格，有利于满足贫困人口的基本生活需求。

印度在以反绝对贫困为主的反贫困实践中，采取的政策性措施除了土地改革还有"绿色革命"。"绿色革命"是指在农业生产过程中更多地使用现代农业生产技术，提高和发展印度的农业生产力，提高农业劳动力的劳动效率，增加粮食产出，以此来提高粮食的供给量，从而满足贫困人口的基本生活需要。"绿色革命"的推行，使印度的粮食产量有了大幅度的提高，改善了印度

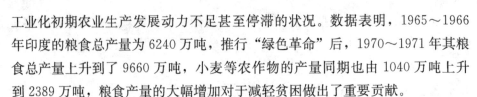

工业化初期农业生产发展动力不足甚至停滞的状况。数据表明，1965～1966年印度的粮食总产量为6240万吨，推行"绿色革命"后，1970～1971年其粮食总产量上升到了9660万吨，小麦等农作物的产量同期也由1040万吨上升到2389万吨，粮食产量的大幅增加对于减轻贫困做出了重要贡献。

除了"土地改革"和"绿色革命"这两项举措，印度政府于1974年又颁布政策，开始在全国范围内实施"最低需求计划"，即通过满足贫困人口的基本生活需求来解决绝对贫困问题。这些措施都是印度作为新兴工业化国家在反贫困尤其是反绝对贫困进程中的举措，从结果来看，都取得了良好的成效。

在反绝对贫困的过程中，同为新兴化工业国家的巴西于20世纪60年代以来采取了著名的"发展极"战略。主要内容为：以大范围的物质资本投资为手段，以"以点带面"为目标，政府帮助贫困地区形成新的经济发展极和增长点，由这些通过政府扶助而形成的新的增长极和增长点带动其所属区域的发展，推进反贫困进程。这一政策取得了良好的成效，比较典型的是巴西玛瑙斯地区的案例。巴西政府在20世纪60年代和70年代也推行过"土地改革"，意图改变巴西当时土地高度集中、农业生产的发展方式较为粗放的现状，提高农业的整体生产力，以满足相关贫困人口的基本生活诉求。但是与"发展极"战略相反，这一政策在巴西推行的效果较为一般。

3.2.1.2 兼顾反相对贫困

新兴工业化国家工业化进程不断加快，随之而来的是生产力水平的大幅提高和社会经济的快速发展，人们的收入水平也随之提高，使绝对贫困问题得到一定程度的缓解，但是也出现了收入分配制度局限性所带来的贫富差距大的相对贫困问题。根据这一实际情况，新兴工业化国家反贫困的实践开始加强对相对贫困的关注，反贫困模式开始不再单单关注绝对贫困，而是愈发着重于两者的兼顾，采取了一些以调整分配为核心的政策来缓解相对贫困。

先以印度为例。由于分配制度的局限性，上文介绍的印度"土地改革"和"绿色革命"带动经济增长所获得的利益大部分都流向了发达地区的富农，这就使得印度不同区域之间、不同农民群体之间存在收入差距，相对贫困问题也就随之突出。相应地，印度政府在1974～1979年第五个五年计划时期内制定并推行"公营分配"制度，即政府控制一些商店的销售价格，设立平价商店，针对一些基础性生活需求品制定适宜的价格，通过公营商店的形式较为公正合理地分配经济发展过程中的劳动产品，避免造成收入差距的悬殊过大。公营分配制度改善了普通贫民的生活状况，间接地缩小了收入差距，取得了良好成效。

巴西在反贫困实践中采取的调节收入分配的举措为征收巨额财富税。这是 1989 年时任巴西总统的费尔南多·恩里克·卡多佐提出的，纳税对象即资产超过 200 万美元的纳税人。

新兴工业化国家在长期的经济发展过程中，反贫困模式的重心有所变化，逐渐从反绝对贫困为主开始偏移到兼顾绝对贫困和相对贫困，但这并非意味着相对贫困就此成为新兴工业化国家贫困问题的主要方面，这些国家亟待解决的仍然是缩减基本生活需求无法自我满足的绝对贫困群体。

3.2.2　从救助型反贫困到开发型反贫困

根据上文所述，新兴工业化国家的反贫困模式的重心经历了由绝对贫困向绝对贫困与相对贫困并重的转变，与之相对应，新兴工业化国家的反贫困模式中反贫困的方法路径也经历了由救助型向救助型和投资开发型并重的转变。

3.2.2.1　救助型扶贫为主

绝对贫困问题是新兴工业化国家工业化发展初期亟待解决的。针对绝对贫困，直接给予一定的生活补贴、满足贫困人口的最低生活需求是最为简单有效的方法。因此，各新兴工业化国家的反贫困政策偏重于救助型扶贫，通过生活补贴等救助型措施来减少或消除绝对贫困。

先介绍印度的案例。仍以前文提到的印度政府的"土地改革"和"绿色革命"为例，这两项措施在把反贫困模式的重心投向绝对贫困为主时，其实也是将反贫困路径着眼于满足贫困群体基本生活需求的救助型扶贫上。"土地改革"中无地农民获得土地，生产积极性提高，这一方面减少了农民自身的贫困，另一方面也有利于印度粮食产出的增加，从而使贫困人口自给自足，满足基本生活需求；"绿色革命"则提倡现代农业生产技术，使印度农业生产力和粮食供给量大幅提高，同样有利于满足贫困人口的基本需求。由此可以看出这两项政策其实都是救助型的政策，是为贫困群体"输血"来减缓贫困的政策。

巴西则与印度类似，上文已介绍过巴西的"发展极"战略和"土地改革"，这些把重心放在反绝对贫困的反贫困实践同样是救助型反贫困方面的案例。

3.2.2.2 向投资开发型与救助型并重转变

随着新兴工业化国家的反贫困重心逐渐往兼顾绝对贫困与相对贫困并重，仅通过救助型的方式来缩小贫困差距造成的相对贫困是远远不够的。因此，新兴工业化国家的反贫困模式中所采取的方法也开始由救助型向投资开发型与救助型并重转变，注重持续型发展，致力于通过从政府等外在助力反贫困，到注重通过人力资本等投资从内在方面反贫困与政府救助反贫困并重。

先以印度为例。印度投资开发性的反贫困政策主要体现在促进就业与提高贫困群体中劳动力的劳动技能等。1970～1972年印度政府实施了一系列乡村综合发展计划，合称"农村综合发展计划"，包括1970～1971年制订的"小农发展计划"和"边际农业劳工发展计划"以及1972年制订的"干旱地区发展计划"。政府为这些计划直接提供资本补贴或融资渠道，创造了更多的就业机会，从而使印度贫困人口能获取一定量的生产工具和生产资料，并掌握一定的劳动技能。这些政策从外在辅助扶贫到帮助促进贫困群体内在素质的提高从而自主走出贫困，实质上是为印度的现有贫困人口提供了一条"自主反贫困"的路径。通过提高印度现有贫困人口的素质，贫困人口群体的收入水平得到了提高，从而实现了这一群体的"自我救赎"。除了这两项计划，1989年印度全国范围内开始推行命名为"贾瓦哈尔"的就业计划，其具体内涵是：由印度中央政府出资80%，各邦政府出资20%，筹措一笔就业促进资金，来促进农村收入水平在贫困线之下的群众就业。数据表明，"贾瓦哈尔就业计划"从1989年至1992年实施共3年，这3年内中央政府和各邦政府总共计拨款769亿卢比，创造了数以万计的就业机会，为印度的反贫困实践做出了巨大的贡献。印度政府还在2006年2月2日正式实施了另一项投资开放型的反贫困政策——《全国农村就业保障法案》（以下简称《法案》）。《法案》规定了印度农民就业的权利，为印度农民增加收入、减轻贫困状况和压力等方面提供了一系列可靠的法律保障。《法案》规定，印度政府应每年在印度国内200多个经济发展程度严重落后的地区为农村每个家庭提供整整100天的就业机会。

下面阐述巴西的案例。巴西在由救助型反贫困政策向救助型和投资开发型政策并重的建设过程中，采取了东北部农业发展计划和全国一体化的计划。

东北部农业发展计划主要包括土地分配计划和农业信贷计划，对农村贫困人口进行资金投入，促使农民提高自身能力，从而摆脱贫困；全国一体化则是鼓励农民流动到其他区域并对其进行资金与技术等投入，使这些人口在新的区域进行农业生产，并规定转移的农村人口如果在一年内即可以实现粮食自给，而且在短时期内可以自己合理利用这些土地，那么占地农村人口即可获得所占土地的合法所有权。同时，巴西政府还注重提高劳动者素质。巴西政府在东北部不发达地区成立了旨在帮助不发达地区加强师资力量的东北部教育基金，具体用于为不发达地区受教育群体免费提供教科书，以及开展"远距离教学计划"等工程。为了改善巴西当地贫困农民的生活现状，巴西政府于 1999 年提出了全国加强农村家庭农业计划，面向巴西的小农群体给予政策以及其他方面的优惠等，并向其提供贷款；同时巴西政府鼓励巴西农村人口自发建立合作社等机构，由政府出面为当地农村人口提供一些小额的优惠贷款，给予农业生产技术上的支持，例如农具、农业机械器材、化肥和农药等。

从救助型反贫困为主到同时兼顾救助型和投资开发性反贫困的演化过程，其实是经历了一个由外部辅助到自我创造的过程，是由"输血"到"造血"、从"治标"到"治本"转化的过程。

3.2.3　由单一追求经济增长反贫困到包容性增长反贫困

3.2.3.1　单一追求经济增长消除贫困

各国政府在反贫困实践中都投入了大量的人力、物力和财力。新兴工业化国家在工业化发展初期，政府以单一的经济增长为主，希望通过制定一系列有利于经济增长的政策来减缓贫困，在促进社会经济稳定发展的同时减少赤贫人口。新型工业化国家中印度和巴西的工业化发展初期阶段，即罗斯托发展理论中的"起飞"阶段，都是通过制定一系列有利于经济增长的反贫困政策来推动反贫困进程的。结合上文中提到的印度在反绝对贫困所采取的"绿色革命"和"土地改革"等反贫困政策，这些措施在当时成效显著，在促进经济增长的同时，也的确直接减少了赤贫人口的数量。

3.2.3.2　通过包容性增长消除贫困

随着工业化进程的加快和社会经济的不断发展，仅仅基于单一经济增长的目的来制定相关反贫困政策以减缓贫困的思路，越来越暴露出其弊端所在。2007 年，亚洲开发银行提出了"包容性增长"的理念。它要求人们重视对其他方面例如社会领域的一些投资的关注，同时应关注分配，否则将造成社会贫富差距越来越大，社会矛盾愈发尖锐。❶

许多新兴工业化国家借鉴"包容性增长理论"来指导自身的反贫困实践，一定程度上证实了这一反贫困模式的科学性。印度政府在 2007～2012 年的第 11 个五年计划中提出走"包容性增长"的反贫困道路，从反贫困战略高度上将其作为指导反贫困工作的基本思想，提倡应将政府在经济改革和社会发展中取得的成果普及到印度所有地区和各个阶层，在不同领域中进行全方位、可持续、多面化的协调统一发展，并且结合印度长期发展中的反贫困进程，将实现社会的包容性增长和共享式发展作为指导反贫困工作的原则，制定减贫、扶贫的行动纲领路线，构架起"包容性增长"的三大支柱。❷ 具体措施包括：通过人才培训实现农村人力资源开发，促进就业，实现由"输血"到"造血"的转变，使贫困人口可以通过提高自身能力来从根源上解决贫困问题；通过建立一些社会保障制度或者采取一些社会福利措施来缓解相对贫困的危害，比如针对贫困地区贫困家庭儿童的营养工程"午餐计划"，针对提高贫困群众劳动技能的中等教育职业化计划等；通过实现政府治理功能向"包容性治理"的转化，来促使印度社会经济增长的稳定发展，为反贫困的具体实践提供良好的政策环境。

新兴工业化国家的经济处于高速增长阶段，贫困问题在经济发展过程中越来越凸显，解决贫困问题也显得尤为急迫。新兴工业化国家反贫困政策演化有着鲜明的特点：以消除绝对贫困为主，有向消除相对贫困演化的趋势；在方法上由救助型转向救助型与投资开发型并重；在动力上由经济增长推动消除贫困到包容性增长推动消除贫困。

中国作为新兴工业化国家的一员，无一例外地面对同样问题。因此，研究除中国以外的其他新型工业化国家反贫困模式的演化，对于解决中国的贫

❶ Asian Development Bank；Stephan Klasen. Measuring and Monitoring Inclusive Growth：Multiple Definitions，Open Questions，and Some Constructive Proposals ［R］. Sustainable Development Working Papers，2010.

❷ Ifzal Ali. Inequality and the Imperative for Inclusive Growth in Asia ［EB/OL］.2014-09-04. http：//www. adbi. orgconf2426. inequality. imperative. growth.

困问题同样意义重大，或许能为我国问题的解决提供思路与具体路径上的借鉴。

3.2.4　简要评述

新兴工业化国家中，发展中国家居多，其工业化进程迅速，但发展水平有限，资本积累薄弱，社会福利和社会救济处于较低层次，无法提供西方发达国家同等水平的社会保障，因而这类国家的反贫困实践带有强烈的"开发式"特点。在开发式扶贫中，新兴工业化国家通常需要制定具体的产业政策和区域发展战略，通过经济增长的涓滴效应逐步改善贫困现状，因而其反贫困实践带有深刻的经济发展演进的痕迹，其消除贫困的过程也是经济社会不断发展的过程。

但同时需要指出，新兴工业化国家通过发展工业实现经济增长并进一步带动反贫困实践也存在一定的隐忧。这是因为，优先发展工业化的国家战略往往会滋生以工业资本为代表的新兴资产阶级，从而加深劳动的异化和资本对劳动的盘剥，容易在新时期形成新的贫困工人阶级。因而，新兴工业化国家在提高生产力的同时，也要注意调整国内生产关系，注重包容式发展和民生改善，致力消除城乡二元结构，提高反贫困成效。

3.3　民国时期的反贫困实践

民国时期是典型的过渡期，由传统向现代的发展，加之全球工业文明的冲击，对当时的农民贫困问题有着消极影响。其一是地主和商业资本、高利贷资本的剥削；其二是自然灾害频繁；其三是国际因素的负面影响。

1. 地主和商业资本、高利贷的剥削

农村社会中，地主作为经营商业的主体，同时又是高利贷的放贷者。前文论述过，黄宗智认为一个五口之家最起码能够维持家庭最低需求的土地需要 15 亩，而实际情况是农民不可能拥有那么多的土地，所以农民只能通过租赁土地以得到更多的收入，方能够缴纳赋税；又因为土地兼并比较严重，地主实际上在土地租赁市场处于垄断地位，佃农所需缴纳的租金具有高溢价，这无疑加剧了农民生活的贫困。而农民抵御风险和偿还债务的能力弱，很容

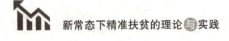

易陷入遭遇风险→负担高利贷→缺乏偿债能力→陷入贫困的状况。

2. 自然灾害频繁

民国时期自然灾害的影响主要体现在频发和高强度。1912～1948 年，全国各地（不包括今新疆、西藏、内蒙古自治区）共有 16698 县次发生一种或数种灾害，年均 451 县次，1928 年、1929 年全国甚至有高达近一半的县数发生，且危害极强，❶ 导致死亡人数增多，很多家庭家破人亡，失去了较多的劳动力，对农民的经济状况造成了极其严重的负面影响。

3. 国际因素的负面影响

1840 年以来，中国被迫打开国门，因此受国际经济影响愈发显著，农村经济也不例外。民国时期，农村经济受到国际上负面经济因素的影响主要包括丧失农产品、手工产品定价权，丧失中国出口价格主动权等。因而在 1929 年的世界经济危机中，我国农副产品市场大幅萎缩，外国农产品及纺织品倾销加剧，华侨被迫回乡，农民的收入减少，社会就业压力增大。

民国时期无论是混乱的北洋军阀政府，还是以现代政党政治的方式组建、并力图有所作为的南京国民政府，都并未成立类似于当代中国的扶贫办这样专门治理农民贫困问题的机构，也缺乏明确的扶贫目标与政策。但这一时期，依然有针对农民贫困问题的解决思路与政策举措。

3.3.1　农业改良与推广

农业生产是关系农民经济状况的重要因素，提高农业生产技术能够较为直接地解决农民贫困问题。民国时期有政府主导的农业改良与推广工作，主要针对经济作物和粮食作物两大类，而经济作物中的棉产改进工作最为突出。

南京国民政府的举措是引进、驯化、改良并推广美棉。这个时期改良、推广的棉种主要有脱字棉、斯字棉和德字棉。抗战时期，四川是推广美棉的重点区域，推广的德字棉每亩皮棉平均产量 31.6 斤，较当地棉每亩平均产量高出 18.2 斤，增长了 135%；1939 年经改进后的德字棉亩产量 63.4 斤，较当地棉增长 37.6 斤，增长约 150%。❷ 而且可喜的是，美棉的质量与数量都相

❶　夏明芳. 民国时期自然灾害与乡村社会［M］. 北京：中华书局，2000.
❷　秦松. 抗战时期国民政府的农业行政［D］. 成都：西南大学，2006.

对中棉低棉好，而且成本付出也和中棉相差不多，低成本、高收益的生产模式很大程度上减轻了这一时期农民的经济生活压力。其次是棉花产销合作社的建立，使美棉的生产、加工和销售链更加完整。

3.3.2　防灾救灾

民国时期自然灾害频繁，进一步加剧了农民贫困和社会动荡。其中北京政府的救灾工作特点有以下两点。

1. 通过多渠道筹集赈灾经费

传统时代的经费一般只有政府拨款或公众捐献两个渠道。民国北京政府除了此二者之外，还包括发行奖券、公债和举借外债等新的渠道。资金来源充足、利用效率提高，赈灾经费不断充裕。

2. 丰富救灾措施

民国时期的救灾措施主要有急赈、蠲缓、平粜，除此之外，还有工赈和借贷。急赈主要是在突发性灾害发生后，灾民无法生活的情况下实施的一种紧急措施，主要是提供粮、粥、衣服等。蠲缓包括蠲免赋税和停交、缓交赋税，通过减轻受灾地区的赋税负担来缓解灾害程度。工赈是以工代赈的简称，由政府组织灾民参与水利、修路等公共建设，给予一定报酬，来减轻他们的经济负担，通俗来说就是为他们提供工作机会。借贷指发放低息贷款给灾民，以帮助他们恢复生产。

救灾是灾害发生之后所进行的补救措施，防灾则是在灾害发生之前对其进行预测以做好防护措施。民国北京政府对于防灾的主要措施是成立了专门防灾机构——全国防灾委员会，指导防灾工作。防灾委员会通过政府拨款兴修水利，成立了民间自助水利组织，借助民间力量兴修水利；对移民垦殖予以大力支持，通过移民垦殖缓解地区人口压力，发展农业经济；积极倡导仓储制度，在各地恢复积谷备荒并对此加以管理，取得了一定成效。

3.3.3　建立农村信用社

农村金融枯竭，农民资金不足，导致高利贷盛行、农民负债普遍，农业生产因资金不足而受到严重影响，是农民贫困的一个重要原因。农村信用社

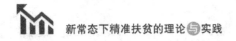

提供低息贷款给予农民以恢复生产，同时使其摆脱了高利贷的束缚与剥削。

3.3.4　改良土地与赋税制度

民国时期土地分配不均，租佃制度盛行，地租剥削沉重，佃农生活贫困，带来很多社会问题，因而改良土地制度和赋税制度尤为重要。其中南京国民政府通过土地陈报与整理田赋等措施，对各地区的土地情况进行了解、记录，阻碍豪绅对贫农胡乱收取赋税，进一步缓解农民的贫困生活状况，并通过立法为农民拥有土地提供法律保障。

3.3.5　民国时期基层反贫困实践

钱会的由来已久，发展较快。民国时期的钱会组织结构完善、数量丰富，密切联系广大农民。其中农民从钱会得到的钱主要用于解决日常生活中遇到的困难，而用于生产方面的金额相应较大。钱会利率比高利贷低很多，因此也不会对农民产生较大的经济压力，从而消除了部分农民的贫困问题。新型的农民组织农会与合作社也是民国时期基层反贫困实践的路径之一。农会成立初始并非农民组织，直至南京国民政府成立之后，农会才真正成为从事农业改良的农民组织。其发展农村经济、缓解农民贫困程度的主要举措是办理农业贷款与推进农业改良。在办理贷款方面，主要表现为帮助组织合作社办理贷款，一定程度上推动了生产发展。在推动农业改良举措方面，内容包括设置农事试验场、推广良种、改良农具等，为农民提供了更好的硬件条件。

相对来说，个体小农的经济活动规模较小，收益变化没有那么显著，但是其灵活性较强，可以通过积极发展手工业以及其他副业、离村寻找生机来减缓自己的贫困程度。就发展手工业以及其他副业而言，传统小农经济以纺织业为主要经济活动，其中棉纺织业所占比重比较大。机纱和铁轮机尚未出现，生产水平较为落后；在晚清至民国时期，由于引进机器，生产效率大大提高，农民的收入有了明显提高，也改善了农民的经济生活状况。农民离村，在流动中寻找生机。离村的去向有进城、移居他乡、到垦区开垦、出国，等等。离村者中，进城者占大多数，进城后的农民一般的就业选择是产业工人、服务行业人员，等等。当然，进城的人员也有一部分是去避难，由于城里的慈善组织相对较多，一些贫困的农民会到城里寻求一定的慈善组织的帮助。

3.3.6　简要评述

民国时期，军阀混战频繁，1912～1928 年共发生较大规模战争 140 次，几乎波及全国所有省市。❶ 由于农业生产的特点，在战争中农民的生命财产安全更容易受到被强行剥夺的威胁。由于战争，大量农民流离失业，变成土匪。战时战后溃兵变成土匪也是很常见的现象，形成匪患。南京国民政府未能实现整顿社会秩序的效果，内则军阀混乱，外则日本发动侵华战争。抗日战争胜利后，紧接着爆发内战，人民生活贫困潦倒，食不果腹。由于战争的频发，政府部门只能通过增加农民的税收来增加对政府及军事方面的供给。社会本就不安定，农民的收成甚少，非但没有补贴，还增加赋税，再加上许多地方的一些地主豪绅利用不完善的赋税制度，向佃农转嫁税收，造成农民身上的赋税负担十分沉重。

内忧外患之际，政府疲于应付国内外危机，无暇顾及国内经济发展，资本积累薄弱，可用于反贫困的资源极为有限，反贫困实践以防灾救灾为主，社会救济为辅，扶贫形式单一。同时，由于缺乏必要的制度建设和积极监管，也极易在反贫困实践中滋生"寻租"行为，进一步加剧贫困。

3.4　新中国的反贫困实践

与贫困的抗争贯穿了整个中华人民共和国的历史。在这 70 多年里，我国法律法规对于贫困的定义以及扶贫的大体方针，也在持续不断地改变，以适应时代与社会的发展变迁。我国的扶贫模式也在这 70 多年的实践与探索中不断变迁、优化。总体而言，由新中国成立初期的社会救济式扶贫，到改革开放以体制改革推进扶贫工作的展开，再到 20 世纪八九十年代的开发式扶贫，最后到如今的攻坚式扶贫，无不体现了中国的扶贫方式在发生巨大的改变。针对不同地区的不同情况，如城市、农村、西部的贫困特点，扶贫模式也各

---

❶　王文泉，刘天璐．中国近代史 [M]．北京：高等教育出版社，2001：232.

有不同，各具特色。本节将从不同角度梳理我国扶贫模式的历史变迁。

3.4.1 我国宪法"扶贫帮困"的历史沿革

《中华人民共和国宪法》（以下简称《宪法》）是我国的根本大法，它规定了我国的社会主义政治制度以及由新民主主义过渡到社会主义的根本任务。在扶贫方面，宪法也有相关的规定。大体而言，《宪法》对"扶贫帮困"的有关规定的变迁，可以分为改革开放前和改革开放后两个时期。改革开放之前的阶段，我国宪法确立了"物质帮助权"。由于"文化大革命"等历史原因，"物质帮助权"在确立后也经历了倒退与恢复。改革开放后的阶段，我国宪法对"扶贫帮困"的规定由"物质帮助权"逐步发展为社会保障。2004 年我国确立了"建立社会保障制度"，这标志着我国在扶贫方面有了更大的发展。

3.4.1.1 改革开放前

从 1949 年新中国成立，到 20 世纪 70 年代末改革开放之前，我国宪法经历了"物质帮助权"的确立、倒退与恢复。我国宪法规定的"物质保障权"是指公民在年老、疾病或者失去劳动能力等情况下，有从国家和社会获取物质帮助的权利。❶

1949 年 9 月，全国第一届政治协商会议在北京顺利召开。会上顺利通过了《中国人民政治协商会议共同纲领》（下称《纲领》）。《纲领》中有许多条款涉及物质帮助权，如第三章第 25 条："革命烈士和革命军人的家属，其生活困难者应受国家和社会的优待。参加革命战争的残废军人和退伍军人，应由人民政府给以适当安置，使能谋生立业。"❷ 以及第四章第 34 条："……应注意水利的兴修，防洪抗旱，恢复和发展畜力，增加肥料，改良农具以及对种子的培育，防治病虫害，灾荒的救济，并有计划的移民开垦。"

从《纲领》中的有关规定，可以看出在新中国成立之初的"物质帮助权"有以下特点：①受惠主体是革命烈士、因战残废的军人或者退伍军人及其家属，而不是符合条件的全国人民；②"物质保障权"未被单独规定出来，其相关规定散落在法律的多个条文中。

---

❶ 贵立义.宪法学［M］.沈阳：东北财经大学出版社，2005.
❷ 李佑标.保护军人合法权益研究［M］.北京：国防大学出版社，2012.

以上两个特点与当时国情是分不开的。首先，长期的革命战争刚刚结束，大批军人及家属的安置亟需解决。在解放战争中，有26万官兵为了新中国的成立而英勇牺牲，104万官兵负伤。解放战争胜利之初，解放军人数多达550万余人，1950年6月即规定中国人民解放军人数精编裁减到400万余人，同年即复员23.6万余人。倘若每个牺牲、负伤、复员的军人按人均3个家属算，总人数高达2200万之巨，占当年总人口的5.6%。

　　1954年全国人民代表大会的召开顺利通过了第一部伟大的宪法，史称"五四宪法"。"五四宪法"的第三章"公民的基本权利和义务"中第93条明确规定："中华人民共和国劳动者在年老、疾病或者丧失劳动能力的时候，有获得物质帮助的权利。国家举办社会保险、社会救济和群众卫生事业，并且逐步扩大这些设施，以保证劳动者享受这种权利。"相较于《纲领》，"五四宪法"关于"物质帮助权"的规定有了长足的进步。"五四宪法"明确规定了"物质帮助权"是全体公民的一项基本权利，"物质帮助权"的受惠主体不再单纯是革命军人及其家属，而是属于全体年老、疾病或丧失劳动能力的劳动者。

　　1975年，第四届全国人民代表大会通过了经修改完善的新宪法，即"七五宪法"。由于时值"文革"末期，政治思想"左"的倾向严重，"七五宪法"的删动较大，在公民基本权利的规定这一块内容上较"五四宪法"存在明显的退步。"五四宪法"明文确定了公民的十四项基本权利，"七五宪法"只是对公民权利进行了简单的宣称，其中"物质帮助权"相关的规定也消失了，与其他公民基本权利融并在了一起。

　　1978年，中国开始改革开放，为适应时代的需求，第五届全国人民代表大会通过了新修改的宪法，即"七八宪法"。该法第四章"公民的基本权利及义务"中第50条明确规定："劳动者在年老、生病或者丧失劳动能力的时候，有获得物质帮助的权利。国家逐步发展社会保险、社会救济、公费医疗和合作医疗等事业，以保证劳动者享受这种权利。国家关怀和保障革命残废军人、革命烈士家属的生活。"❶"七八宪法"以"五四宪法"为基础，在原有与"物质帮助权"有关的规定上加入了对烈士、残废军人及其家属的生活保障，是一次进步与延伸。

---

❶　汪强．中国宪法中社会政策条款研究［D］．上海：华东政法学院，2007．

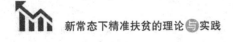

3.4.1.2 改革开放至今

1978 年中共第十一届三中全会明确规定，将全党工作重点转移至社会主义现代化建设中来，1981 年的十一届六中全会则决定将"逐步建设高度民主的社会主义政治制度"作为社会主义革命的根本任务之一。两次会议充分表明我国社会主义建设已经迈入了一个全新时期。彼时的"七八宪法"已经无法满足时代的需求，对宪法的修改势在必行。

1982 年随着第五届全国人民代表大会的顺利召开，新修改的宪法即"八二宪法"应运而生。该法第二章"公民的基本权利和义务"第 44 条规定："……退休人员的生活受到国家和社会的保障。"第 45 条规定："中华人民共和国公民在年老、疾病或者丧失劳动能力的情况下，有从国家和社会获得物质帮助的权利。国家发展为公民享受这些权利所需要的社会保险、社会救济和医疗卫生事业。国家和社会保障残废军人的生活，抚恤烈士家属，优待军人家属。国家和社会帮助安排盲、聋、哑和其他有残疾的公民的劳动、生活和教育。"❶

相较于"七八宪法"而言，"八二宪法"又有了很大的质量飞跃。首先，该宪法明确规定了退休人员受到国家与社会保障；其次，该宪法规定的"物质帮助权"的受惠主体也发生了明确改变——由之前既定的劳动者的范畴扩大为全体公民，并在原来的基础上又加入了对盲、聋、哑和其他残疾公民的帮助与保障。

从以上历史变革中可以看出，我国宪法对于"扶贫帮困"的办法，由之前简单给予物质帮助，逐步发展转变为制度保障；帮扶对象由单一的军人烈士及其家属转变为全体公民。贫困帮扶的力度与范围正进一步提高扩大。

3.4.2 我国城镇地区扶贫实践的发展

相对于农村地区，我国的城镇地区经济相对发达，社会发展水平较高，基础设施较为完善，贫困问题也远不及农村那么严重。然而，城镇地区也有较多群众的生活处于贫困状态，解决这些群众的贫困问题也是我国扶贫帮困

---

❶ 付曦．他山之石：从外国经验看我国残疾人社会保障制度的发展趋势［J］．黑河学刊，2001 (8)．

的重要目标之一。

3.4.2.1　新中国成立初期的城镇地区扶贫实践

新中国成立之初，人民群众生活水平不高，贫困是一个较为普遍的现象，这在经济、社会发展水平较高的城镇地区亦然。由于多年战乱，在解放战争结束之时，我国经济总体发展水平十分低下，无法大规模地开展扶贫行动。

为了挽救我国经济，尽快改善我国的贫困状况，新中国在成立后便进行了轰轰烈烈的"三大改造"运动。其间对城市影响最大的政策当属对资本主义工商业的改造。对资本家采取利用、限制、改造和赎买的方法，将私有制企业逐步改造为具有社会主义公有制性质的企业，促使城市企业资本家由剥削阶级变为勤勤恳恳、自我努力的光荣劳动者。"三大改造"中的资本主义工商业改造深刻地改变了城镇地区的经济面貌，基本消灭了剥削阶级，使城镇居民收入的初次分配更趋公平，为改善城镇地区的贫困状况奠定了制度基础。

在初步建立社会主义制度，改变国家贫困面貌，以求解决贫困问题之外，国家通过法律规定劳动者享有"物质帮助权"。因此，国家也会通过周济、帮助等手段，对贫困群体实行扶贫帮困。然而，这种扶贫方式是一种临时性的救济性扶贫，缺乏制度化与规范化，扶贫的规模与援助资金的多少也由财政状况决定，具有很大的任意性，因此这种方式只能保证贫困群众的临界生活需求，扶贫效果极为有限。而且，此时扶贫的分配方式也有很强的平均主义，扶贫效率低下，一定程度上打击了贫困群众的生产积极性，使得贫困状况一直延续。

3.4.2.2　改革开放后的城镇地区扶贫实践

1978 年随着改革开放政策的实施，我国城镇地区的扶贫进程也顺应时代潮流，以制度改革推动扶贫。在农村开始实施家庭联产承包责任制的同时，城镇地区也兴起了广泛而深刻的经济体制改革浪潮。

首先是初步建立社会主义市场经济，允许其他所有制经济的存在，充分调动城镇居民的经济创造性与生产积极性，鼓励城镇贫困群众通过自主创业脱贫致富。通过对国有企业放权、让利，激发国有企业活力，增强国有企业的生产积极性，提高企业经营效益，提高企业职工收入，带动城镇经济的发展。

20 世纪 90 年代初期，我国推行了国有企业、集体企业改制，大量公有制企业职工出现下岗、失业的状况，这些失业人口及其家属所形成的新的贫困群体，人口数量至少在 1500 万以上。让这些失业人群及其家属摘去贫困的帽子、充分再就业的问题，理然成为贯穿 90 年代我国扶贫事业的一个重要课题。

为帮助众多生活困难的国企下岗职工，建立可覆盖下岗、失业人员的新救济制度，我国在 20 世纪 90 年代初就开始进行了探索。1993 年 5 月，上海市下发《关于上海市城镇居民最低生活保障线的通知》，于该年 6 月 1 日起正式实施，对于最低生活保障线制度有着初步的规定。所谓"最低生活保障线"，就是针对长期生存在最低生活保障水平线以下的特定居民群体，定期给予一笔资金以达到帮助以及扶持效果的制度。该通知的发行打响了我国城镇区救济制度改革的第一枪。

上海市建立的"低保制度"为一次初步的探索，当时的保障标准仅人均每月 120 元，保障人数仅为 7680 人次。但上海的"低保制度"获得了中央的首肯与支持。1994 年举办的第十次全国民政工作会议中明确提出，将建立城市低保制度列为今后 5 年民政工作的目标。至 1996 年年底，上海、广州、厦门、大连等 11 个城市试点实施低保制度。

随着试点的逐步建立、低保制度的相继推广，1997 年 9 月，国务院颁布发行了《国务院关于在全国建立城市最低生活保障的通知》，规定在 1999 年年底之前，全国县级市及以上级别的城市要建立低保制度，并根据地区实际情况，制定、调整适用于个别区群状况的最低生活保障标准，完善低保政策的相关规定。到 1999 年年底，全国县级市以上地区已经全部建立低保制度，国家和社会用于低保援助的支出为 23.7 亿元，共有 531.6 万名处于低保线以下的居民获得了救助。

低保制度为中国城镇地区扶贫的主要模式，该制度虽成立时间有限，但发挥出了巨大的作用，且随着社会的发展日趋规范化、制度化，其为援助城镇贫困居民、改善人民生活水平做出了巨大的贡献。

3.4.3 我国农村地区扶贫实践的发展

众所周知，农业是中国这个古老大国的经济命脉。直到中国开始城市化建设之前，农村人口一直在全国人口中占有绝大比重。与此同时，由于长期以来农村推行地主阶级封建剥削土地所有制,农村最重要的生产资料——土地,大部分只集中在少数地主的手中。不难看出,在新中国成立之初,农村贫困人口众多,农村扶贫成为中国扶贫课题的重点和难点所在。

3.4.3.1　新中国成立后至改革开放前:土地改革

1947 年 9 月中国共产党举行的全国土地会议,通过了《中国土地法大纲》,并于同年 10 月由中共中央公布,奠定了新中国成立后全国轰轰烈烈的土地改革运动的基础。1950 年新中国颁发了《中华人民共和国土地改革法》。该法取消了封建剥削的土地所有制,实行农民土地所有制,使广大贫苦农民获得了赖以生存的土地资料,农民从事生产的调动性得到了极大程度的提高,为提高农村生产力、改变农村的贫困状况奠定坚实制度基础。

除了在制度上改变农村的贫困面貌外,新中国还通过以下途径进行扶贫:一是在全国基础上建立了针对广大农村地区的信用合作体系,医疗卫生企业和教育事业得到了极大程度的繁荣;二是在全国农村大规模开展了基础设施的建设,改善应用于交通与灌溉的各类设施;三是开始建设以社区“五保”制度和以救济特困人口为主的社会保障机制;四是通过安排专项资金,对农村特殊人口以及自然灾害受灾群众进行帮扶,保障这些特别贫困群体的基本生存。

土地改革虽然将土地公平地分给了大部分农民,调动了农民的生产积极性,但同时,由于国家实行农产品统一定价、统销统购,且工业品与农产品在价格上有“剪刀差”,这些因素使农民收入受到极大抑制。20 世纪 60 年代,农业生产“放卫星”“浮夸风”盛行,产量虚报严重,再加上“人民公社”吃“大锅饭”的现象普遍,农民生产能力被严重制约,农村生产状况岌岌可危,农村贫困问题越发严重。到了 1978 年,中国农民人均收入仅为 134 元,恩格尔系数高达 66.7%,处于绝对贫困状态;若以人均年纯收入低于 100 元的基准算起,中国处于贫困线以下的人口多达 2.5 亿人次,贫困率达 30.7% 之多。

3.4.3.2　改革开放后至 20 世纪 80 年代中期:家庭联产承包责任制

1978 年党的十一届三中全会的顺利召开为新中国的顺利发展填下了浓墨重彩的一笔,由此全党的工作重心才得以由阶级斗争为主的政治运动转移到经济的建设中来。此时党和政府已经意识到农村在分配方面存在严重的问题,吃“大锅饭”的人民公社严重制约了农民的生产积极性,对农村生产政策的改革势在必行。同年 11 月，安徽省小岗村的 18 位村民签下一份简短的包干保证书，秘密将村里的土地分到每家每户，实行包产到户。小岗村的这一举动打响了农村土地改革的第一枪。

小岗村实行包产到户后，当年粮食产量高达 66 吨，创造了 1966～1970 年的新辉煌。小岗村的冒险改革也得到了党中央的认可与支持。1980 年中国大陆在农村地区推行家庭联产承包制，农户可签合约承包土地，享有对土地的经营权，农户可自主安排生产活动，产品除去向国家交纳农业税、向集体上缴累积和其他提留，剩余全部归承包者所有。土地经营制度的这一重要改革，极大地调动了农民从事农业的自觉性，促进了农村生产力水平的提高与社会的繁荣发展，也在改变农村落后现状方面取得了瞩目的成效。1979～1983 年，我国农村仍被基本生活问题困扰的贫困人口由 2.5 亿人下降为 1.25 亿人，贫困发生率由 30.7% 下降至 14.8%。

除了通过制度改革改变农村的贫困面貌，国家还有意识地开展了相关的扶贫活动，帮助农村的特殊贫困人口。例如 1980 年，国家设立了"支持经济不发达地区发展资金"，对边远穷困地区发展提供资金支持；1984 年下发的《关于尽快改变贫困地区面貌的通知》，提供了切实可行的扶贫路径。

3.4.3.3　20 世纪 80 年代中至 90 年代："输血"式扶贫

20 世纪 80 年代的农村生产体制改革，推动了农村经济的发展，很大程度上促进了农村贫困面貌的改变。但是，伴随改革开放的不断深化以及社会主义市场经济体制的完善，城乡之间、地区之间、农户之间的贫富差距也被逐渐拉大，仅仅依靠全面经济增长已经不能在缓解相对贫困方面发挥更为显著的作用。

面对新时期农村贫困状况提出的新课题，党和政府针对不同的贫困状况提出了相应的对策。1986 年《中华人民共和国国民经济与社会发展第七个五年计划》（即"七五计划"）明确提出：农村地区贫苦人民的温饱问题亟待解决，应作为该阶段农村扶贫的核心目标。为实现这一目标，国家在制度层面采取了"输血"式扶贫的措施，具体做法是：划定国家贫困县与省区贫困县，为扶持当地经济给予一些政策倾向。如安排专项资金与银行贴息贷款；通过基础设施建设和特色产业培育，开发当地可用资源，发展商品生产和地区经济；鼓励当地群众艰苦奋斗，自力更生，解决自身温饱问题后谋求致富；等等。

通过不懈探索，这种"输血"式扶贫立见成效。许多国家重点贫困县的人均纯收入由 1986 年的 206 元增至 1993 年的 483.7 元；农村贫困人口数量也锐减，农村贫困人口占村总人口的比率也从 14.8% 降至 8.7%。

3.4.3.4　20 世纪 90 年代中至 21 世纪："八七扶贫攻坚"

经过党和政府的坚持探索，农村扶贫工作取得了卓越效果。然而，自 1991 年起，农村贫困人口下降比率开始明显放缓，东西差距悄然扩大。由于尚未脱贫的贫困人口大多集中在中西部自然条件并不乐观的地区，如青藏高寒山区、西南大石山区、西北高原地区等，对于这些地区而言，通过改革当地经济体制、发展区域经济来扶贫的作用极为有限。

1994 年 3 月，国务院下发了《关于印发国家八七扶贫攻坚计划》（以下简称"八七计划"）的通知，决定从 1994 年到 2000 年，集中力量加强贫困地区基础设施建设，辅助贫困户开创自己解决温饱的友善环境，让全国大多数贫困户年人均纯收入在 20 世纪末前达到 500 元（按 1990 年价格水平计算）以上，同时加强贫困地区科教文卫事业的建设，减少返贫现象。

为实现"八七计划"所提出的目标，政府也提出系列扶贫理念与办法。一是为农村贫困地区提供财税、信贷、经济开发等方面的优惠政策；二是专门安排"新增财长扶贫资金"和"贫困地区九年制义务教育资金"，改善贫困地区的教育、文化、医疗卫生状况，并加大了对扶贫资金的审查、监管力度、确保资金到位；三是针对不同贫困地区的特点，提出相应的扶贫模式，例如，针对中西部自然条件恶劣、经济开发潜力有限的贫困地区，国家提出了"异地开发政策"：按照农民自愿原则，根据本地实际情况实行有计划的松动搬迁，鼓励该地区的劳动力向外输出，并在外地获得更好的生活条件。

这些扶贫措施成效显著。至 2000 年，农村贫困人口下降至 3000 万人，贫困发生率减至 3%，"八七计划"的目的基本达成，成为世界反贫史上的壮举。

3.4.3.5　21 世纪伊始：大规模扶贫开发

21 世纪之后，我国农村贫困人口数量下降趋势进一步放缓，贫困人口数量一直在 3000 万这个数字摇摆，且由于贫困人口数量的减少，贫困人口的地区分布也日益散化。尚处于贫困的人口大部分生活于自然条件、社会发展水平都居于劣势的地区，此类地区资源禀赋有限，难以支持脱贫开发活动进行；

还有一部分贫困人口已经基本解决了自身温饱问题，然而由于农业收入的局限性，风险抵御力低，可能会发生返贫情况。因此，我国全面进入小康社会实现共同富裕的目标依然存在阻力。

面对 21 世纪农村贫困的新问题，国家提出了其他的扶贫战略思路。2001 年《中国农村扶贫开发纲要》下发。该纲要的目标是尽快帮助贫困人口排除温饱忧患，巩固扶贫成果，提升扶贫质量，改善生活水平与人口素质，加强建设基础设施，改善环境，发展教育、文化、医疗卫生事业，为实现小康打下基础。具体举措是：将贫困人口相对集中的中西部少数民族聚居地区、革命老区、边疆地区和特困地区作为扶贫工作突破点，将扶贫工作与基础设施建设、基层组织建设、计划生育工作和精神文明建设互相贯穿、有机结合，进行"综合式"扶贫，使得被帮助地区实现绿色健康发展；致力扶贫监管、统计工作，精准完成相关讯息数据的收集、整合、汇总工作，及时了解贫困地区经济、社会发展状况，以更好应对扶贫工作中出现的新情况。

新世纪的扶贫举措取得了明显的成效。截至 2007 年，我国绝对贫困人口下降为 1479 万人，贫困发生率减少到 1.6%。

3.4.3.6 党的十八大以来：精准扶贫

随着 2020 年的临近，全面实现小康社会的目标仍然面临着 7000 万以上农村贫困人口的挑战。由于扶贫政策的门槛过高和贫困人口自身收入的限制，这些贫困人口在搬迁扶贫、产业扶贫、劳务扶贫等扶贫政策中难以获益，扶贫政策的效果并不明显。这一现象的根本原因是扶贫政策与贫困人口的需求难以耦合，地方政府制定的具体脱贫路径与基层的贫困状况脱节。

改革开放 30 多年来，我国扶贫事业已经取得了巨大的成就，但是长期以来，我国扶贫工作在具体实施过程中仍存在着各项问题。2013 年 11 月 3 日，习总书记在湘西进行扶贫调研工作时，对精准扶贫作出了更加明文的阐释："要科学规划、因地制宜、抓住重点，不断提高精准性、有效性和持续性""要实事求是，因地制宜""要精准扶贫，切忌喊大口号，也不要定好高骛远的目标"。此后，习近平总书记在多种场合进一步丰富了"精准扶贫"的内涵，精准扶贫不仅成为指导我国扶贫工作的重要方针，而且提升了关于社会主义共同富裕的思想认识，是马克思主义中国化的又一个重要的最新成果，

具有深远的实践意义和广泛的理论意义。❶

2013 年 4 月，汪洋副总理于甘肃省调研考察扶贫工作时强调，推进新阶段扶贫开发的工作，必须建立起精准扶贫的工作机制。6 月 28 日，国务院扶贫开发领导小组第一次全体会议提到，许多地方的扶贫工作存在"大水漫灌"的现象。这一比喻十分准确地描述了我国扶贫事业遇到的障碍与问题。扶贫的精准度不够高，是对国家财政扶贫资金的浪费，同时使扶贫工作进展缓慢，真正需要帮助的人群并没有得到帮扶。近阶段扶贫资金数额不断上升，然而贫困人口数量下降的速率却有所减缓，扶贫效率难以提高。在这种情况下，扶贫事业无法有效推进，城乡差距、区域差距进一步拉大，对我国经济的持续健康增长不利。这一问题主要是由于贫困的认定过程中客观指标和动态识别机制的缺失，同时也很容易发生"富戴穷帽"的现象，使国家的财政扶贫资金效用难以真正发挥出来。同年 9 月，李克强总理在主持国务院常务会议研究扶贫工作时对精准扶贫和建档立卡工作提出了具体要求。

精准扶贫自提出以来，就以相当高的频率出现在中央及各级政府的工作报告中，凸显了精准扶贫工作的重要性及紧迫性。

3.4.4 简要评述

贫困问题长期存在为社会主义初级阶段的基本特征之一。持续消除贫困，缩小贫富差距直至共同富裕，是社会主义的根本要求。2015 年，习近平总书记于中央扶贫开发工作会议上明确指出："经过改革开放 37 年来的努力，我们成功走出了一条中国特色扶贫开发道路，使 7 亿多农村贫困人口成功脱贫，为全面建成小康社会打下了坚实基础。"❷ 改革开放以来，中国扶贫开发始终坚持解放和发展生产力，积极发挥党和政府的主导作用，取得了举世瞩目的扶贫成绩，区别于西方国家经验的中国特色已经形成，充分佐证了社会主义制度的优越性。

但由于人口、历史等因素，中国农业现代化水平整体较低，农村发展水平区域差异仍然很大，农村贫困地区的深层次矛盾依然没有从根本上解决，

❶ 习近平. 精准扶贫精准脱贫思想的实践和理论意义 [EB/OL]. 人民网，2016-02-09.

❷ 习近平. 脱贫攻坚冲锋号已经吹响 全党全国咬定目标苦干实干 [EB/OL]. 新华网，2015-11-28.

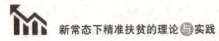

现行标准下我国仍有 4335 万贫困人口。特别是国际金融危机爆发后，我国经济开始迈入中高速发展的新常态，经济增速的放缓标志着原有的增长动力出现了衰减，进而给农村扶贫开发事业带来一定的挑战。党的十八大以来，农村扶贫开发面临新形势、新要求，以习近平同志为总书记的党中央，将扶贫开发工作纳入"四个全面"战略布局，大力实施精准扶贫，不断拓展扶贫开发新路径，推动中国特色扶贫开发道路进入新常态。

第4章　精准扶贫的理论内涵与实现路径

4.1　精准扶贫提出的背景

进入20世纪以来，我国经济快速增长，绝对贫困的人口数量呈下降的态势，但是发展不均衡的问题愈发严重，城乡发展不均衡、区域发展不均衡日益凸显。为了解决这一问题，我国政府在2001年颁布并实施了《中国农村扶贫开发纲要（2001～2010年）》，加快贫困地区脱贫致富的进程，把我国的扶贫事业推向一个新阶段。在《中国农村扶贫开发纲要（2001～2010）》中，把贫困地区尚未解决温饱问题的贫困人口作为扶贫开发的首要对象，把贫困人口集中的中西部少数民族地区、革命老区、边疆地区、特困地区作为扶贫开发的重点。此后的扶贫工作取得了巨大的成就，但面临的形式依旧非常严峻：需要扶持的贫困群体数量依然庞大，剩余的贫困人口主要分布在生产、生活条件更差的地区，不仅脱贫难度加大，而且稍遇变故就会返贫，贫困地区的粮食安全问题也没有从根本上得到解决。

4.1.1　宏观经济背景

4.1.1.1　经济发展进入新常态

进入经济新常态后，由于经济规模的持续扩张和供给侧增长动能的减弱，宏观经济增速开始放缓，经济增长对扶贫开发的涓滴效应开始减弱，进一步致使扶贫开发的质量难以持续稳定提高。自2012年起，我国GDP增速正式告别了1978年以来年均9％以上的快速增长，其中2012年和2013年的增速均为7.7％，2014年的增速为7.3％，2015年的增速为6.9％，2016年的增速为6.7％。按照扶贫开发与经济发展的内在关联，经济增速的下滑意味着扶贫开发必然要面对短期内的双重困境，这既是作为前提条件的损耗使然，也是作为本质内容的规律结果。具体来说，一方面，GDP 增速的放缓标志着作为扶贫开发前提条件的"第二自然"受到损耗，换句话说，在实施扶贫开发时，可组织利用的经济资源的增速同步受到影响；另一方面，GDP 增速的放缓同时也表明传统增长动能的减弱和市场预期的走低，从而作为扶贫开发本质内容的农村经济建设，难以保持持续增长的态势，扶贫开发的效率将受产业结构调整的作用而降低。随着供给侧结构性改革的推进和战略性新兴产业的培育，新兴增长动能将逐步替代传统增长动能，市场将逐步走出低迷预期，GDP 也有望回归中高速增长态势，届时经济增长对扶贫开发的涓滴效应将得到加强，扶贫开发的效率也将逐步提高。但需要注意的是，经济结构调整是一个相对漫长的过程，尤其是在增速放缓的底部，"中国经济 L 型走势是一个阶段，不是一两年能过去的"，因而扶贫开发面对的困难在短期内无法忽视。

4.1.1.2 政府与市场关系面临深刻调整

为适应和引领经济发展新常态，必须进一步厘清市场和政府的边界，党的十八届三中全会提出的"使市场在资源配置中起决定性作用和更好发挥政府作用"，通常被认为是区别于过去相机抉择、随时调控的"宏观调控新常态"，其背后反映的正是在资源配置领域"看不见的手"向"看得见的手"一侧移动，短期内扶贫开发要适应这一变化也存在一定的困难。这是因为，在扶贫开发范畴，宏观调控必然涉及两个基本问题：第一，扶贫开发所需资源应该由谁配置，市场和政府谁配置的效率高？第二，扶贫开发实现经济效益应该由谁推动，市场和政府谁的实效好？要切实解决上述两个问题，首先必须认识市场和政府二者在扶贫开发中的实际作用。学术界普遍认为，在制度既定的工农城乡关系由统一、分离到对立的复杂运动中，受市场这只"看不见的手"的影响，农村经济长期以来一直处于国家经济建设的边缘和外围，生产要素的净流出和城乡收入差距的扩大是其典型特征。在新阶段，宏观调控新常态强调发挥市场在资源配置中的决定作用，无疑将强化非均衡机制下城镇工商业对农村优质要素的虹吸效应，无疑也对更好发挥政府在扶贫开发中的作用提出了更高要求。同时需要注意，创新社会治理体系、适应和引领宏观调控新常态和更好发挥政府职能并不能一蹴而就，大部分调控政策的出台需要经历研究论证、改革试点、示范推广的复杂过程，需要一个不短的时间逐步落实。因此，在短期内更好发挥政府作用，完全消除市场机制对农村扶贫开发的负面影响并不是易事。

4.1.1.3 农村基本经济制度亟须改革

此外，进入经济发展新常态后，扶贫开发对农村基本经济制度的支撑保障要求上升到一个新的高度，1978 年农村经济体制改革对扶贫开发的"制度红利"已基本耗尽，以家庭联产承包责任制为核心的农村产权关系已经难以适应贫困人口增产增收的改革步伐。在农村扶贫开发领域，农村生产要素的产权状况直接关系到贫困人口的收入能力和收入机会。长期以来，由于以土地为代表的资源不仅受到区域禀赋的自然约束，而且在制度层面也属于国家控制下的集体产权模式。正如周其仁指出："集体公有制既不是一种'共有的、合作的私有产权'，也不是一种纯粹的国家所有权，它是由国家控制但由集体来承受其控制结果的一种农村社会主义制度安排。"一方面，这种产权安排实际上将贫困人口的收入机会严格控制在单一的劳动范畴而非形式多样的财产范畴，造成了贫困人口因病致贫和因残致贫（实际上是由于劳动能力的缺失而陷入贫困）的高风险；另一方面，它通过类似于"征地—补偿—批租"的畸形制度剥夺了贫困人口和一般农民对国家工业化和城市化发展果实的剩余索取权，导致贫困人口难以从国家经济发展中获得可持续的"实惠"。不久前，中共中央办公厅、国务院办公厅联合印发了《关于完善农村土地所有权承包权经营权分置办法的意见》，有利于推动农村扶贫开发立足于清晰的产权关系，保障农民基本的土地权益，以新一轮的农村土地制度变革为新阶段的扶贫开发工作保驾护航。但需要注意的是，土地"三权分置"只是当前农村基本经济制度改革的初步探索，如何将农村土地产权关系进一步理顺，如何进一步创新农村集体所有制的实现形式，依然是新时期摆在扶贫开发工作面前的重大难题。

4.1.2 扶贫工作背景

4.1.2.1 扶贫针对性不强

汪洋副总理在国务院扶贫领导开发小组第一次全体会议上提出"目前扶贫开发中存在的一个突出问题，是许多地方底数不够清、指向不够准、针对性不够强。"长期以来我们扶贫工作中始终存在着贫困居民底数不清、情况不明、针对性不强、扶贫资金和项目指向不准的问题，在当前扶贫的新形势下表现得尤为突出。全国没有建立起统一的扶贫信息系统，因此对于具体贫困居民、贫困农户的帮扶工作存在许多盲点，真正的一些贫困农户和贫困居民没有得到帮扶，国家财政扶贫资金没有得到充分的利用。

4.1.2.2　扶贫数据不精确

在过去30年里，扶贫工作中的贫困居民数据主要是来源于抽样调查，然后再逐级向下分解，并非来自对各贫困地区以及贫困人群的精确调查和数据的统计，因此扶贫工作中的贫困数据不够精确细致，扶贫工作偏"粗放"，精准度不高，导致扶贫工作中普遍存在低质量、低效率的问题。不精确的统计数据产生的问题表现在按照数据推进的扶贫工作具体实施过程中的各个方面。

第一，贫困居民数据并不能具体表明各地贫困居民的底数，因此难以准确了解扶贫对象，同时扶贫对象并非依据精确的数据来精准地定位、筛选，而只能靠基层的干部根据日常的经验与有限的了解来大致地进行推测和估算，因而这其中必然与实际情况存在着较大的误差。

第二，国家在政策上对重点贫困县给予极大的扶助和优惠，财政扶贫资金也给予了极大的倾斜，本意是为了实现对贫困重点对象的有效帮扶，使贫困地区较快速度地脱贫致富，然而部分重点贫困县却舍不得"脱贫摘帽"。在重点贫困县的认定过程中甚至出现了"富戴贫帽"的现象，在很大程度上挤占和浪费了国家的扶贫资源，严重降低了扶贫工作的效率，同时也为腐败滋生留下了空间。

第三，由于扶贫对象的确定缺乏具体数字和客观标准的约束，具体的确定过程存在很大的活动空间，因此基层干部在确定贫困户时的主观性非常大，容易发生人情扶贫、关系扶贫的现象，极易造成国家财政扶贫资金与扶贫对象不精准，应扶者未被扶，扶富不扶贫等现象。

4.1.2.3　扶贫时间紧、任务重

"十三五"规划是实现全面建成小康社会的最后一个五年计划，因此时间非常紧迫。全面建成小康社会应当是全国各地区整体的小康，不是个别人的小康，也并非个别地区的小康。在基层扶贫工作具体实施的过程中，更要做到具体问题具体分析，精准扶贫，逐个击破，提高国家财政扶贫资金的使用效率，改"大水漫灌"为"滴灌"，在减少资金浪费的同时，提高扶贫工作效

率，对贫困地区和贫困人口的帮扶更切合实际、切中要点。同时精准扶贫的意义不应该仅限于物质层面，更应该扩展到精神层面。比物质上帮助贫困人口脱贫致富更重要的是帮助他们"精神脱贫"，从根本上斩断贫困的根源。

新阶段扶贫开发工作的特点有 4 个：一是脱贫成本增加，二是减贫速度放缓，三是贫困人口呈现点（14.81 万个贫困村）、片（特殊贫困片区）、线（沿边境贫困带）并存的特征，四是贫困群体呈现大进大出的态势。总的来说，扶贫事业开展 30 多年以来，我国的贫困状况经历了由普遍性贫困转变为区域性贫困再向个别地区、个别人群的贫困转变，范围逐渐缩小。这是我国扶贫事业长期以来艰苦努力取得的优异成果，同时新形势下我国的扶贫工作也面临着严峻的挑战。

4.2 精准扶贫的理论渊源

4.2.1 从贫困产生的原因看精准扶贫的理论渊源

贫困产生的原因很多，但随着我国社会生产力的发展，目前主要原因已经不是社会财富总量不足，而是分配不够合理。权利在社会中总是有限的，并且会通过一定的方式集中在部分群体手中。在实际生活中，由于最初的分配不公平，社会出现的早期就形成了各个群体的分化。一些群体由于处在社会底层，丧失了社会本应赋予他们的权利，处于一种"去权"的状态，即丧失权利的状态。"去权"被划为三个方面：第一，无法获得生计所需，只能囿于贫困；第二，贫困群体在政治和思想两方面也都是"去权"的状态，在政治方面的发言权也因为在经济上的贫困一同消失了；第三，贫困群体屈从于富有者，主动将自己置于弱势位置，在心理上也是服从的。从权利方法视角，这种理论认为贫困等不良社会问题产生的原因是"权利失效"，即社会资源的分配不优。因此，要想结束这种状态，就要精准地对每个人的权利进行分配。

在"权利失效"理论影响下，"参与式发展"这一理论应运而生。该理念强调社会中的每个人都拥有一定的权利，并且应积极主动地参与进来。"参与"即所有社会成员都能够参与到社会发展中，并且积极为社会做贡献。"参与式发展"这一模式转变了由少数干预者独自决定社会发展的理念，让干预目标也拥有一定的权利，并让干预目标主动参与其中。基于该理论，已经形成一系列的具体方法，这些方法涵盖了决策的过程、利用资源的方式、合理分享利益的过程。政府可以评判这些方面，然后对每个人应该享有的权利进行可操作、可控、可实现的划分，将权利的大小与每个人的实际情况结合起来，精准地出台相关政策。

4.2.2 从各扶贫阶段的得失看精准扶贫的理论渊源

精准扶贫的提出离不开对前几十年来扶贫经验的总结和扶贫理论的发展。我国的扶贫工作开展已久，扶贫理论也与时俱进。农村是中国社会的重要组成部分，中国农村的开发离不开扶贫，扶贫阶段也主要是依据农村的扶贫工作进展情况而划分的。面对复杂多样的中国农村的社会现状，扶贫理论也经历着与社会进程同步的改革。从体制改革推动扶贫，到大规模开发式扶贫，再到今天正在进行的精准扶贫工作，由于中国农村的特殊性，它的扶贫开发在世界扶贫史上留下了浓墨重彩的一笔。回望历史，不同阶段的扶贫工作中都有不同的特点，所取得的成果也各有侧重，带来了宝贵的经验和教训，为"精准扶贫"提供理论支持。

4.2.2.1 我国扶贫工作的初始阶段

体制改革推动扶贫是我国扶贫工作的初始阶段。作为一个新兴的国家，改革开放后，我国的贫困人口数量不容小觑，因此扶贫的工作量十分庞大。首先，要确定的是扶贫的对象。依据国情，我国作为农业大国，贫困人口主要集中在农村地区。因此，在确定贫困线时，必须先对农村地区的居民收入及支出情况进行具体的调研。根据国家统计局确定的贫困标准，当时中国农村贫困人口规模非常庞大，国家很难去细化扶贫的方方面面，只能基于全国的共性状况，使用统一的方法进行扶贫工作，再对产生这样结果的原因进行分析。当时我国的贫困情况如此严重，正是因为前期的一些体制存在问题，由体制导致的贫穷必须通过改革体制来解决。因此，通过体制改革推动扶贫成为这一阶段扶贫的理论支持。虽然这样的做法带来了一些问题，但取得了巨大的成果，可以说体制改革推动扶贫在这一时期取得了阶段性胜利。

4.2.2.2 我国扶贫工作的中期阶段

随着经济体制改革进行到一定阶段，大规模开发式扶贫逐渐成为扶贫的主要方式，因为进一步深入的体制改革已经很难进行，各地区发展的不协调性也逐渐凸显。大规模扶贫与体制改革推动扶贫的区别在于它不是单纯的扶贫，而是把扶贫和开发结合起来；是依靠外部力量与发挥自身力量相结合，通过自身的发展，从根本上脱离贫困。开发式扶贫不仅包括了经济方面的措施，还包含了政治上的一系列措施。这一理论也将中国的扶贫事业推到了一个新的层次。

开发式扶贫实际上是我国扶贫工作由广泛向逐渐精准的转变。这种扶贫方式主要针对典型贫困地区，即老、少、边、穷四类地区。这种扶贫理论一方面体现了我国的贫困地区正在减少，另一方面说明贫困在我国还没有完全消失，甚至在一些地区，由于贫富差距的扩大，贫困问题更加凸显出来。我国在开发式扶贫阶段的重要依靠力量是东部发达地区。中国东西部地区发展的不平衡由来已久，我国在进行社会主义建设的过程中，在解放生产力的同时，从来没有忘记共同富裕这一追求。在这样的情况下，东部地区对西部地区的扶持与帮助就成为脱贫致富的一个重要渠道。在这几十年的扶贫过程中，东西部地区的联系也逐渐向着精确化发展。

对具体地区的具体问题进行分析，制定相关政策。同时，扶贫不能只靠政府。为了增强扶贫的针对性，还需要社会的支持，让社会各界各自负责一部分的扶贫，分散扶贫压力。这样既可以减小扶贫压力，也可以让扶贫工作推进得更科学、更专业。依靠社会、市场进行开发式扶贫，才能在稳步推进的同时加快扶贫的脚步。

4.2.2.3　我国扶贫的后期阶段

我国扶贫的后期是攻坚期，还没有解决贫困问题的地区面临的贫困更加严重，因地制宜逐渐成为扶贫理论的主流。一方面由于我国的部分贫困问题得到了解决，另一方面因为贫富差距进一步被拉大。与前两个阶段相比，这个阶段的精准性更强，包括目标、措施、期限、对象等多个方面的精准。在这一理论的指导下，政府发布了《国家八七扶贫攻坚计划》。这个计划也成为新中国历史上第一个有着明确的目标、对象、措施和期限的指导性行动纲领。在扶贫的后期，贫困县、贫困地区需要重新划分。这是因为随着贫困地区的减少，贫困地区的贫困人口数量减少，非贫困地区的贫困问题渐渐凸显，原先的政策难以适应现状。因此，为了照顾到更多的贫困人口，更好地把握"精准"这一要求，在增加财政投入的同时，提高财政投入的针对性、有效性，从总体上提升利用效率，我国认真总结了长久以来扶贫工作的经验与不足，开始了新的扶贫阶段。新阶段的扶贫工作中，财政支出更偏重于长期投资，对贫困人员进行有针对性的劳动技能培训，开展退耕还林、退耕还草。这个阶段扶贫的精准性不仅体现在经济上，更体现在政治、文化等方面。通过扶贫措施提高了人们的生活水平，进一步解决了温饱问题，还加强了精神文明的建设，使贫困人口的知识、技能水平不断上升，为长期性的脱贫致富、良性发展奠定了基础。

4.2.2.4 我国扶贫工作的基本总结

纵观扶贫的全局，可以总结出一些特点、规律和趋势。第一是认清扶贫的主要方面和次要方面，在第一个阶段，扶贫的主要方面是解决大面积的贫困问题，而在后面几个阶段则是要各个击破。只有认识到这些，才能更好地、有针对性地出台相应的措施。第二是分清轻重缓急，在以经济建设为主的前提下也不能放弃精神文明建设。第三是东西相结合，对口支援，让准确的扶贫长期化、常态化。第四是将外部的帮助与自身资源、环境等优势相结合，发挥地区优势，提高自主脱贫的能力。

4.2.3 从社会主义本质看精准扶贫的理论渊源

社会主义社会与资本主义社会有着本质的区别，社会主义社会是以实现整个社会的共同进步和发展以及实现社会中全体成员的福利最大化为宗旨。共同富裕作为社会主义的内在要求，一方面与中国特色社会主义的价值观、世界观相符合；另一方面，共同富裕也体现了人民在国家发展中的重要性。推进中国特色社会主义建设，实现中国梦这一宏伟目标要求我们必须通过各种方法去扶贫。因此，共同富裕体现了精准扶贫的理论渊源。共同富裕代表着社会主义现代化和科技进步所取得的成果可以由全体人民共同享有。

共同富裕与扶贫联系最密切，都是要用正确的方法协调好处于不同生活水平的群体之间的关系，以达到群体与群体之间相互促进的美好愿景。在我国，就是要发挥东部地区的优势，帮助西部地区。这是共同富裕所强调的伦理与道德要求。

4.2.4　从党的扶贫工作看精准扶贫的理论渊源

扶贫工作一直是中国共产党的重点工作。在中国的扶贫进程中，中国共产党是很多扶贫理论的发源地。为了实现精准扶贫，中国共产党一方面建立了多重领导小组，加强对口建设；另一方面设立了专门的办事机构，使得不同事物的处理更加精准。在加强团队建设的同时，也注重对每一个人的培养。在党的领导下，开展了针对贫困地区干部的若干培训。加强党政建设，培养基层的党小组，发挥共产党员的先锋模范作用，精准引领群众脱贫致富。

以党的"三严三实"为例。依照"三严三实"的要求，国家对党员领导干部们提出扶贫的相关规定，更好地推进相关的扶贫工作。领导干部深入每个村子了解具体情况，才能更好地制定与各地的实际情况相结合的政策。党员干部分别负责不同的贫困户，形成点对点的机制，使得帮扶工作更加具有可行性。驻队领导在扶贫的过程中，每到一个地方，就应该迅速找到适合自己的位置，合理发挥自己的作用，与人民群众连成一片，成为人民群众的知心人。只有与大地连在一起，才能更精准地了解人民的需要；只有与民心联系在一起，才能在首先建立起深厚感情的基础上，深度探索人民群众的深度需求和真正渴求。因此"三严三实"的开展有利于领导干部真正体察民情，实现扶贫工作的精准性。

4.2.5　从扶贫的多种理念看精准扶贫的理论渊源

4.2.5.1　从包容性增长理念看精准扶贫的理论渊源

包容性增长理念，在发展领域得到了广泛的应用。这一理念的核心思想是通过各地区之间以合理的方式分享经济增长成果，从而实现地区间的共同发展。这与我国的共同富裕理念也有一定的相似之处。大到国际，小到一国，都可以实践包容性增长这个理念。首先，包容式发展要求我们注重协调发展，根据各地的情况，发挥各地区的优势，以实现共同富裕。此外，还要结合各地生态环境的实际，实现不同地区的人与自然的和谐相处。其次，包容性发展强调权利的保障，追求公平正义。在日益精准扶贫的过程中，有利于根据各地政治、经济、文化方面的情况，实现更好的权益保障，实现贫困地区群众的全面发展。最后，要重视制度创新。这就是说要在包容性增长这一同一性下，结合各地区的特殊性，推出与各地区相互适应的政策。

在包容性发展理论的指导下，我国的精准扶贫经历着由简单的救济形式向自力更生、开发进步的形式转变；由广泛扶贫向分地区、分部门扶贫发展；由被动扶贫向主动表达自身扶贫诉求与意愿发展。国家不能仅仅满足于单纯的扶贫，还应该形成扶贫的新格局，统筹地区、城乡、工农等方面协调发展，求同存异，打造精准扶贫新格局。

4.2.5.2 从科技创新理念看精准扶贫的理论渊源

科技创新也与精准扶贫有着密切的联系。科技推动生产力的发展，因此对于脱贫的推动也是巨大的。但是，粗放的科技投入作用有限。扶贫初期，由于我国的科技水平较低，即使没有针对性的科技措施，也能带来较大的效果。但随着生产力水平的提高，这种形式已经不能满足人们的要求。针对各地的科技培训迫在眉睫。因此在后期，科技扶贫也体现出了精准化的思想。以农村为例，在以种植业为主的地区，需将科技的投入主要集中在作物品种、水利方面；而以畜牧业为主的地区，科技投入就集中于选种、牧草种植、合理载畜量等。这样对症下药，使得科技在扶贫中的作用大为提升，也为后期精准扶贫在科技方面的理论提供了支持。

精准扶贫是扶贫方面的重要理论，它的提出在与实践相结合的同时，必然离不开对旧有理论的汲取和反思。不管是从最原始的贫困概念中探索，到最具有说服力的我国各扶贫阶段的得失，还是回归到社会主义本质，从党的执政理念出发，抑或是从扶贫的多种方式中找寻，精准扶贫理论都不能离开这些已有理论的支持。

4.3 精准扶贫的内涵及形式

4.3.1 精准扶贫的内涵

精准扶贫是与传统粗放式扶贫相对的概念，是指针对不同的贫困区域环境和农户状况，运用科学有效的方式对扶贫对象进行精准识别、精准帮扶、精准管理、精准评估的扶贫方式。在 2020 年全面建成小康社会以前，需要帮助中国最后的 5575 万贫困人口彻底脱离贫困，实现共同富裕，所以精准扶贫主要针对具体的贫困的人员而提出，具体落实到县、乡、户。追根溯源，精准扶贫的内涵是和共同富裕、全面建成小康社会一脉相承的，要以"真扶贫、扶真贫"为核心内容，让扶贫资源精准有效地配置给有切实需求的贫困人口。

因而精准扶贫主要包括两部分内容：一是借助各种扶贫工作机制、工具、程序等，将需要帮扶的贫困人群精准地识别出来，并建立扶贫信息网络系统动态管理贫困人口；二是遵循扶贫资源有效利用的原则，即在精确识别贫困人群的基础之上，将扶贫资源合理分配给贫困人口，帮助贫困人口有效利用这部分资源，使其尽早脱困脱贫，实现目标区域的经济发展，最终实现共同富裕，步入全面小康的社会。

4.3.1.1 精准扶贫的方式

1. 精准识别

精确识别扶贫对象是精准扶贫的基础，不仅要选择好真正需要帮扶的贫困对象，更要区别好不同程度的贫困。贫困对象的选取具有多样性，可以是单独的贫困个人，可以是贫困家庭，也可以是一个贫困村、贫困县，只要哪里贫困，就对哪里进行帮扶。但并非是单个对象包含的量越少就越好、越精确，这个概念是相对的，不是绝对的，要遵循区域精准和个体精准的有机统一，真正领悟精准化理念的内涵。区别贫困等级的差异则有利于在贫困群体之中找出最需要帮助的贫困对象，从而能够更好地根据各个地区发展水平的不同、各个地区内部不同的贫困人口结构，制定出科学的扶贫机制和扶贫方式，真正实现精确识别。

2. 精准帮扶

要真正践行精准化理念，还要深度分析贫困对象的贫困原因，针对不同的贫困原因，有目的性地开展扶贫工作。关于扶贫对象贫困的原因，主要有两个方面：第一是主观原因，即贫困人口的自身原因，包括文化素质不高、不具备专业技术、自身懒惰等；第二是客观原因，即外界因素导致的贫困，包括地理位置较差、自然资源缺乏、区域经济不发达等。过去粗犷式的扶贫主要采取的是"大水漫灌"的方式，对贫困对象贫困的原因不加区别，这就导致了扶贫资源配置的不均和扶贫资源的浪费。精准扶贫则采取的是"对症下药"的方式，根据人口贫困的不同原因，对贫困对象有针对性、有侧重点地进行帮扶，同样体现了精准化的扶贫理念。在精准扶贫的政策的制定上，要建立在精准选择扶贫对象、识别贫困对象的贫困原因的基础上进行。扶贫政策要根据扶贫的目标和贫困的对象来制定，这个目标就是要缩小贫富差距，实现共同富裕。同时，扶贫政策要使贫困对象具有可持续发展能力，充分发挥贫困对象的主观能动性，由"输血性"扶贫转变为"造血型"扶贫，"授之以鱼不如授之以渔"。根据扶贫对象的贫困原因制定不同的扶贫政策，具体问题具体分析，使扶贫资源得到有效配置、高效利用，将资金用在刀刃上，切实解决贫困对象的根本问题，提高扶贫的精确度，贯彻落实精确化的理念。

3. 精准管理

扶贫部门进行精准管理，确保扶贫资源分配到各个贫困地区、发放到贫困对象手中，确保资金在下发到贫困对象手中后，贫困对象能够合理使用，这就需要扶贫部门进行精准管理。精准管理主要分为两个方面，一是要管理所有贫困对象的有关信息，运用信息化、电子化的手段建立贫困档案卡。建立档案卡，有利于明确精确识别、精确帮扶的具体内容，有利于识别贫困主体、分析贫困原因、了解贫者需求等，还能够对贫困主体的状况进行动态监测，在一段时间内可掌握其状态的变化情况，从而对下一步的扶贫计划进行更好的部署，有效提高了精准扶贫的管理水平。同时，这种方法能够清楚掌握扶贫资金的流向，有利于减少扶贫工作中的贪污腐败等行为。二是要通过制定精准的管理模式，帮助贫困主体有效地使用扶贫资源，政府应该帮助农户建立资金管理和使用方案，做到基础扶贫、产业扶贫、教育扶贫和金融扶贫到村到户。

4. 精准评估

对扶贫效果进行精确评估有利于确保精确化理念得到有效的贯彻落实，还可以检验政府部门扶贫工作的成效，将扶贫工作责任落实到人。精确评估还可以对扶贫工作进行阶段性总结，为下一阶段的工作提供宝贵的经验，指导扶贫工作更好地开展。

4.3.1.2　精准扶贫的理念

1. 精准化理念

精准扶贫的核心要义是精准化。精准化理念要求扶贫工作从过去的粗犷式扶贫转变为精确式扶贫，分辨真实的贫困人口，帮扶真实的贫困人口。当今中国的扶贫工作，在识别贫困人口和扶贫政策的制定和实施上，都缺少精细化的理念。在识别贫困人口时，要精确到具体的贫困个体，包括个人、乡村、县镇、地区等，识别真正贫困、需要帮助的对象；在帮扶贫困对象的问题上，要辨别好贫困对象贫困的根本原因，根据每个贫困对象的实际情况做具体分析，有针对性地开展扶贫工作，切实有效解决贫困问题；在管理扶贫工作的问题上，一要精准把握扶贫资源的去向，保障扶贫资源完全配置到贫困对象手中，防止过程当中的贪腐。二要建立好电子化的贫困档案卡，全面了解扶贫工作的进展情况，对贫困对象进行适当的指导和帮助；在扶贫工作的评估上，要根据贫困档案卡的信息定期总结、反馈，为每个贫困个体的下一步前进方向做指导，这对下一阶段整体扶贫工作的开展有导向性意义。

2. 分批分类理念

分批分类理念是精准扶贫的基础工具。习近平总书记对于分批分类理念提出了"四个一批"的方针政策，即"通过扶持生产和就业发展一批，通过移民安置一批，通过低保政策兜底一批，通过医疗救助扶持一批"。这"四个一批"各具特色，各有所长。第一，"通过扶持生产和就业发展一批"指的是要加强对贫困对象的职业培训，制订培训计划，根据贫困对象的具体情况制订具有针对性的帮扶政策和措施，帮助具有一定的基本素质但缺少一定机会的贫困群体迅速脱贫；第二，"通过移民安置一批"是指将生活在自然条件较为恶劣、地理位置较为偏僻的居民，通过有计划地逐步向外移民搬迁，迁移到自然条件、地理位置都能够满足其发展的最基本需要的地区，再对其进行精准帮扶，从而实现彻底脱贫；第三，"通过低保政策兜底一批"主要是针对一些丧失基本劳动能力的贫困对象，他们不具有继续创造剩余价值的能力，所以仍需要有计划地、精准地对这部分贫困主体实施"输血"式扶贫，即通过政府转移性支付等手段给予这部分群众最低生活保障的方式保障其基本生活，帮助其脱离贫困；第四，"通过医疗救助扶持一批"，这种方式主要是针对由于常年顽疾带来巨大生活压力的贫困群体，对这部分群众加大力度给予医疗补贴，从而缓解他们的医疗压力，防止其因为患病而重新步入贫困的状态，造成扶贫工作的倒退。

3. 精神脱贫理念

精准扶贫的战略重点是精神脱贫。做好扶贫工作，首先要帮助贫困对象树立克服贫困的信心。长期以来积累的扶贫工作经验告诉我们，不论是哪种形式的贫困原因，精神上的贫困始终是贫困对象贫困的主要根源。精神贫困指的是贫困对象缺乏摆脱贫困、实现富裕的信心和勇气，长期以来的贫困状态让贫困对象蒙上了较大的心理阴影，产生了自卑、自馁的情绪，从而在客观上给扶贫工作带来了一定的困难，也在主观上给贫困对象精神脱贫带来了较大的障碍。精准扶贫不仅仅代表着物质上的扶贫，同时要在精神上给贫困对象树立脱离贫困的信心，营造一个良好的脱贫环境，帮助贫困对象发掘自身的潜力和优势，鼓舞贫困对象充分发挥自己的主观能动性。首先在精神上摆脱掉自己生而贫穷的标签，拿出敢想敢做、真抓实干的毅力和决心，在精神上实现彻底的脱贫，在物质上才能更好地完成扶贫工作，帮助贫困目标脱离贫困，完成精准扶贫的物质目标。

4.3.1.3 精准扶贫的核心

通过分析精准扶贫的 4 个"精准"和 3 个"理念"，可以看到精准扶贫的最终目标是让我国最后的 5575 万贫困人口摘掉贫困的帽子，在 2020 年时实现全面建成小康社会，最终实现共同富裕。精准扶贫理论的提出，是由全面建成小康社会和共同富裕支撑的。所以，精准扶贫内涵的核心就是全面建成小康社会和实现共同富裕两大战略构想。

1. 全面建成小康社会

全面建成小康社会是由党的十八大报告首次提出的，它有 3 个基本的元素，即"全面""建成"和"小康社会"。

首先，全面建成小康社会贵在"全面"。我们现在达到的小康还是低水平的、不全面的、发展很不平衡的小康，离真正的小康社会还有一定的差距，集中表现在地区的差异化、不均衡上，东部沿海许多地区的生活水平已经超过了小康水平，进入了更高的阶段和层次，然而许多落后地区仍然没有脱离贫困，这就有悖于全面建成小康社会中"全面"的初衷。全面建成小康社会，既要进一步解决区域发展不平衡的问题，让全体人民都步入小康，不能让一人一地掉队；又要解决经济社会发展不协调的问题，消除发展的短板，实现现代化建设中各领域、各方面的协调发展。精准扶贫中的"精准"正是对应了"全面"，精确地找出"小康社会"这个水桶的短板，通过一定的方法将其补充完整，达到更高层次的小康，让全中国的百姓都能够感受到国家发展带来的变化，增强"获得感"。

其次，精准扶贫的内涵核心还体现在"建设"和"建成"的区别上。由"建设"到"建成"，虽然仅有一字之差，但是却反映了我们接下来的工作重心是从量变到质变，要从量的积累努力促成质的飞越。对于扶贫工作来说，在之前全面建设小康社会阶段，主要采用的还是"大水漫灌"和"输血式"的扶贫，这种方式是粗犷式的，没有针对性，仍然有一部分群众的生活十分贫困，没有达到小康社会的标准。现在我们要求全面建成小康社会，必然就要求我们的扶贫工作由"大水漫灌"变成"精确滴灌"，由"输血式"改为"造血式"，在全面建成小康社会的关键历史阶段，对"贫困"这一敌人定点、逐个击破，进行最后的扫荡，从而彻底地消除贫困，真正建成小康社会。

最后，扶贫的目标是让贫困对象脱离贫困，生活水平达到实现小康的最低标准。对于这部分贫困群体而言，这个目标是要使城镇居民人均可支配收入达到 1.8 万元、农村居民家庭人均纯收入达到 8000 元、城镇人均住房建筑面积达到 30 平方米、恩格尔系数低于 40%。

综上所述，我们可以看到，精准扶贫是一个立体的概念，"精准"是从扶贫工作的横向和纵向角度出发，"扶贫"则是在厚度上提出了要求。精准扶贫的横向即"全面"，规定了精准扶贫的对象是我国所有的贫困群体，谁贫困就去帮扶谁，在帮扶条件上是无差异的；精准扶贫的纵向即"建成"，规定了扶贫工作的高度是让所有的贫困对象脱离贫困、越过小康社会的基准线；精准扶贫的厚度即"小康社会"，规定了精准扶贫要达到的目标，这一目标同样是量化的，是精确而具体的，需要我们在有限的时间内通过不懈的努力去完成。

2. 实现共同富裕

精准扶贫的另一核心是共同富裕，同时也是精准扶贫最后要实现的最高目标。共同富裕是社会主义的本质要求和奋斗目标，它是在普遍富裕的基础上的差别富裕，实现手段是"先富带后富，逐步共同富"，共同富裕要求实现物质生活和精神生活的全面富裕、从部分到整体的逐步富裕、从低层次的富裕到高层次的富裕。精准扶贫正是建立在绝大部分中国人已经富裕起来，而还有 5575 万少数人民仍处在贫困之中的背景之下，要帮助这 5575 万同胞尽快脱离贫困。

精准扶贫是物质和精神的双重扶贫，不仅要让贫困人员在物质生活上达到小康社会的标准，突破经济上的硬指标，还要在精神上树立好脱贫的信心与勇气，彻底摘掉贫困的帽子，树立社会主义核心价值观，建设社会主义精神文明，实现精神上的富裕。

精准扶贫是一个从部分到整体的过程，精准扶贫的对象要精确到每个个体，根据每个个体的特殊性和贫困的具体原因进行有针对性的精准帮扶，让每个贫困个体尽快脱离贫困，最终实现 5575 万贫困人群整体生活水平的提升，是一个由点到面、由部分到整体的过程。

同样，精准扶贫也是一个由低层次水平向高层次水平迈进的过程。这表现在两个方面：第一，贫困对象的生活水平由低层次向高层次的提高。在精准扶贫工作的初期，贫困对象的生产力水平较为低下，增长的相对速度较快但是增长的绝对水平比较低，所以生活水平的层次也比较低；当精准扶贫工作进行一段时间，贫困对象的生产力逐渐提高，增长的相对速度放缓但增长的绝对水平比较高，生活水平的层次逐渐提高，最终达到小康社会的标准。第二，精准扶贫工作从低层次向更高层次的迈进。在精准扶贫进行初期，许多工作处于基础阶段，与贫困对象的互动仍处于磨合期，扶贫工作仍然处于一个低水平的阶段；当贫困档案卡等机制逐渐完善、与贫困对象的联系日益紧密后，精准扶贫工作也迈上了一个新的高度。

4.3.2 "精准扶贫"的存在形式

精准扶贫可采取的具体形式有很多，它们依托各种各样的方式和渠道，最终都实现了精准扶贫的目标。本节主要从以下几个方面进行介绍：依托社会协助的精准扶贫、依托农合组织的精准扶贫、依托特色农业的精准扶贫、依托旅游业的精准扶贫、依托金融业的精准扶贫、依托保险业的精准扶贫、依托大数据的精准扶贫、依托电商的精准扶贫、依托开发新能源的精准扶贫。

4.3.2.1 依托社会协助的精准扶贫

依托社会协助的精准扶贫，其主要含义是利用社会力量进行扶贫。精准扶贫需要来自社会各行各业、各个方面的援助，援助的方式可以分为很多种，除了捐赠善款、捐赠旧衣物书籍外，还可以建立各类的扶贫基金会和扶贫项目。社会各界也可以根据自己不同的职能属性发挥优势，为精准扶贫做出贡献：政府可以对某贫困地区进行基础设施建设援助，包括教育、交通、生活、医疗等；高校可以加强与贫困地区的联系，为来自贫困地区的学生减免学费、提供勤工助学的机会、办理助学贷款，同时也可以建立高校和贫困乡、县的一对一援助关系，利用高校的资源、知识、人才优势为贫困地区的发展提出可行的科学的合理化建议，帮助贫困地区找到脱贫致富的道路；医疗机构可以与贫困地区进行合作，定期为该地区的贫困人群进行免费身体检查，让贫困地区的病人享受一部分医疗减免，减轻看病治病压力，提供一定的基础医疗帮助；企业也可以与贫困地区对接，派遣企业专家或技术人员到实地考察，提供技术教育和技术帮助，提升贫困地区人口的整体劳动素质，帮助贫困地区人口就业。可以与贫困地区签订合作协议，通过技术培训让该地区的劳动力可以直接进入企业就业，解决就业问题，提高收入，也可以到贫困地区设置分厂，注入资金和技术，从而增加该地区劳动力的就业机会，带动当地的经济增长，实现脱贫。

4.3.2.2　依托农合组织的精准扶贫

农民合作经济组织成为推进精准扶贫工作的重要力量，它不仅能够在扶贫开发方面发挥关键的作用，也可以分担定点扶贫的重要任务。在发展特色产业、提供就业和保护生态等方面，供销合作社和一些其他的农合经济组织也可以发挥积极的作用，将贫困地区生产的有机农业产品销售到全国各地，把优势的农业资源转变为市场优势、竞争优势，帮助更多的贫困农户致富。在一些山水秀美的贫困地区，农合经济组织应该带领居民借助当地优势的旅游资源，充分开发当地的自然风光和风土人情，提高居民收入。农合经济组织在带动贫困人群脱贫的过程中，将自身的发展和精准扶贫进行有机结合，向国家和其他社会力量积极争取更多的项目和资源用于精准扶贫，并组织起更多的贫困群众参与到扶贫项目中来，共同发展，共享发展。

4.3.2.3　依托特色农业的精准扶贫

这种精准扶贫主要是把坚持发展当地的特色农业作为脱贫的关键，充分利用独特的农业资源、地域特色和具有高竞争力的农产品，通过引入先进的农业生产经营模式，增强贫困地区农产品的竞争力和影响力，提高贫困地区的农业经济效益，从而让贫困地区实现脱贫致富。依托特色农业进行精准扶贫要通过 3 个环节：首先要找到适合本地区、迎合市场的特色农产品以及该种农产品衍生出的产品，实现关联性、可持续性的发展；其次，政府部门可以通过将一些地方农业项目和政府的项目进行有机结合，对这些项目进行资金投入，进而发展为具有特色的农业项目，让项目以政府为依托，更加有保障；最后是特色农业产品的销售环节，要发展出一套适合自己的、独特的管理方式和销售方法，建立"基地、农户、公司"的合作模式，由企业向农户提供生产全过程的技术支持以及生产过程中需要的全部生产资料，对农业基地和农户生产出的产品进行收购，由企业承担市场风险，在这个过程中以政府作为担保，最大限度保障贫困地区的农户的利益，保障贫困人群可以通过发展特色农业脱贫致富。

4.3.2.4 依托旅游业的精准扶贫

发展旅游业是精准扶贫的一项重要举措和战略。旅游业是目前的朝阳产业和环保产业，与其他产业相比，旅游业扶贫具有非常大的优越性。随着我国旅游业的不断发展，旅游业在带动区域经济发展和贫困人口脱贫方面的作用日益显著，我国目前的精准扶贫工作也在致力于挖掘旅游业扶贫的巨大潜力。我国近几年来的旅游业发展表明，旅游的发展可以有效促进贫困地区的经济发展，能够有力地带动贫困山村的开发建设，可以说是目前带动贫困地区脱贫致富的最好方式之一。贫困地区可以借助自己拥有的独特自然景观，妥善开发当地的旅游业，对当地旅游资源的内涵进行深度挖掘，加大贫困人口对旅游业发展的参与力度，协调好各方之间的利益关系。更要贯彻精准化的理念，提高旅游扶贫的精准度，对旅游扶贫的项目和扶贫对象进行精准定位，采取具有针对性的帮扶、管理措施，让旅游业开发和当地的实际情况相结合，真正利用旅游业带动当地的经济增长与发展。

4.3.2.5 依托金融业的精准扶贫

中国人民银行等7个部委于2016年年初联合印发了《关于金融助推脱贫攻坚的实施意见》（以下简称《意见》），《意见》指出："要从准确把握整体要求、精准对接多元化的融资需求、大力推进普惠制度的金融发展、充分发挥各类金融机构的作用、完善精准扶贫的保障措施和工作机制等各个方面提出了金融助推脱贫攻坚的细化落实措施，对经济新常态下的金融扶贫工作进行了战略部署。"目前，我国贫困地区的金融服务水平较以往有了明显提升，贫困地区的贷款增长速度较全国平均增速高出 1.2%，各项融资额的绝对数量和相对数量都大幅增长。贫困地区的金融环境也在不断地改善，商业银行等金融机构的网点不断增加，各种商业银行的自助设备也不断地完善、更新，越来越多的贫困地区人口享受到来自银行的服务。在接下来金融扶贫的工作中，必须让金融扶贫的模式推陈出新，更好地适应当下精准扶贫的精准化思想。各商业银行在央行的指导下积极推进金融产品创新和服务方式创新，为贫困对象量身定做不同的优惠贷款方案，提供更加优质、细微的服务。在提供金融服务进行精准扶贫的同时，也要注意跟进金融扶贫的效果评价机制，及时对各个地区、各个金融机构的服务状况进行动态跟踪，积极对反馈的信息进行分析处理，开展评估工作，更好地指导下一阶段的金融扶贫工作，有目的地通过金融行业进行精准扶贫。

4.3.2.6　依托保险业的精准扶贫

保险行业承担着消除贫困、改善民生，最终实现共同富裕的重要职责，在新的发展时期，保险业在保险精准扶贫的事业中应该发挥更大的作用。保险行业的精准扶贫，主要工作是针对贫困对象，发展好大病保险和农业保险，立足解决因病致贫、因病返贫的问题。保险精准扶贫的要义有以下几个方面：首先要完善保险服务体系，大力推进保险服务在贫困地区全覆盖。贫困人口主要分布在人口稀少、地域辽阔的边缘地区，保险服务很难将其全面覆盖，存在着贫困地区缺乏保险服务机构、保险人力资源匮乏、服务能力不足的问题，贫困地区的群众不仅缺乏投保意识，也存在无处可投的问题。因此，要对贫困地区的保险体系进行不断完善，支持保险机构在贫困地区设立保险服务网点，让贫困地区居民有保可投；同时在宣传方面，也要因地制宜、因人而异，改变贫困地区居民对保险的态度，提高贫困人群的投保意识。其次，扩大大病保险覆盖范围、提高保险金额，避免贫困居民因病返贫、因病致贫。针对我国某些贫困地区易发的灾情疫情以及实际收入较低的现状，开发费用较低、保障性高、保险期长、赔付比高的大病保险，体现大病保险在关键时刻的扶贫价值。最后，大力开发"三农"保险，帮助贫困地区走好农业致富之路。充分利用国家的优惠政策，助推农业保险的发展，同时积极承担社会责任，让农业保险真正服务于精准扶贫。

4.3.2.7　依托大数据的精准扶贫

大数据精准扶贫是国家发展战略和技术有机结合的新形式，在大数据时代，技术的进步为解决识别贫困人群、分析贫困对象致贫原因等问题提供了保障。大数据的应用可以揭示传统技术方式难以展现的、十分复杂的关联关系，建立"用数据说话、用数据管理、用数据决策"的新机制，实现基于精确量化的精准扶贫决策，为建立精准扶贫工作的合理长效机制、科学扶贫方式奠定坚实基础。依托大数据进行精准扶贫有三种方式：第一，国家层面要制定利用大数据推动精准扶贫的指导文件；第二，加强对大数据平台针对精准扶贫的整体规划和建设；第三，进行数据开放，从而实现精准扶贫的社会参与机制。

4.3.2.8 依托电商的精准扶贫

随着互联网时代的不断发展，有学者提出要利用网络电商推进精准扶贫，呼吁将电商扶贫纳入扶贫工作体系当中。目前电商扶贫也渐渐受到重视，随着现代化农业的快速发展、社会主义新农村建设的日益完善以及网络电商的迅猛发展，利用电子商务对贫困地区进行精准扶贫已经成为扶贫工作的重要方式之一。电子商务可以促进贫困地区的经济发展、提高贫困居民的收入，通过电子商务产业也可以为贫困地区的居民提供大量的就业机会。利用电商扶贫，还有利于加强发达地区和落后地区之间的联系，缩小城乡之间的信息差距，让贫困地区的居民及时了解外面的世界，为贫困地区带来新的活力，提高贫困地区人民的生活质量，让贫困地区的群众更好地享受精准扶贫带来的优异成果。

4.3.2.9 依托开发新能源的精准扶贫

我国的贫困地区主要分布在自然地理条件较为恶劣的地方，这些恶劣的条件是农业的天敌，却可能蕴含着大量的自然资源，是孕育新能源的摇篮。以开发光伏发电进行精准扶贫为例，光伏发电具有环保清洁、技术可靠、收益稳定的优良特点，符合精准扶贫的发展战略，同样也符合国家节能减排、环保低碳的能源发展战略。优先安排用于精准扶贫的光伏电站的建设，同时鼓励商业银行和其他金融机构对扶贫光伏电站项目提供低成本的融资，鼓励贫困地区居民通过众筹等创新性融资方式来支持光伏扶贫项目的建设。

4.4 精准扶贫的实现路径

中国是一个典型的城乡二元制结构的国家，广大农村地区的发展在国家的整体发展起到重要的作用。贫困是制约经济整体发展的重要因素，随着城市与农村的差距逐渐拉大，扶贫成为全面建成小康社会最艰巨的任务之一。只有把扶贫这项任务完成好，才能解决好农村问题。我国扶贫工作取得了显著成就，但仍有贫困户难以脱掉贫困的帽子，因此要解决扶贫脱靶严重的问题。对于不同地区，不同情况，常规的扶贫手段难以奏效，必须深入开展精准扶贫工作，使资源配置达到最优；必须坚持实施"四个一批"的扶贫攻坚计划，即通过生产和就业发展一批，通过移民搬迁与适地安置一批，通过政策兜底与生活保障一批，通过医疗救治与重点扶持一批，实现人口精准脱贫。

4.4.1　精准识别贫困

扶贫工作必须精确到每一个人。执行确定贫困户工作的工作人员要实地走访到每一县、每一乡、每一村、每一户。只有精确了解每一位帮扶对象，才能确定贫困户的数量规模和贫困程度，保证扶贫对象明确，不忽略没有提出扶贫申请的对象。

建立贫困人员信息库。根据每一地区的县、乡、村、户为贫困人员建档立卡；将贫困居民的具体情况录入系统，并且在扶贫工作开展后跟踪记录，及时调整扶贫策略；将全国贫困人员信息库联网，从而有利于扶贫政策的确定、实施以及效果统计。

要借助群众识别贫困户。在当地群众的帮助下识别出真正的贫困户，充分发挥基层民主的优势，并与第三方社会监督服务机构结合，保证精准扶贫的公平公正公开。这有利于将扶贫落到实处，同时提高人民群众的监督意识，防止贪污腐败。政府对村干部提供能力建设培训，使他们在扶贫工作中发挥更大的作用，能将扶贫资源用在实处，真正帮助需要帮助的人。

4.4.2　精准分类管理

通过实地考察，在地区确立有针对性的扶贫政策。采取一对一的帮扶形式，结对帮扶到户到人，进行差异化管理，将扶贫的特殊性延续到每一户贫困居民。因地制宜，因户制宜。确保扶贫的效率和效果。

发展就业。扶贫不是单纯提供资金给贫困地区进行"输血"，而是创造条件让贫困地区拥有自己"造血"的能力。政府对没有劳动能力的家庭要实行兜底保障，保证其最低水平的生活标准，对于有劳动能力的家庭要保证至少有一名劳动力有工作。例如有些家庭有老人和小孩需要照顾，劳动力没有外出打工的条件，政府要在当地为他们创造就业机会，或利用廉价劳动力的优势，引进劳动密集型产业，吸引贫困户参加工作。

要针对不同地区的情况进行帮扶。①自然环境优越的地区，可以发展旅游业，组织风景区附近居民开办农家乐、休闲农业、旅游农业、生态农业等服务业相关产业。通过三产融合，延伸产业链，使产业链增值。2011年旅游扶贫首次作为扶贫方式之一被写进《中国农村扶贫开发纲要（2011～2020年)》。旅游产业通过对乡村区域经济的带动作用使贫困地区脱贫，是"造血"式的扶贫，区别于以往的物资捐助扶贫、民政救济扶贫、财政扶贫和信贷扶贫等"输血"式救济扶贫。同时，旅游精准扶贫可以让贫困人口自我能力得到提升，从经济上脱贫和精神上脱贫。②居住在生态环境恶劣且难以改造的地区的居民，或居住在国家禁止开发的保护区的居民，要通过搬迁等方式进行脱贫。③对于文化水平低导致的贫困，要向学龄青少年提供助学支持；对于缺乏劳动技能所导致的贫困，政府要组织开展相应的培训，提高劳动技能。④当地生产条件良好的，要因地制宜发展当地的特色产业，打造当地品牌，着力建成一乡一业、一村一品的发展新格局。⑤着力发展贫困地区的医疗保障，防止因病致贫的现象发生。充分发挥保障性救助制度的作用，对丧失劳动能力的老年人、残疾人、孤儿实行"五保"供养。⑥对于缺乏资金投入再生产的贫困居民，要提供担保贷款扶贫，使贫困居民能有启动资金，从而不断创造财富。

4.4.3　建立健全制度体系

建立扶贫责任制。对政府的工作考核不能只看GDP的增速，还应将当地扶贫开发工作成效作为考核内容，对扶贫开发工作成效优秀的地区可进行适当的奖励，对扶贫开发工作成效不佳的地区进行处罚，并且要找出原因，解决问题。

扶贫项目要进行公示，使扶贫工作公开透明公正，扶贫资金在阳光下运作。杜绝一切行政方面的贪污腐败与不作为行为导致的扶贫效果不佳。

政府应发挥监督监管的职能，各级人大、政协也应发挥监督的作用，人民群众对扶贫中不合理的地方也要积极监督、建言献策，从而使扶贫在行政流程上不出差错，使扶贫资金能用在刀刃上。

4.4.4　调整政府与市场的关系

进一步简政放权，转变政府职能，发挥政府的服务和监督职能。加强基础设施建设，完善贫困地区的水电等基础设施建设。由政府牵头，社会各部门通力协作，优化整合当地资源，具体落实扶贫项目。贫困居民缺乏市场意识，易错失脱贫致富的机会，政府要引导带领贫困群众培养市场意识，抓住时机，自我脱贫。贫困居民不能只盲目生产而不考虑市场需求，不能只简单地提供原料，还应有市场营销的意识，真正做到增产增销，打开市场。由于贫困户个人抗风险能力差，因此脱贫的重要方式是从集体出发，集体能分散风险，整体的抗风险能力也远远大于个人，利用群众的智慧将更有利于集中力量，要将单个经营向规模经营发展，利用当地的龙头企业带领当地发展。贫困地区社会经济发展水平与政府行为之间存在正相关性。当地政府对贫困户的引导作用主要体现在发展路径选择和主导产业培育等方面。为此，政府要加强决策力，科学分析，合理规划，在充分考虑当地自然条件、经济资源和贫困人口自身能力的基础上，精确设计瞄准贫困户的产业发展项目，助力贫困户脱贫。政府应大力扶持当地的龙头企业发展，形成"公司＋基地＋贫困户"或"合作社＋贫困户"的经营模式，政府可对其生产经营进行一定的补贴，增强贫困户发展的信心。政府更多地应作为服务管理机构，将服务的职能发挥到最大。加大前期信息的投入，搭建信息服务平台，缩短搜寻信息的时间，促进潜在的交易。后期发布广告，打造地方特色。长期来看，政府应充分激发产业链各个环节主体的活力，为营造健康的市场环境制定相应的制度，加强市场监管。

4.4.5　发展科技扶贫

美国经济学家萨缪尔森在《经济学》中指出，世界上任何一个国家，其经济增长都要依托"四个轮子"，即人力资源、自然资源、资本积累和技术进步。将资源优势转变为经济优势需要先进的技术推动。精准扶贫工作也是科技兴农的重要组成部分。专家们认为，要实施"五个一批"战略：产业升级拉动一批，城镇化建设转移一批，现代化农业托起一批，区域化发展带动一批。精准扶贫与发展农业的目的是一致的。为此，必须深入开展科技兴农与科技扶贫的对接工作，充分发挥叠加效应。当今互联网大数据为社会治理中的问题分析和预测提供了新的思路、方法和工具。基于互联网的大数据是加强和创新社会治理的重要手段，更是推进政府治理体系和治理能力现代化的重要助力。大数据通过全息的、整体的数据呈现，使社会治理从"粗放式"迈向"数据驱动"的治理方式。贫困地区自然条件较差，交通不便，信息落后，科技投入严重不足，科技发展基础薄弱，新技术引进和转化速度慢，科技成果难以入村到户。因此要利用科技创业大力发展贫困地区，建立科技扶贫责任制，加强贫困地区信息服务体系建设。在农业上利用科技改进生产技术、生产模式，利用互联网使销售渠道多元化；在工业上引进先进的生产技术、管理技术和经验以及推广方式的多样化；在服务业上，利用新媒体宣传平台大力培养品牌效应，提高服务技能，通过网络营销将消费者的消费意愿转向贫困地区，从而实现财富向贫困地区转移，达到脱贫致富的目的。要支持科技型特色产业的发展，将科技转化为生产力，力求建立项目与生产经营模式。通过科研成果权益分配机制，让科技人员与生产企业"富裕"起来，激发生产企业与科研单位联动性创新活力，同时要通过完善市场导向机制与优化技术路线，促进资源创新与持续发展。进一步推动科技扶贫事业的发展。

4.4.6 发展绿色扶贫

生态环境的优劣关系到经济的可持续发展，关系到地区的投资环境，仅仅关注眼前利益而不顾生态平衡是不可取的。先开发后治理的方式会给环境带来难以逆转的伤害，使治理成本大大提高。因此，在扶贫工作中不能只以经济增长为扶贫开发的唯一依据。贫困地区大多自然条件恶劣，脆弱的生态系统、植被以及特殊的自然景观一旦被破坏，就不能恢复。如果开发不当，就会给贫困地区带来灾难，甚至导致越扶越贫。绿色扶贫既是贫困地区摆脱困境的需要，也是提高综合效益的需要。绿色扶贫突出了生态保护的重要作用和意义，把经济发展与生态保护同时作为扶贫的重要目标，保持可持续发展。第一，应发展生态农业。通过调整农、林、牧、副、渔等不同农业部门的布局，发展农业产业化，提高农业综合开发效益，在水土流失、沙漠化的地区进行退耕还林、退耕还草、植树造林等措施。第二，建立生态工业，处理扶贫开发与生态环境的关系，因地制宜，大力扶持和发展特色生态产品，建立以低排放、节能环保为主的产业。合理开发和利用当地的生态资源，利用当地的生态特色、自然环境特色发展生态产品，发展深加工的加工业，将贫困地区的资源优势转化为经济优势，形成原料供应、加工制造、销售一条龙的区域优势产业，带动本地区工业的可持续发展。第三，发展生态旅游业，我国许多贫困山区的生态旅游资源极为丰富。这些地区不仅生态资源丰富、品质高，而且自然风光与地方特色人文风光受人类活动干扰较小，保存较为完整，旅游开发价值很大。生态旅游以科学开发为手段，保护和改善生态环境，帮助当地贫困居民脱贫致富。由此可见，生态旅游的发展维护了山区的自然生态，体现了很强的扶贫功能，为带动贫困地区经济发展提供了新的出路。

4.4.7　拓宽融资渠道扶贫

现阶段社会投资风险激增，多元投资吸引力小。社会资本大量涌入单一行业造成资源配置不均衡。金融机构在经济新常态下对资金管理出台了新政策，金融扶贫意愿会受到抑制，这同样带来了扶贫脱贫资金的短缺。针对有担保贷款需求的贫困农户，破解其资金短缺贷款难问题，实行"我担保、你贷款，我贴息、你还贷"的扶贫方式。设立产业发展贷款担保专项基金，运用金融杠杆作用，为贫困户作贷款担保，为其发展产业提供资金帮助。拓宽融资渠道，加大特色农业多元化投入。要大力发展合作社等各类农民合作组织，将其拓展到农业生产、加工、销售、流通、信息和金融互助等领域，提高农业为社会服务的质量和水平，助力特色农业发展。让资源优势与资金、技术优势紧密结合，使之联动发展，优势叠加，互利双赢。

总结而言，我国大力发展扶贫事业，并且"两项制度衔接"政策也受到了贫困居民和扶贫工作人员的高度评价，但我国的贫困户规模和数量仍然巨大，扶贫工作任务依然艰巨。其根本原因在于扶贫的精准度低，在贫困户的识别上存在排斥现象，即使被精确识别的贫困户也难以得到精准的帮扶。有四个原因造成这个现象：一是政府缺乏贫困识别机制，二是贫困居民缺乏参与意识，信息不对称，三是缺少第三方社会监督机构的监督举报，四是扶贫手段单一，缺乏针对性、灵活性。

　　真正实现精准扶贫要做到精准识别、联动帮扶、分类管理、动态考核。政府工作人员应展开贫困普查，建立贫困识别机制，调动居民协助识别，精准识别贫困居民。在帮扶过程中，针对贫困户的需求有针对性地，差异化帮扶，同时要打破地域限制，结合自身优势与其他地区联合发展，优势互补。对于不同地区不同情况的贫困居民应做到分类管理，将扶贫绩效作为政府工作考核的一部分，建立考核体系，严格奖优罚劣。

　　此外，转变扶贫理念和模式。以"造血"性帮扶为主，"输血"性帮扶为辅。为贫困户提供可持续收入手段。以生态保护，绿色扶贫为扶贫新理念。创新扶贫开发工作方式，以科技力量助力减贫。

第 5 章　精准扶贫黄冈样本的解剖分析

5.1　黄冈市精准扶贫的经济社会发展基础

当前，我国扶贫特征由绝对贫困转变为相对贫困，贫困的区域性特征明显，主要分布在革命老区、西部少数民族地区、边疆地区等地方。集中连片特困特区成为新一轮扶贫的主战场，扶贫模式转变为以点为主、点面结合的方式。湖北省黄冈市作为革命老区，贫困人口多，扶贫难度大、任务重，是我国攻坚扶贫的主战场之一。

黄冈地处湖北省东部、大别山南麓，是著名的革命老区。2014 年国家贫困县名单中，黄冈 11 个县市区有 5 个位列其中。革命老区为中国革命的胜利做出了巨大的贡献，党中央、国务院一直十分重视大别山革命老区的发展。2015 年 6 月，国务院批复同意《大别山革命老区振兴发展规划（2015～2020）》（以下简称《规划》），《规划》将黄冈全域纳入，黄冈发展第一次上升为国家战略。《规划》对黄冈革命老区的发展指明了方向，黄冈迎来了重大战略机遇，这对发挥大别山革命老区比较优势，尽快改变贫困落后面貌，加快中部地区发展具有重要意义。

5.1.1　黄冈市精准扶贫的总体环境

5.1.1.1　政治环境❶

对黄冈精准扶贫的政治背景将从党中央、国务院、黄冈市政府等方面具

---

❶　本节参考资料：《湖北省扶贫办关于精准扶贫应当重视的几个问题》《湖北省农村扶贫开发"十二五"规划》中期评估报告、《中共黄冈市委、黄冈市人民政府关于全力推进精准扶贫精准脱贫的决定》。

体阐述，重点介绍中央以及黄冈地方政府的有关精准扶贫的方针、政策、法令等。同时介绍黄冈市为了保障精准扶贫工作顺利实施的相关政治背景，以及详细介绍黄冈市政府特色扶贫的政策。

党的十八大中明确提出，贫穷是全中国人民的共同敌人。自从党的十八大来，为了实现中华民族的伟大复兴，全面建成小康社会，基于中国基本国情对新阶段的扶贫提出了新的要求、新的目标、新的任务、新的思路、新的方法，重新强调了消除贫困是社会主义的根本要求，也是社会主义社会优越性的体现，是全党的重要政治性任务。2015 年 6 月，习近平总书记在贵州进行调研时，对相关党委工作者明确提出现阶段的扶贫任务，提出"我国扶贫开发工作进入啃硬骨头、攻坚拔寨的冲刺期"，强调"扶贫开发贵在精准，重在精准，成败之举在于精准"，要求"各级党委政府必须增强紧迫感和主动性，采取力度更大、针对性更强、作用更直接、效果更可持续的措施，大力度推进，再加快步伐，确保贫困人口到 2020 年如期全部脱贫"。习近平总书记对脱贫的这些新的意见、新的指导，突出显示了党对精准扶贫的重视，这些意见也成为十八大以来，扶贫工作的灵魂、标杆。

在以习近平总书记为首提出精准扶贫的相关讲话作为新阶段扶贫工作的指导意见后，国务院于 2015 年 11 月 29 日发布了《中共中央国务院关于打赢脱贫攻坚战的决定》，在文件中明确清晰地提出了确保 2020 年农村人民实现脱贫的最终任务，具体阐述了相关要求，对下一步扶贫工作做出了明确的指示。

具体到黄冈市，其现实状况决定了扶贫工作的必要性与紧迫性。黄冈市贫困地区很多，其中大别山片区是湖北省状况最为严重的贫困地区。黄冈市全市新一轮建档立卡的贫困村 892 个，贫困户 34 万户，贫困人口 102.8 万人，贫困人口众多，贫困程度较深，贫困持续率较高。这表明了黄冈市政府精准扶贫任务重、时间急，已经到了刻不容缓的时刻。在国务院下发《中共中央国务院关于打赢脱贫攻坚战的决定》后，黄冈市委市政府立即发布了《中共黄冈市委、黄冈市人民政府关于全力推进精准扶贫精准脱贫的决定》，为黄冈市的扶贫工作做出了具体的部署，明确清晰地梳理了黄冈市的扶贫相关工作。

同时，精准扶贫工作的顺利进行必须有强有力的组织保障。为此，黄冈市政府从以下几点确保了扶贫工作的顺利进行：首先，明确领导责任，成立扶贫工作小组，成员由市领导以及党委领导组成，领导签下军令状，表明扶贫工作的决心；其次，确定各部门的扶贫责任，责任到家，哪个部门不合格，哪个部门领导受处分。对于扶贫工作要有壮士断腕的决心。各部门之间同时也要加强合作，不能相互推诿，加速推进精准扶贫任务的完成；最后，注重扶贫基层建设，推出一系列加强基层党委建设的举措。培养基层扶贫人才，定期开展培训。

在工作方式方面，黄冈推行了很多独有的扶贫创新方式。需要特别提出的是，黄冈市推出了精准扶贫培训班，各县区市均有各自的精准扶贫培训班。精准扶贫政策培训班是各地区深入学习省委、市委精准扶贫专题研讨班和易地扶贫搬迁培训班精神，全面落实中央、省委、市委决策部署，确保在"十三五"开局之年，打赢脱贫攻坚第一仗的重要保障。在会议上由主讲人分析当前精准扶贫形势，重点解读最新扶贫政策，做好下一步精准扶贫工作安排，同时总结当下扶贫工作所取得的成就，以及下一阶段的主要难题。其次，加大"一对一"帮扶模式的推广，让教育成为扶贫的主要方式之一。这些丰富的帮扶实践会成为学习的一种推广，使学习的知识得到了拓宽，而学习的知识又得到了应用，使帮扶行为成为"两学一做"的一个重点实践项目。通过这些活动，扶贫工作真正做到了基层化，人民的接受程度也大大提高，全市攻克贫苦的氛围随之形成。

综上所述，在党中央国务院的坚强领导下，在中央扶贫工作小组的指导以及全市人民的支持下，黄冈市扶贫工作的宏观政治环境是和谐良好的。政府出台的一系列政策法令，为扶贫工作指明了方向，同时部署了具体可行的措施；而政府强有力的组织，各级单位在扶贫工作中的方式创新，均为黄冈市扶贫工作的顺利进行提供了有利条件。

5.1.1.2　经济环境

1. 黄冈市扶贫开发宏观经济环境

对于黄冈扶贫来讲，最主要的宏观经济环境就是国家给予的财政政策，下面也将主要围绕黄冈市扶贫的宏观财政政策来介绍论述。

根据中共黄冈市委文件《关于全力推进精准扶贫精准脱贫的决定》，黄冈市扶贫的主要任务是：到 2018 年，通过实施"四个一批"，实现全市 102.8 万建档立卡贫困人口全部脱贫销号、892 个贫困村全部脱贫出列、6 个贫困县全部脱贫摘帽。

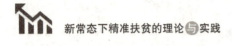

为了达到此目标，黄冈市制定了精准扶贫的相应财政政策，即通过财政支出与税收政策的变动来调节总需求，以此影响就业与国民收入的政策。下面是黄冈市扶贫办 2015 年度的收支预算和部门的预算支出情况，同时也是黄冈市关于扶贫的宏观财政政策的缩影。

据统计，2015 年黄冈市扶贫财政预算拨款约为 380 万元，支出预算约398 万元，湖北省全省的扶贫总财政预算拨款 1966.42 万元，总支出 2058.22万元。作为 12 个地级市之一的黄冈，扶贫预算占湖北全省扶贫预算的19.3%，扶贫预算比重非常大，一方面显示了黄冈市扶贫的难度大，程度重，另一方面显示了中央对黄冈扶贫的重视程度。有大笔的财政预算的支持，扶贫的难度会降低，扶贫的阻力会下降，黄冈市在 2018 年完成全部劳动人口实现脱贫的目标大有希望。

黄冈市扶贫办部门预算支出主要分为工资福利支出、对个人和家庭的补助支出、商品和服务支出、项目支出四大项。工资福利支出包含了在职人员的基本工资、津贴补助、奖金、基础性绩效工资、奖励性绩效工资、基本医疗保险费及其他；对个人和家庭的补助支出涵盖了基本离休费、离休人员津贴补助、离休人员公用经费、基本退休费、退休人员津贴补助、退休人员公用经费、退职（病退）经费、抚恤金和遗属补助、独生子女费、住房公积金及其他；商品和服务支出包括一般公务费、车辆运行经费、会议费、福利工会与教育经费及其他；项目支出则涵盖了政策法规性项目，包括市政府确定项目、经常性项目及其他临时性项目。扶贫项目分布精细，对于落实项目的完成度有着积极作用。

2. 黄冈市扶贫开发的微观环境❶

微观经济环境主要指企业所在地区或所服务地区的消费者的收入水平、消费偏好、储蓄情况、就业程度等因素。这些因素直接决定着企业目前及未来的市场大小。

2016 湖北省统计局发布的 2015 年全年分市州地区 GDP 情况显示，黄冈以 1589.24 亿元的 GDP 总量排行湖北省第 5，相对于 2014 年 1477.15 亿元的GDP 总量，上升幅度约为 7.6%，基于黄冈市 2014 年调查显示的人口基数

---

❶ 湖北省统计局 . 2015 年全年市州地区 GDP 统计［EB/OL］. http：//www. stats-hb. gov. cn/tjbs/fztjbs/112655. htm, 2016-01-12.

626.25 万人，黄冈市的人均 GDP 仅为 25377.09 元，在湖北省排名第 16 位，与全省人均 GDP 50808.44 元相比差距较大。截至 2014 年年底，黄冈市有 892 个贫困村，占湖北全省贫困村总量的 18.5%，居第 1 位；贫困人口 102.83 万人，占全省贫困人口总量的 17.71%，居第 2 位；贫困发生率 17.75%，比全省平均水平高 3.55 个百分点。沉重的贫困人口基数压力等情况说明黄冈市的扶贫状况不容乐观。但就其 GDP 增长率来看，黄冈市的经济增长环境还是比较有潜力的，对于未来黄冈扶贫应抱有信心。

就业是扶贫的重要条件，就业是民生之本，对整个社会和发展有着重要意义。劳动者通过就业取得报酬，从而获得生活来源，从而使社会劳动力能够不断再生产；劳动者的就业也同样有利于实现自身的社会价值，丰富精神生活，提高精神境界，从而促进人的全面发展。黄冈市 2015 年"城镇新增就业 6 万人，帮助农村劳动力转移就业 3.5 万人"这两项指标均超额完成目标任务。新增城镇就业 86693 人。针对黄冈市的就业问题来讲，就业增长还是重中之重。只有解决了就业问题才能更好地解决黄冈市的扶贫问题。让劳动力充分发挥作用，让劳动人民在劳动中获得劳动价值，让人们在劳动中获得应有报酬增加收入，最后摆脱贫困，真正实现黄冈市的扶贫目标。

5.1.1.3 社会文化环境

扶贫需要注重社会文化环境，文化的缺失是制约我国地区整体发展的一个重要因素，尽管国家长期以来一直在努力推行文化扶贫，但是地区文化的建设仍然进展不大。传统思想有其精华同样有其糟粕，黄冈当地虽是革命老区，但是也存在一些传统落后思想，长期小农意识导致群众容易自我满足，闭关自守，等等。黄冈部分贫困地区文化基础设施较差，文化基础设施是文化传播的重要途径，从而使得黄冈贫困地区的文化环境不容乐观，导致群众文化素质不高，反过来拖累了经济建设的步伐。同时值得注意的是，尽管有些地方开始关注文化环境的建设，但是文化建设过于笼统的问题还没有得到良好的解决，"拿来主义"泛滥，不考虑当地的实际环境，直接照搬，导致文化建设事业发展缓慢。地区封建思想的抬头同样不容乐观，地区腐败、享乐主义的抬头不利于文化建设，拖缓经济建设，导致扶贫的成果不佳。文化建设队伍的素质同样值得关注，黄冈市在扶贫的过程中提高队伍素质建设，以此来达到扶贫的事半功倍的效果。

而对于扶贫来讲，社会福利保障也是重要的一个环节。黄冈扶贫的社会福利保障有新的政策出台——2015 年发布的失地农民养老保险政策。此政策是指在农民失去土地之后，可能会出现收入来源不稳定的状况，但是现行的城镇职工社会养老保险对于考虑和承担失土农民的养老保障问题颇为无力，为了更好地保障失地农民的权益，便出台了失地农民养老保险制度保障失地农民的权益。这样的扶贫环境也为黄冈市进一步进行扶贫开发提供了社会福利方面的保障。

综上所述，对于黄冈市扶贫开发的宏观环境的认识，不论是从政治背景出发，还是从经济、社会环境方面出发，都处于一种利弊共存的状态，但是总体为利大于弊，为今后黄冈市的扶贫开发奠定了一定的基础，减少了一些阻力。

5.1.2　黄冈市人口与资源现状分析

人口、资源、环境与经济发展密切相关，是经济社会发展的基础。目前，黄冈市人口、资源、环境的发展呈现出自己独特的风格，与经济、社会呈现出协调发展的趋势。但从经济发展整体宏观环境来看，仍有需要加强完善的发展途径。本研究结合人口、资源、环境的相关数据分析，制得图表，从而得出三者与经济发展、精准扶贫的密切相关性。

5.1.2.1　黄冈市人口情况分析

1. 人口增长分析

目前黄冈市正处在经济快速发展时期，随之也承担着更多环境、资源等方面的压力。究其原因，与人口的增长和人口结构的变化密切相关。截至2015 年年底，黄冈市总人口为 744.42 万人，人口自然增长率 7.06‰，出生率 12.24‰，死亡率 5.18‰。从人口增长的总体趋势来看，人口数量绝对规模呈增长趋势，但人口增长率的幅度却渐趋平稳。❶

为直接分析黄冈市人口增长绝对规模变化趋势与相对速率增长趋势，取近 10 年黄冈市人口数量、人口增长率数据❷制得图 5-1。

---

❶　数据来源：黄冈市统计局．2015 年黄冈市国民经济和社会发展情况统计公报［N］黄冈日报，2016-03-16.

❷　数据来源：黄冈市统计局．2005～2015 年黄冈市国民经济和社会发展情况统计公报．

图 5-1　2005～2015 年黄冈市人口数量与增长率变动统计

由图 5-1 可知，黄冈市近 10 年的总人口数变化趋势为：总人口数总体上呈增长趋势，但近 2 年有回落态势，似与外流人口增长有关；近 10 年来人口平均自然增长率为 5.89‰，距 21 世纪初有所下降❶；近年来，黄冈市人口增长速度较慢，但每年出生人口的绝对数仍很大，未来相当一段时间内将是人口数量庞大和人口持续增长并存。

2. 人口结构分析

全市常住人口中，0～14 岁的人口为 1004783 人，占总人口的 16.31％；15～64 岁的人口为 4550778 人，占总人口的 73.85％；65 岁及以上的人口为 606511 人，占总人口的 9.84％。同 2000 年第五次全国人口普查相比，0～14 岁人口的比重下降了 9.64 个百分点，15～64 岁人口的比重上升了 5.71 个百分点，65 岁及以上人口的比重上升了 3.93 个百分点。

全市常住人口中，男性为 3178877 人，占总人口的 51.59％；女性为 2983195 人，占总人口的 48.41％。总人口性别比（以女性为 100，男性对女性的比例）由 2000 年第五次全国人口普查的 111.57 下降为 106.56。

全市常住人口中，具有大学（指大专以上）程度文化水平的为 322976 人；具有高中文化水平（含中专）程度的为 835258 人；具有初中程度文化水平的为 2337047 人；具有小学程度文化水平的为 1703799 人（以上各种受教育程度的人包括各类学校的毕业生、肄业生和在校生）。

❶　邵晓锋，张克新．黄冈市人口增长模型的研究［J］．数学的实践与认识，2008（13）：97-101.

同 2000 年第五次全国人口普查相比，每 10 万人中具有大学程度文化水平的由 1812 人上升为 5241 人；具有高中程度文化水平的由 9526 人上升为 13555 人；具有初中程度文化水平的由 29707 人上升为 37926 人；具有小学程度文化水平的由 40902 下降为 27650 人。

全市常住人口中，文盲人口（15 岁及以上不识字的人）为 495280 人，文盲率（是指 15 岁及以上不识字人口占总人口的比重）由第五次全国人口普查时的 14.09％下降为 8.04％，下降了 6.05 个百分点。

3. 人口状况分析

随着国家经济快速发展，黄冈市的整体经济也在蓬勃增长。总体而言，人均收入普遍增长。2015 年年底，全市居民人均可支配收入 14893 元，增长 9.72％；城镇常住居民人均可支配收入 22620 元，增长 9.12％；农村常住居民人均可支配收入 10252 元，增长 9.2％。城镇居民恩格尔系数 36.14％，农村居民恩格尔系数 38.29％。❶

黄冈市早在 1999 年就进入老龄化社会。目前，黄冈市人口总数仍处在不断增长阶段，人口老龄化压力仍在不断增加，全市老年人口"老龄化、空巢化、空巢老人农村化、高龄化"形势十分严峻。2015 年年底，全市总人口为 744.42 万人，60 岁以上老年人口 124 万，占全市人口总数的 16.6％，全市老年人口仅次于武汉市，名列全省第二。❷

从以上数据可见，当前社会养老压力巨大，人口老龄化为黄冈市经济的发展带来了很多不利的影响。第一，劳动力的短缺和老化问题突出。青壮年劳动力不足，严重制约了黄冈市的经济创新活力。第二，人口老龄化会带来经济运行成本上升，社会负担加重。老年人口过多在给黄冈市养老带来巨大压力的同时，也为经济运行带来负担，未来很长一段时间内，养老问题都会成为黄冈市经济发展的一个社会性难题。第三，人口老龄化持续加重，也对社会的和谐稳定产生了巨大的压力，很容易引发社会矛盾。随着人口老龄化问题的加重以及人口迁移，黄冈市人口呈现老年人占比大、青少年占比大而青壮年劳动力却占比很少的态势，"空巢"老人越来越多，在阻碍本地区经济

---

❶ 数据来源：黄冈市统计局.2015 年黄冈市国民经济和社会发展情况统计公报［N］.黄冈日报，2016-03-16.

❷ 黄冈市老龄办，蔡胤嘉.黄冈市切实加强老龄工作网络建设［EB/OL］.http：//www.hgmz.gov.cn/ywzc/llgz/2015-11-06/3517.html，2015-11-06.

发展的同时，更会带来严重的社会矛盾。解决人口老龄化问题、挽留青壮年人口是一个需要解决的重要问题。第四，消费市场结构也出现变化。老年人更多倾向于储蓄或消费生活必需品，不愿意消费高档奢侈品或进行投资，很难形成经济增长的动力，因此对黄冈市经济的发展而言，容易出现无法利用消费、投资、出口带动经济发展的局面。

从人口老龄化的后果看，年龄结构的变化，老年人口比例的上升，也并不完全是一种负担。老年人在几十年的生活和工作中积累了丰富的经验，融智慧、技术、经验于一身，他们为国家的经济建设和社会的发展做出了重要贡献。从现实看，无论在社会，还是在家庭，老年人大都能自食其力，都能发挥自己的作用，不仅本身在为社会贡献余热，而且为年轻人的成长创造了很多条件。一个社会只有由老中青三代人共同组成一个和谐、完整的整体，在社会和家庭中扮演好各自的角色，互为补充，各尽其才，各尽其用，才能使每个家庭乃至整个社会健康协调发展。因此，只有对老年问题高度重视，科学正确认识和面对人口老龄化，未雨绸缪，及早采取相应措施，建立适合中国国情的老年社会保障制度，才能使老年人口在社会经济发展中为全面建设小康社会发挥更大的作用。❶

5.1.2.2　黄冈市资源现状分析

1. 土地资源❷

截至 2013 年，黄冈全市现有耕地总资源 35.09 万公顷，其中常用耕地 32.83 万公顷（包括水田 24.94 万公顷、旱地 7.89 万公顷），临时性耕地 2.26 万公顷（其中 25° 以上坡耕地 1.10 万公顷）。土壤类型繁多，共有 7 个土类（其中棕壤为林地土壤）、15 个亚类、70 个土属、296 个土种。在不同类型土壤中，以水稻土面积较大，其次为潮土、黄棕壤、红壤、石灰（岩）土，紫色土面积较小。全市耕地土壤总体肥力不高，以中产、低产土壤为主，占耕地面积 68.9%；高产土壤面积较小，占耕地面积 31.1%。土地资源存在的问题主要包括：

　　❶ 湖北省统计局．人口老龄化对湖北社会经济发展的影响［EB/OL］．http：//www. stats-hb. gov. cnwzlmtjbs/qstjbsyxx/107913. htm, 2013-12-04.
　　❷ 张济国，熊道龙，周景飞．黄冈市耕地保护存在的问题与对策［J］．湖北农业科学，2010（8）：2016-2019.

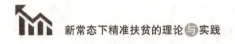

（1）耕地面积不断减少，人均耕地面积逐年下降

据统计资料，从 1983 年以来，全市耕地面积减少 3.03 万公顷，年均减少 0.12 万公顷；人均耕地面积由 1983 年的 0.06 公顷减少到目前的 0.04 公顷，减少幅度为 33.3%。从减少的耕地看，多为城镇郊区、村庄周围质量较好的沃土良田和蔬菜基地。减少的耕地用途除生态退耕和农业产业结构调整及洪灾水毁外，非农业建设用地比重较大。

（2）耕地后备资源匮乏，开发难度加大

随着非农建设进程的加快，黄冈市耕地资源特别是后备资源日趋紧张，现可供开发利用的总资源仅为 2.26 万公顷，且大多数分布在坡岗、沿河两岸低洼易涝区及滩涂等，开发难度较大。

（3）土壤肥力下降

据统计，全市现有耕地土壤有机质缺乏面积 25.02 万公顷，占耕地面积 76.2%。与第二次土壤普查时（1983 年）比较，土壤有机质缺乏面积上升了 13.8 个百分点。同时，土壤缺钾面积也在大幅度上升，与第二次土壤普查时比较，上升了 11.1%，特别是严重缺钾面积增加了 20.9%，不仅影响到农产品产量，而且造成农产品质量下降。

（4）部分土壤酸化，理化性状不良

在全市现有的耕地中，酸性（pH 值≤6.5）土壤面积 27.15 万公顷，占耕地面积 82.7%。与第二次土壤普查时比较，酸性土壤面积增加了 2.4%。

2. 矿产资源❶

黄冈市矿产资源品种较多，但以非金属矿为主，在非金属矿中又以建材原料矿为主，中、小型矿床占大多数。到目前为止，全市共发现和探明矿产 65 种，占大别山地区已知矿种数量的 90% 左右。矿产地 300 多处，具有小型规模以上的矿床 58 处。其中非金属矿产 42 种，主要有花岗岩、石灰石、黄砂、硅石、萤石等，均在不同程度的开发；其次有滑石、石墨、石膏、重晶石等，目前没有开发。金属矿产 18 种，有一定规模的有铁矿、金红石、铜矿、铅锌矿、金矿，且在不同程度的开发利用。能源矿产有煤和石煤，煤质较差，发热量低。液态矿产 2 种：英山、罗田、蕲春有三大地热田，均在开

❶ 数据来源：黄冈市国土资源局 .2015 年黄冈市国土资源公报［EB/OL］http：//www. hg-gtzy. gcv. cn，2016-10-18.

发；矿泉水田 3 处，分布在罗田、黄梅、团风，均符合国家规定饮用水标准。从资源储量、技术经济条件、矿业经济效益、矿产品市场前景等多个方面综合考虑，目前花岗岩、石灰石、黄砂、硅石、地热是黄冈市的优势资源。

黄冈市目前开发的矿种共有 16 种。共有矿山企业 489 家，其中砖瓦黏土企业占 57%，花岗岩矿山共有 50 家，采砂企业 22 家。矿业从业人员 14000人左右。附加值较高的矿种有花岗岩、石英、铁矿等。矿业经济效益居湖北省中间水平。黄冈市基本上是以集体和个体矿业为主的资源利用结构，乡镇和个体矿山决定着黄冈矿业发展的前途。花岗岩开发利用程度相对较高，主要产品有墓碑、板材等。浠水县的黄砂，年财政收入达到 2500 多万元。地热资源发展市场广阔前景好。石灰石资源主要用来制水泥，目前黄冈市水泥产业发展有一定的困难，但前景看好，资源基本有保证。黄冈市石英资源有明显的质量优势，目前深加工程度比较低，存在一定的资源浪费现象。

3. 水资源 ❶

黄冈因水而兴，水资源丰富，长江自南沿蜿蜒流过，流经辖区内总长 216千米。境内有倒水、举水、巴河、浠水、蕲水、华阳河六大水系，大小支流3690 余条，属中游下段北岸水系，有水库 1005 座，总库容 50.23×10^3 立方米，塘堰 34.03 万口，蓄水 18.05×10^3 立方米。纳入湖北省湖泊保护名录的湖泊 166 个。黄冈市水资源较丰，年平均降水量 1332.2 毫米，地表水资源量112.556 亿立方米，水资源总量 114.86×10^3 立方米，人均占有水资源量 1540立方米。黄冈境内江河、港汊、湖库等水域密布，水域总面积 18 万公顷，总水面率达 10.3%。渔业可养殖水面 8.4×10^4 公顷，占水域总面积的 46.7%。水生经济动物、植物资源丰富，有鱼类 87 种，龟、鳖、蟹、虾遍布，珍稀动物扬子鳄、江豚常出没于长江；水生浮游动植物、底栖动物、维管束植物门类齐全，多达 238 种。水域藻类以硅藻、绿藻、蓝藻 3 类为主。水域浮游动物主要种类有 70 多种，水生植物有 25 科近 60 种，其中一半以上可以作为鱼类饲料。水资源存在的问题主要包括：

（1）防洪减灾体系有待完善

黄冈市长江堤防工程体系基本形成，但六大支流水系为主的中小河流尚

---

❶ 阎梅，严林浩，谢俊峰. 黄冈市水生态环境现状与保护探讨［J］. 资源节约与环保，2014（10）：169，173.

未进行系统治理，防洪标准小于10%，普遍存在堤身矮小、穿堤建筑物病险多、基础薄弱等突出问题，防洪建设任务十分艰巨。

（2）水旱灾害频繁

1991～2010年20年间境内长江发生水患4次，其中全流域性洪水1次，区域性洪水3次；市内支流发生山洪25次，5条支流同时与长江并发洪水4次。

（3）江湖关系阻断、水生态系统弱化

中华人民共和国成立初至今全市百亩以上湖泊减少了16个，水面减少61.8%。人为的建堤围湖、分隔湖汊等活动，分隔了各个子湖与大湖以及湖泊与长江、内河道的水力联系，资源的分隔导致湖泊生态系统的碎化和生态功能的减弱。

（4）水污染日趋严重，饮水安全缺乏保障

全市年污水排放总量约4.5×10^3立方米，且逐年增加。由于大量不达标的废污水直接排入水体，污染了长江近岸水域、支流水域，湖库富营养化严重，威胁到水生态安全，影响到饮水安全。2013年，全市22个重点水功能区监测评价达标率仅68%，低于省定"三条红线"达标率80%的考核指标。

4. 人力资源

据统计，截至2016年1月，人力资源供给方面，全市人力资源市场登记用工4569家，其中规模企业1432家，近两年提供就业岗位近35万个，全市人力资源市场登记求职人员32.58万人，近两年成功职介就业人员25.69万人。人力资源需求方面，全市1432家重点规模企业生产经营需要人员19.81万人，缺工8500人，平均缺工率4.29%。其中，市直规模企业生产经营需要人员6569人，缺工186人，平均缺工率2.82%。

经济发展"新常态"下，黄冈市人力资源供需与就业工作也有着新的变化与特点。主要表现在：一是企业招聘人员数量在下降，2015年人力资源平均需求总量较上一年下降了近2个百分点，但是，市场竞争力较强的部分食品、制鞋、电子、医药等行业企业仍需要继续招工，从用工具体的岗位缺口来看，技术工种、管理营销人才缺口较大；二是返乡务工人员有上升趋势，经济下行，沿海企业裁员或者员工待遇下降，以致回乡务工人员逐步增加，但是这些人员由于长期在外务工，期待薪酬与对工作要求增高，因而返乡就业时多处于观望状态；三是高校毕业生回本地就业呈增长之势，近两年全市共接受实习实训毕业生近 5 万人，吸纳优秀高校毕业生就业近 5000 人。

在"新常态"的经济形势下，经济增速放缓，人力资源供需也随之出现一些新的问题，表现以下三点：一是隐性失业人员有增长之势。虽然在市场中求职的人员在增加，在经济下行的背景下，隐性失业人员难免有所增加。其中，城镇的隐性失业人员较多，多是眼高手低的原因。据初步调查，全市隐性失业人员达 6000 人，其中市区近 2000 人。二是就业质量不高。经济下行的背景下，许多情况是劳动者并非找不到工作，而是找不到工资待遇和工作环境较好的岗位，故而存在较严重的就业结构性矛盾。同时由于职业培训意识淡薄等多方面的原因，求职者就业上岗前职业培训还不够，相应的就业能力也不强，结构性的供需对接矛盾同时导致了企业用工质量和求职人员就业质量两方面的不高。据调查，黄冈市接受过技能培训的务工人员仅占 45%，其中男性占 53%，女性占 47%。三是自主创业、小微企业用工较难。其缺工人数虽不多，但因规模不大，各方面工作条件又不够完善，用工吸引力不大，以致招工困难，也难以留住人，员工容易流失，用工流动性很大。但预计今后及相当长一段时间内，随着"大众创业、万众创新"局面的深入推进，黄冈自主创业、小微企业用工需求将保持逐步增长势态，成为拓展就业岗位、稳定就业形势的一个重要渠道。

5. 旅游资源❶

复杂多变的地质地貌、水文气象，造就了黄冈雄伟壮丽、引人入胜的自然景观。黄冈名山遍布，有以中山山岳地貌、原始森林景观为特征，融民俗风情、农艺景观、历史人文景观于一体的大别山；有奇峰突兀，环周皆石，峭立如壁，势若接天的天台山；有黄州府"笔架山"之称的三角山；有素称"吴楚东南第一关"的吴家山等。除了这些名山以外，黄冈也有"千湖之城"的美誉，拥有"江浙有苏杭，湖北有天堂"之美称的天堂湖，以及白莲河、白潭湖、铸钱湖等。

黄冈除自然风光秀丽，人文景点也较多。黄州赤壁是历代文人墨客流连之所，北宋大文豪苏东坡在这里留下了"一词""二赋""八诗"等千古名篇；黄梅佛教禅宗四祖寺、五祖寺是著名的佛教祖庭；境内还有一大批革命领袖和历史名人的陵园、堂馆等遗址、遗迹。活字印刷术的发明者毕昇，医圣李

❶ 尹建军. 黄冈市旅游资源开发现状与对策研究 [J]. 黄冈师范学院学报，2010（4）：89-90.

时珍，理学奠基人程颢、程颐，学者胡风，经济学家王亚南，爱国诗人和民主斗士闻一多，国学大师黄侃，地质学泰斗李四光，中共"一大"代表董必武、陈潭秋、包惠僧，新中国两位国家领导人董必武、李先念以及军事家王树声、秦基伟等230多位将军都诞生在这片神奇的土地上。目前，旅游开发存在的问题如下。

（1）旅游统一规划程度较低

在黄冈的旅游资源开发过程中，政府的主要功能衰退，旅游统一规划未彻底贯彻实施，各地在选择旅游开发项目方面普遍存在不同程度的随意性，旅游资源开发还处在各自为政、自发进行的状态。这对旅游资源的开发是极为不利的，也不利于旅游资源的保护和可持续发展。

（2）旅游资金短缺问题突出

现有旅游投资体制不适应市场经济条件下的旅游资源开发速度与开发规模，发展旅游的资金严重不足是造成黄冈旅游资源开发利用率低进而造成资源浪费的重要原因。黄冈市财政收入有限，用于开发旅游的资金较少。由于资金不足，配套设施建设一直未能完善，管理服务水平无法提高，严重制约了旅游业的快速发展。没有投资就没有回报，资金短缺制约着黄冈旅游业整体发展步伐。

（3）旅游品牌不明确

世界上许多地区在旅游宣传中都在有意识地构建独特的旅游形象，如中国香港被称为"购物天堂"，西班牙被定位为"金色海滩"，等等。旅游形象不仅只是宣传口号，还要有形象标志。安徽有黄山，四川有九寨沟，这些形象已经深入人心。而提到黄冈，给人们留下印象较深的除了革命老区和黄冈中学，至今没有一个较为明显的形象标志。

（4）旅游开发配套基础设施差

黄冈市铁路系统不是很发达，并未处于交通枢纽的位置，且没有机场，造成国内和国际市场狭小。且黄冈的旅游资源多分布在山区，山路开发难度大，一般都只开发一条道路，而且道路较窄，容易造成堵车，这给游客带来了极大的不便。黄冈旅游在食、宿、行、游、购、娱等方面的开发与国内其他旅游城市相比，差距较大。大部分景点无法满足接待大型旅游团体的需要。景区厕所很少，且卫生状况差，标志不明显，景区停车场少，景区商店不规范，等等。

5.2　黄冈市精准扶贫面临的贫困现状

5.2.1　黄冈市贫困人口规模

黄冈市位于国家划定的 14 个集中连片特困地区之一——大别山革命老区，长期以来，由于历史条件及自然环境等因素的限制，贫困问题一直是制约黄冈市经济发展和全面建成小康社会的一大难题所在。黄冈以农业生产为主，工业基础薄弱，缺乏大型支柱产业，城镇化进程滞后，近几年的经济发展一直处于湖北省地级市的中后水平，所辖县、市多处于"老、边、山、穷"地带（尤其以红安、麻城、罗田、英山、团风为最），是湖北省贫困面积较大的地区。黄冈市贫困发生率为 17.75%，比全省平均水平高 3.55 个百分点。全市的 11 个县市区中，有 5 个国家级贫困县（麻城市、红安县、蕲春县、英山县、罗田县），1 个省级贫困县（团风县），另有一批"插花"贫困乡镇。根据相关统计数据❶，截至 2014 年年底，黄冈市有 892 个贫困村，占湖北全省贫困村的 18.5%，数量居全省第一位。同时，黄冈是一个人口大市，全市人口约 830 万，其中有 102.8 万贫困人口，占全省贫困人口的 17.71%，贫困人口基数大，劳动力素质普遍偏低。2015 年，黄冈提出"力争在 2018 年前实现全市 102.8 万贫困人口的全部脱贫、892 个贫困村全部脱贫出列、6 个贫困县全部脱贫摘帽"的倡议，这也成为当前黄冈市实行精准扶贫攻坚的首要目标。由于贫困人口数量庞大，贫困分布面积广、程度深、致贫因素复杂，所以现阶段精准扶贫任务重、时间紧、难度大。

经过多年的扶贫工作努力，黄冈全市农村地区无法维持温饱的贫困人口从 1994 年的 44 万人锐减至 2004 年年底的 10 余万人（不包括历年因灾返贫、致贫人口），全市农民人均收入由 1994 年的 813 元上升到 2004 年的 1800 元左右，人均粮食占有量达到 380 千克以上。❷ 随着 2010 年贫困线标准调整以及 2014 年精准扶贫政策的提出，黄冈市扶贫工作面临新局面。截至 2016 年年

---

❶　资料来源：黄冈市人民政府官网 . http：//www. hg. gov. cn/art/2015/9/24/art_30_67284. html.

❷　詹汉荣，刘凤凰 . 论黄冈市贫困地区经济持续发展战略［J］. 黄冈师范学院学报，2007（10）.

底，全市已完成 460 个贫困村出列、55 万贫困人口脱贫的目标任务，剩余存量贫困村 432 个，贫困人口 47.73 万人。2016 年全市农民人均可支配收入达到 11150 元，扶贫取得了阶段性成效。● 但是，由于人均可支配收入仍处于很低水平，每年因病、灾、教育等费用负担过重致贫、返贫的人口仍呈上升趋势。

表 5-1　黄冈市减贫脱贫人口数据汇总表●

地区	2013 年基数		2014 年脱贫数	2015 年脱贫数	2016 年存量贫困数
	户数	人数	人数	人数	人数
黄冈市	340070	1028361	105446	218841	704074
黄州区	6175	19337	2088	4707	12542
团风县	22499	70648	6999	28260	35389
红安县	40771	112849	11206	44845	56798
罗田县	37077	120952	12664	25181	83107
英山县	34301	106771	12724	15247	78800
浠水县	45431	137510	13785	44083	79642
蕲春县	51397	161187	16335	22753	122099
黄梅县	33816	79878	8040	11963	59875
麻城市	51661	159733	15734	13997	130002
武穴市	16942	59406	5871	7805	45730
龙感湖	—	90	—	—	90

● 资料来源：黄冈新视窗网．http：//info．3g．qq．com/g/s？sid＝&aid＝hb＿ss&id＝hb＿20170525022026&rt＝1．

● 资料来源：《湖北省扶贫人口精准识别专题审计整改培训班资料汇编》，2016 年 8 月。

表 5-2 黄冈市农村扶贫开发建档立卡贫困人口规模控制数据表 ❶

市县	行政村个数	2014 年扶贫开发建档立卡贫困村控制数（个）		
		全省合计	片区县、重点县	非片区县、重点县
黄冈市	4184	892	663	229
黄州区	95	14	0	14
团风县	287	72	72	0
红安县	385	96	96	0
罗田县	413	103	103	0
英山县	311	78	78	0
浠水县	649	97		97
蕲春县	542	136	136	0
黄梅县	483	72	0	72
麻城市	710	178	178	0
武穴市	309	46	0	46

5.2.2 黄冈市贫困人口结构

就贫困人口结构而言，黄冈市贫困人口的特征包括以下几个方面：一是受教育程度普遍偏低；二是以女性为主要劳动力的家庭往往处于贫困线以下；三是残疾与贫困的相关度较高。就地域分布而言，黄冈市贫困人口的特征表现为：贫困人口多集中于山地且农村中贫困程度较为严重。黄冈市处于大别山区的丘陵地带，人多地少，人均耕地面积仅为 0.69 亩。长期以来，基础设施不完善、交通不便、住房紧张、环境恶化等因素加剧了农村的贫困程度。同时，由于城市化与工业化的发展进程加速了人口流动，大量的农村剩余劳动力涌入城市，对城市贫困产生了重大的影响。城市人口过多，劳动力逐渐过剩，提高了城市人口的失业率，从而加剧了城市贫困。此外，严格的户籍管理制度使得城市中农民工难以得到平等而充分的福利待遇，许多权利不受保障，缺乏发展机会，因而只能分散地生活在社会底层，使黄冈市的贫困问题更加复杂化。

---

❶ 资料来源：《湖北省扶贫人口精准识别专题审计整改培训班资料汇编》，2016 年 8 月。

5.2.3 黄冈市贫困状况基本特征❶

通过调研和对黄冈市 2014 年建档立卡数据分析，黄冈市贫困状况呈现如下五大基本特征。

5.2.3.1 贫困面广、量大、程度深

从新一轮扶贫开发建档立卡识别认定的黄冈市贫困村、贫困户和贫困人口看，贫困人口分布由原来相对集中转为分散，覆盖了所有县市区，城镇周边失地农民产生新的贫困人口。全市贫困村 892 个，占湖北省贫困村总数 4821 个的 18.50%，居全省第 1 位；贫困人口 102.83 万人，占全省贫困人口总数 580.6 万人的 17.71%，居全省第 2 位，仅次于恩施市；贫困发生率 17.75%，比全省平均水平高 3.55 个百分点，在全省 17 个市州中位居第 4 位，仅次于神农架林区、十堰市、恩施市。

5.2.3.2 公共服务基础设施落后

黄冈全市 892 个贫困村中，未通沥青（水泥）公路的村民小组共 3712 个，占 892 个贫困村村民小组总数的 44.11%；未解决安全饮水的尚有 8.88 万户、饮水困难的有 6.04 万户，分别占贫困村总户数的 29.74% 和 20.23%；住在危房中的农户 2.75 万户，占贫困村总户数的 9.21%。从抽取的 42 个贫困村调查结果来看，贫困村大多距离乡镇所在地 10 公里以上，且大多数是盘山公路，交通相当不便。有 16 个村没有卫生室，有 12 个村没有文化活动室，有 17 个村没有小型便民超市，仅有 3 个村有幼儿园。本次收回的 201 户贫困户调查问卷中，未通广播电视或没有电视的 101 户，占被调查贫困户的 50.24%；住土坯房的 95 户，占 47.26%，其中还有 3 户贫困户没有住房，借住亲戚家。

5.2.3.3 贫困对象致贫原因复杂多样

黄冈全市 34 万贫困户中，致贫原因依次为：因病致贫 17.63 万户，占 51.84%；其他还有缺技术的占 11.31%，缺生产资金的占 9.43%，缺劳动力的占 8.26%，因学致贫的占 5.62%，智力不足致贫的占 5.11%，因残致贫的

---

❶ 资料来源：《黄冈市精准扶贫工作调研报告》，湖北省扶贫办综合调研组。

占 3.83％，因灾致贫的占 1.41％；因交通落后、缺土地等其他原因致贫的占 3.19％。其中以因病因学、因病因残、因病缺劳动力等复合因素致贫尤其突出。

5.2.3.4　贫困群体自我发展能力弱

黄冈全市 892 个贫困村 2014 年村级集体经营收入 1104.08 万元，村均仅 1.24 万元。全市 34 万贫困户中，人均纯收入在 500 元以下的 1.92 万户，占 5.65％；在 500～999 元的 1.13 万户，占 3.32％；在 1000～1499 元的 1.17 万户，占 3.44％；在 1500～1999 元的 8.01 万户，占 23.56％；在 2000～2499 元的 13.04 万户，占 38.35％；在 2500 元以上的 8.73 万户，占 25.68％。

5.2.3.5　农村精神文化生活不丰富

改革开放以来，农村经济加快发展，农民生活水平显著提高，但文化和娱乐生活贫乏单调，当前农村基本上只有农历春节期间各村组织唱歌和群众自发（或村组组织）跳广场舞，这种情况很难满足人们越来越高的精神生活需求，致使部分人感到精神空虚。同时，大量青壮年劳力外出打工，导致农村空巢家庭大量出现，许多地方仅留下老人、妇女和孩子。农村精神文化生活贫乏导致部分农村贫困人口信仰宗教。例如，麻城市薛窑山村总人数 1814 人，目前信教群众 400 余人，占总人口的 22.1％。该村贫困人口 218 人，信教的 67 人，占 30.7％。该村有 4 处宗教活动场所，其中正式登记场所 3 处，目前，宗教活动尚属正常，没有邪教势力介入。

5.3　黄冈市贫困的精准识别——基于多维贫困的测度

5.3.1　多维贫困测度概述

5.3.1.1　多维贫困测度的产生与发展

贫困不是平面化的概念。它不仅可以通过收入能力和消费水平来衡量，而且可以通过医疗水平、受教育水平、享有的权利等表现出来。一般而言，贫困问题研究涉及贫困主体识别、贫困程度测度和反贫困策略选择。如果个体在理应享有的某一维度缺失程度落到基本线以下，则其在某一维度上陷入贫困。由此可见，贫困是一种福利的缺失。而在福利的多样性前提下，贫困的维度也是多样的。与多维度的贫困相对应，贫困的结构会随着维度的不同而有着不同的测度方式。

从十五六世纪起，贫困问题已经在发达国家受到普遍关注，并颁布了一系列法案来保障贫困人口的基本生活。但是由于现实条件的限制，政府没有能力对人口的真实贫困状况进行测量，扶贫工作缺乏明确的尺度和标准，因此贫困保障仅仅停留在保证人们最基本的物质生活需求层面。直到 20 世纪初期，英国人 Charles Booth 才尝试着用划分界限的方法区分家庭收入是否足够，以此计算贫困家庭的百分比或贫困家庭与贫困线的距离，并用此方法对伦敦的家庭进行了调查。❶ 至此，贫困线和贫困人口比例的概念诞生。❷

随着经济的不断发展，单纯依靠收入水平这一维度对贫困状况进行评价和测量，虽简单易行，但存在很多问题。第一，人们所持有的资产形式多样，未来所持有的资产也具有很大的不确定性。如果只考虑当前收入，不仅难以反映真实的贫困状况，而且不易对贫困状况进行整体的动态监测；第二，随着社会经济的发展和人类认识的提高，教育水平、医疗卫生条件的改善等方面越来越受到关注，而单一的收入维度难以反映这些方面；第三，不同区域、不同群体贫困的诱因不同，如经济发达地区的失业人口和生态脆弱地区的贫困人口、失业劳动力和老弱病残群体等，其致贫因素都各有差别，单一收入维度难以反映多样的贫困诱因，进而导致政策制定者无法有针对性地解决贫困问题。综上所述，贫困应当包含用货币衡量的"贫"以及用非货币衡量的"困"。在该思潮影响下，贫困的多维测度与识别逐渐兴起。

5.3.1.2 多维贫困测度的研究

对贫困现象的多维测度与识别在国内外的研究历史都比较短。尽管从 19 世纪 20 年代起，许多福利经济学家意识到，在市场不完善的情况下，单纯运用经济收入货币指标无法准确衡量具有社会性质的贫困，但是他们都没有提出系统化的理论。1976 年，Amartya Sen 提出了"可行能力理论"。"可行能力"是"人们能够拥有自己想要的生活，做自己想做的事的能力"。如果人们

---

❶ 菲利普·安东尼·奥哈拉. 政治经济学百科全书（下卷）[M]. 郭庆旺，译. 北京：中国人民大学出版社，2010.

❷ 郑子青. 贫困测量与中国农村减贫工作 [J]. 中国民政，2013 (8)：13-14，20.

缺失该能力，则意味着某种功能性福利的丢失，将会陷入"能力贫困"的泥淖。[●] 在 Sen 的理论架构中，个人福利的获得是以"可行能力"作为保障的。基本的可行能力能够实现温饱、健康、教育、权利等生活基本功能（需要）。因而，由"可行能力"的概念引出的"基本可行能力"，一方面能够作为实现人们基本生活功能的工具，另一方面又能作为衡量行为主体是否处于贫困状态的标准，从而有针对性地获得贫困人口信息、增进社会福利。Sen 的"可行能力理论"奠定了多维贫困理论的基础。

20 世纪 80 年代以来，有学者提出贫困现象不仅仅反映在收入方面，应该加入其他测量标准。1983 年，Atkinson 和 Bourguignon 对经济的不公平进行了多维度的比较。1985 年，Sen 出版著作《商品和能力》，书中提出能力方法主要考虑真实自由、能力差异、物质非物质、多维度等几个方面。1986 年，Esfandiar Maasoumi 对不公平进行多维度的测量与分解，但是并没有构建相关的评测指数。到了 1987 年，Hagenaars 从收入和闲暇两个方面出发，构造了第一个多维贫困指数来测度贫困，此后，大量学者开始致力于多维贫困指数的研究，关于多维贫困指数的研究得以发展。2005 年，Chakravarty 等依据 1993～2002 年世界各国的截面数据，应用 Watts 多维贫困指数，从文盲率、预期寿命和人均 GDP 3 个方面测评估算了各国的多维贫困状况。1990 年，联合国开发计划署（UNDP）以"预期寿命、教育水准和生活质量"3 个维度构建了人文发展指数（HDI），每年发布世界各国的人类发展指数，并在《人类发展报告》中衡量各个国家人类发展水平，得到了国际社会的普遍认可。

国内对多维贫困测度的研究起步比较晚，主要是研究和借鉴国外研究经验，并加以运用发展。2007 年，王小林与 Alkire 合作，运用《中国健康与营养调查》（CHNS）2006 年的数据，首次利用"Alkire-Foster 方法"分析了我国多维贫困的状况。2009 年，胡鞍钢等收集了《青海统计年鉴》以及《中国卫生统计年鉴》中 1978～2007 年的信息，基于收入等生态各方面贫困分类对青海省贫困情况进行了比较全面的定量测度。2011 年，蒋翠侠等根据中国营养与健康调查（CHNS）1997 年、2000 年和 2006 年 3 年的调查数据，从教育、收入、饮用水、电器和健康保险 5 个维度测度了我国家庭的多维贫困状

● ［印度］阿玛蒂亚·森. 以自由看待发展 ［M］. 任赜，等，译. 北京：中国人民大学出版社，2003.

况，并做了动态分析。

总结已有的文献，贫困的多维测度和识别研究经历了一个由浅入深、由不全面到全面、由简单到复杂的发展历程。这些研究不仅关注贫困对象目前的生活状况，而且兼顾了贫困对象未来的发展，起到了动态监测的作用。除此之外，贫困的多维测度更加关注多维贫困指数的实用性和有效性，多维贫困指数的理论日渐成熟，并在现实生活中得以广泛运用。

5.3.1.3 多维贫困的测度方法

（1）贫困指标的选取

贫困测量是贫困研究的基础，也是扶贫决策的依据。贫困测量主要包括两个问题，其一是如何确定贫困线，以作为识别贫困者的标准；其二是如何构造贫困指标，以准确反映贫困程度。Sen 将后一问题表述为"综合问题"。综合问题主要在于贫困程度的三维性，即贫困程度既有广度特征，也有深度和差异度的表现。贫困广度是指贫困人口的数量规模，贫困范围越广，表明穷人越多，贫困发生越频繁，扶贫范围越大；贫困深度是指穷人收入相对于贫困线的缺口，贫困程度越深，表明缺口越大，穷人生活水准越低，扶贫成本越高；贫困差异度是指穷人收入分布的不均度，收入差距越大，收入分布的均衡性越差，扶贫难度越大。贫困程度的三维表现可以是一致的，也可能是背离的：比如在现实中，贫困人数的增加未必伴随着贫困缺口的扩大，穷人收入差距的缩小也未必意味着穷人收入的提高。因此，要准确评价贫困程度，就必须全面整合贫困信息。随后，基于 Sen 的能力贫困思想，2000 年，Nussbaum 列出了 10 项基本的能力：生命、身体完整、身体健康、情感、思考、想象与理智、实践、娱乐、友好关系及自身环境的控制。此后，不少经济学家都对贫困测量中的指标选取提出了各自的观点。

就指标选取而言，应当遵循以下几点原则：第一，全面而不重复。指标的选取要尽可能全面，这样可以提高多维贫困测量的精度，进而保证传递信息的有效性和完整性；同时，指标选取还要兼顾信息的独立性，尽量减少各个维度之间的相关性，减轻信息收集和处理的负担。第二，注重不同维度的可测量性和可操作性。选取的维度只有具备可测量性才可以有效反映现实情况并能对症下药，从根本上解决贫困问题。第三，注意所选维度的特殊性。在不同历史时期、不同国家以及同一国家的不同区域，都应该兼顾地区特色，选取维度中最能够反映贫困现象、最具代表性的指标。

（2）多维贫困指数的建立

贫困指数是衡量社会公平程度的常用指标，它表示处于贫困线以下的人口占总人口的比例。测定贫困指数的关键是确定贫困某一维度的某一水平为贫困线，在实践中通常以满足基本生活水平所需的量作为贫困线的标准。在评价同一维度的同种状态时，贫困线在实际操作中被定义得越高，相对地，贫困线以下的人口越多，从而使贫困指数所反映该维度的社会公平程度越低。

随着贫困概念从一维至多维的演变，贫困指数也经历了由一维到多维的发展历程，即从单一地考虑收入水平，到通过设计一个综合指标或指数来涵盖教育、医疗、健康、住房、权利等在内的多项福利，就这个指标或指数确定一个贫困线作为测度贫困的标准。贫困的识别测算指标反映了免除贫困能力的缺失程度，学术界对贫困测算指标的选取有多种不同的意见。联合国开发计划署（1996）在《人类发展报告》中采用 3 个指标建立了能力贫困指数，用来综合评估个体能力的缺失程度；为改进能力贫困指数，联合国开发计划署（1997）增加了具体指标的数量，建立了包括生存指标、知识指标和体面生活指标在内的人类贫困指数；Alkire, S. 和 Foster, J.（2007）主张从健康、教育和医疗 3 个维度选取 10 个具体指标来测算各地区乃至全世界的贫困指数；王小林、Alkire（2009）利用 2006 年"中国健康与营养调查"（CHNS）数据，从住房、饮用水、卫生设施、用电、资产、土地、教育和健康保险 8 个维度来识别中国贫困的多个维度。2010 年，由联合国授权和支持的"牛津贫困与人类发展项目"小组发布了一个界定绝对贫困人口的多维贫困指数，用以取代 1997 年提出的人类贫困指数。多维贫困指数涵盖了单位家庭的关键因素，包括教育、健康、财产、服务、烹饪材料、电力、营养和卫生等 10 个主要变量。刘伟、黎洁（2014）基于陕西安康市 1404 份问卷的调查，选取了教育、健康、生活质量 3 个维度 7 个指标对我国西部山区农户的多维贫困进行了测量。王春超、叶琴（2014）则采用了 CHNS（2000～2009 年）的个人数据，选取收入、健康、教育、医疗保险 4 个维度 5 项具体指标，深入考察我国 9 省劳动者的多维贫困。张全红、周强（2015）则利用 CHNS（1991～2011 年）的调查数据，选择了教育、儿童和青少年条件、就业、健康、公共服务和居住条件 5 个维度共 12 个指标分析了中国多维贫困的广度、深度和强度。多维贫困指数的提出，为各国更为精准地识别贫困提供了参考指标，也为各国制定反贫困政策措施提供了有效依据。

表5-3　联合国开发计划署多维贫困测度维度和指标

维度	指标
生活标准	财产
	屋内地面
	电力
	饮用水
	厕所
	做饭用燃料
教育	儿童入学率
	受教育年限
健康	儿童死亡率
	营养

数据来源：联合国开发计划署。

一般认为，Sen 是研究综合指数（多维）以测度贫困的第一人。他明确指出：以往的理论中，往往用预先确定好的贫困线下的人口（H）作为贫困标准的测度，其理论基础不明确，而且忽视了穷人贫困程度。即使在最贫穷阶层的收入有了显著提高的情况下，只要他们的收入还没有越过贫困线，就不会影响 H 值。针对上述不足，Sen 设计了一个将贫困人口的数量、收入及收入分布结合在一起的贫困指数（Sen 指数），该指数能够较为全面地反映一国的贫困程度。Sen 指数用公式表示为：

$$P = H \cdot [I + (1-I) \cdot G]$$

公式中，P 为贫困指数，H 为贫困人口占总人口的百分比，G 为贫困人口的基尼系数，I 为贫困距，即贫困人口收入差距的总和（贫困人口的收入距贫困线的差距的总和）除以贫困线，$0 < I < 1$，贫困距仅适用于贫困线以下的个体。

Sen 指数因其设计理念而著名。Sen 用相对贫困指数对贫困进行排序，侧重于测量贫困的广度，使用具备标准化贫困公理性质的绝对贫困指数测量贫困的强度，方法简单，便于操作，对贫穷国家具有十分重要的应用价值。

但由于计算结果受到权数次序性质的影响，Sen 指数同样存在以下缺陷。首先，从函数形式上看，它是非连续的；因而当穷人收入增加时，指数值也呈现非连续性，从而使测量结果缺乏稳健性。其次，它不满足加性分解公理，分析功能很有限。最后，它对转移公理的满足不充分；如果出现穷人因收入转移而脱贫，或者穷人向非穷人转移收入的情况，它会违反转移公理。因此，Sen 指数仍然不是一个理想的贫困指数（Shorcocks，1995）。

1984 年，Foster、Greer、Thorhecke 3 位学者提出 FGT 指数，用来计算社会内部贫困深度和广度。FGT 指数最初被广泛运用于贫困结构特征的测算方面。准确地讲，FGT 指数是一个参数型指数组，公式为：

$$F_n = \frac{1}{n} \sum_{i=1}^{q} \left[\frac{z - y_i}{z} \right]^{\alpha}$$

式中，α（$\alpha \geqslant 0$）为分布敏感性参数。若 $\alpha = 0$，$F_a = H$；$\alpha = 1$，$F_a = P_G$。当 $\alpha > 0$ 时，F_a 符合单调公理；$\alpha > 1$ 时，F_a 符合转移—敏感性公理。

FGT 指数的常用形式是 F_a，也称平方贫困缺口指数（squared poverty gap index）。从公式中可以看出，F_a 是一个加权贫困缺口率，但其权数是基数化（cardinalization）的收入缺口本身，而不是穷人的收入序次。这样，在计算指数时，每个穷人的"贡献"大小就取决于他的收入与贫困线的距离，而不取决于收入介于他和贫困线之间的穷人数。因此，与 Sen 指数相比，这个指数对贫困程度的反映更直接，也更细致；它既减少了收入排序的计算环节，又拥有了 Sen 指数所没有的加性分解性。加性分解性恰恰是 FGT 指数最突出的一个优点。

F_a 的结构表达式是：

$$F_a = H [I^2 + (L - I)^2 C^2]$$

其中，C 是穷人收入的标准差系数，即：$C = \sigma_y \sqrt{y}$。

（3）贫困测度方法

关于多维贫困指数测度方法的研究，国内外学者根据贫困对象的具体情况和所处的特定环境，相继提出了模糊集法、信息理论、效率理论、公理化方法以及主成分分析、多元对应分析等统计方法来构建多维贫困指数。Bourguignon 和 Chakravarty（2006）提出一类加总方法将一类可分解方法（FGT）的贫困指数从一维拓展到多维；Alkire 和 Foster（2011）利用的则是双界线法，采取均等赋值的方法确定各维度的贫困状况❶；王小林和 Alkire（2009）

---

❶ 邹薇，方迎风．关于中国贫困的动态多维度研究 [J]．中国人口科学，2011（6）：49-59.

在 FGT 法基础上进行了修正，进而测算了调整后的多维贫困指数❶；邹薇和方迎风（2011）则采用了模糊集法测度了中国的宏观多维贫困指数。

在多维贫困的测度过程中，维度的选择、不同维度权重的确定以及综合指数的合成是 3 个极为关键的指标。基于对这 3 个基本指标的不同理解，现今发展出了如 H-M 指数（Hagenaars，1987）、HPI 人类贫困指数（UNDP，1997）、Ch-M 指数（Chakravarty，1998，2003；Tsui，2002）、F-M 指数（Chakravarty，1998，2003；Tsui，2002）、W-M 指数（Chakravarty et al.，2005）、MPI 指数（UNDP，2010）、A-F 法（Alkire，2007，2011）等。目前，应用最为广泛、影响力最大的方法主要有 Watts 法、A-F 法、HPI 法、村级（社区）多维贫困测度法。

5.3.2　黄冈市贫困的多维测度

国内外学者关于多维贫困指数测度的研究取得了一定进展，一是在指标选取上剔除了收入变量，反映了多维贫困指数已突破收入的一维框架，更重视从生活质量、健康和教育等方面考察贫困；二是在测度方法上根据现实需要进行改进和修正，确保多维贫困指数的现实意义与应用价值。同时也发现，现有研究还存在一定的缺陷，主要体现在以下三个方面：一是在数据收集上，多数研究者习惯从数据库中抽调时间序列数据做宏观分析，而对数据的来源、统计口径和时效性不作深究，以数据获取的便利性为出发点来制订研究设计；二是在指标设定上，国内多数研究倾向于参照 UNDP 做法来设置维度和指标，既不能高度结合我国农村的实际情况，也无法在测度上做到精确量化；三是在测算方法选择上，国内多数学者采用的"双界限法""A-F 法"存在主观赋值和人为规定权重的弊病，建立的多维贫困指数带有较大的主观色彩，难以保证客观性和准确性。因而，本书在研究过程中强调在数据收集、指标设定、测算方法选择上规避以上缺陷，紧密结合黄冈市实际情况创新农村能力贫困的多维测量方法。

---

❶ 王小林，Sabina Alkire. 中国多维贫困测量：估计和政策含义 ［J］. 中国农村经济，2009（12）：4-10.

5.3.2.1 指标选取和测算方法选择

基于能力贫困和多维贫困指数的基本思路，按照便利性、可行性和科学性原则，借鉴国务院扶贫办制定的《扶贫开发建档立卡指标体系》，并结合黄冈市实际情况，本书建立了生产水平、生活水平、基础设施、科教文卫 4 个维度和化石燃料占总燃料的比率（X_{11}），人均居住面积（X_{12}），人均机动车占有率（X_{13}），人均田地占有面积（X_{21}），拖拉机、收割机拥有量（X_{22}），劳动人口占总人口比率（X_{23}），农业用水便利度（X_{31}），自来水占生活用水比率（X_{32}），硬化道路占常用道路的比率（X_{33}），高中以上学历人口占总人口的比率（X_{41}），距乡镇医疗机构里程数（X_{42}），村级文化设施（戏台、广场、阅览室等）建设数量（X_{43}）共 12 个具体指标。考虑到农村家庭的收入来源具有多样化、不稳定、随机性等特征，在研究过程中难以用货币精确统计，并且扶贫工作重点更倾向于生活、教育、医疗、健康等方面，同时借鉴联合国开发计划署（2010）等相关做法剔除了收入变量。

表 5－4 本研究采用的多维贫困测算的维度指标

维度	指标	量化标准	赋值区间
生活水平	常用燃料	化石燃料占总燃料的比率	0～1
	住房条件	人均居住面积	以实际为准（单位：平方米）
	交通条件	人均机动车占有率	0～1
生产水平	田地规模	人均田地占有面积	以实际为准（单位：亩）
	生产工具	拖拉机、收割机占有情况	无＝0；有 1 件＝0.5；有两件＝1
	劳动力数量	劳动人口占总人口的比率	0～1
基础设施	水利工程	农业用水便利程度	不便利＝0；较便利＝0.5；便利＝1
	自来水工程	自来水占生活用水比率	0～1
	道路硬化	硬化道路占常用道路的比率	0～1
科教文卫	受教育情况	高中以上学历人口占总人口比率	0～1
	医疗条件	距乡镇医疗机构里程数	以实际为准（单位：千米）
	文化生活	村级文化设施（戏台等）建设情况	无＝0；1～2 个＝0.5；3 个以上＝1

为保证研究的客观性，本书参考张全红和周强（2014）在测量多维贫困指数时选取的主成分分析法，从而避免了为指标设置权重时的主观臆断。主成分分析是一种统计方法，它由霍特林（Hotelling）于 1933 年首次提出，其

原理是设法将原来变量重新组合成一组新的综合变量，根据累积贡献率大于80％和特征值大于1的原则选取主成分，尽可能多地反映原来变量的信息，它是数学上处理降维的一种方法。

主成分分析的前提条件是原始数据各个变量之间应有较强的线性相关关系，如果各个变量之间相关度较小，就不存在数据结构的简化问题，此时进行主成分分析是没有意义的。所以，在进行主成分分析之前要对数据的信效度和适用性做统计检验。本书参照龚涛、田伟（2013）所使用的KMO和Bartlett检验，运用SPSS17.0分析软件完成。具体计算公式如下：

$$\chi^2 = \frac{(11+2p-6n)}{6}\ln R$$

上式为SPSS软件所采用的近似公式，自由度为$p(p-1)/2$，p是变量个数，n表示样本容量，R为相关系数矩阵，取绝对值。应用时，根据$\ln R$值的大小进行检验判断主成分分析的适用性。所计算统计值的显著性概率$P<0.05$时，适合进行主成分分析。

$$KMO = \frac{\sum\sum r_{ij}^2}{\sum\sum r_{ij}^2 + \sum\sum a_{ij}^2}$$

上式中r_{ij}表示简单相关系数，a_{ij}^2表示偏相关系数。当$a_{ij}^2 \approx 0$时，$KMO \approx 1$；当$a_{ij}^2 \approx 1$时，$KMO \approx 0$，KMO的取值介于0和1之间，越接近1，说明原始变量越适合做主成分分析，一般应在0.5以上。

同时，在进行主成分分析测算前，为确保数据之间达到量纲的一致，本书参照郭辉（2015）的经验采用了离差标准化方法对部分数据进行标准化处理，从而使所有数据的分布均处于[0，1]。根据需要，本书对人均居住面积（X_{12}）、人均田地占有面积（X_{21}）、距乡镇医疗机构里程数（X_{42}）3个变量进行了离差标准化，标准化的公式为：

$$\begin{cases} x^* = \dfrac{x-\min}{\max-\min} & \text{（正向标准化）} \\ x^* = \dfrac{\max-x}{\max-\min} & \text{（逆向标准化）} \end{cases}$$

5.3.2.2 数据来源与分析工具

已有文献显示，国内研究多维贫困指数的数据大多来源于CHNS（邹薇、方迎风，2011；王春超、叶琴，2014；张全红、周强，2015）。考虑到官方数据更新需要较长周期，缺乏必要的时效性，同时对农村贫困的针对性较弱，且农村贫困人口整体文化程度偏低，在阅读和填写问卷时存在较大困难，因此本书采用多阶段分层整群随机抽样方法，选取黄冈市 200 户贫困家庭开展实地访谈，每户访谈时间均超过 1.5 小时，所有数据均从访谈记录整理得来。在后期整理中发现，22 份数据存在误填、漏填、错填的情况，实际有效数据为 178 份。本书采用的分析软件为 Eviews8.0 多元统计软件和 SPSS17.0 分析软件。

5.3.2.3　模型的构建与统计检验

（1）模型建立

若令矩阵 $\{x_{ij}\}$ 表示变量矩阵，多维贫困指数（MPI）为因变量，x_{ij} 表示第 i 个维度的第 j 个变量，w_{ij} 表示第 i 个维度的第 j 个变量的权重，则多维贫困指数的表达式可表述为：

$$MPI = \sum w_{ij}x_{ij} \qquad \text{(i)}$$

现引入主成分分析，令 F_m 表示第 m 个主成分，λ_{ij} 表示第 i 个维度的第 j 个变量在主成分中的权重，则主成分的表达式可以写成：

$$F_m = \sum \lambda_{ij}x_{ij} \qquad \text{(ii)}$$

综合（i）式、（ii）式，多维贫困指数的表达式可表述为：

$$\begin{cases} MPI = \gamma_m F_m & \text{(iii)} \\ F_m = \sum \lambda_{ij}x_{ij} & \text{(iiii)} \end{cases}$$

（2）信效度及适用性检验

为测度数据的信效度及主成分分析的适用性，运用 SPSS17.0 分析软件对数据进行 KMO 和 Bartlett 检验，检验结果显示 KMO 的值为 0.723，大于 0.5 的水平；且 Bartlett 球形显著性概率小于 0.01，二者的测度表明获取的数据具有良好的信效度，适合做主成分分析。

表 5-5　KMO 和 Bartlett 检验

取样足够的 Kaiser-Meyer-Olkin 度量		0.723
Bartlett 球形度检验	近似卡方	720.362
	df	66
	Sig.	0.000

（3）主成分分析

首先，根据累计贡献率、特征值提取主成分。研究发现，前 4 个主成分累积贡献率达到了 82.47％且特征值均大于 1，符合累积贡献率大于 80％且特征值大于 1 的提取标准，能够代表整个指标体系的绝大部分信息，故提取前 4 个主成分进行进一步分析。

随后，计算各指标在各主成分上的载荷。参照刘月等（2012）将系数矩阵转置的方法，使各指标在主成分中的载荷更明确。表 5-6 中主成分载荷系数代表了各变量与主成分的相关系数，表 5-7 中相关系数表示各变量在主成分表述关系中的权重。

表 5-6　主成分特征值及累积贡献率

特征值及贡献率				选入的特征值及贡献率		
序号 number	特征值 Value	贡献率（％） Proportion	累积贡献率（％） Cumulative Proportion	特征值 Value	贡献率（％） Proportion	累计贡献率（％） Cumulative Proportion
1	3.0665	0.2555	0.2555	3.0665	0.2555	0.2555
2	2.2155	0.1846	0.4802	2.2155	0.2247	0.4802
3	1.7887	0.1491	0.6792	1.7887	0.199	0.6792
4	1.3854	0.1455	0.8247	1.3854	0.1455	0.8247
5	0.7999	0.0766	0.9013			
6	0.7230	0.0303	0.9316			
7	0.6968	0.0280	0.9596			
8	0.4183	0.0049	0.9645			
9	0.3363	0.0080	0.9725			
10	0.2537	0.0112	0.9837			
11	0.2357	0.0096	0.9933			
12	0.0802	0.0067	1.0000			

表 5-7　相关矩阵的特征向量

Variable	第一主成分	第二主成分	第三主成分	第四主成分
X_{11}	0.4109	0.1175	−0.3679	−0.1256
X_{12}	0.4066	−0.1792	0.3175	0.2879
X_{13}	0.4097	0.1391	0.0480	−0.2278
X_{21}	0.2117	−0.3056	0.1630	−0.4152
X_{22}	0.2959	0.1140	0.2712	0.1437
X_{23}	0.4170	−0.1925	0.2443	0.2864

Variable	第一主成分	第二主成分	第三主成分	第四主成分
X_{31}	−0.0542	0.4406	0.4461	−0.0855
X_{32}	0.0572	0.5267	−0.2402	−0.0120
X_{33}	−0.0136	0.4360	0.4088	−0.2742
X_{41}	0.3086	0.0389	−0.3528	−0.1023
X_{42}	−0.1675	0.1093	0.0285	0.6138
X_{43}	0.2490	0.3409	−0.2293	0.3235

表 5-8　转置后的系数矩阵

Variable	F_1	F_2	F_3	F_4
X_{11}	0.719463	0.174859	−0.49199	−0.14782
X_{12}	0.712066	−0.2668	0.424696	0.338864
X_{13}	0.717512	0.206974	0.064151	−0.26814
X_{21}	0.370788	−0.45489	0.217984	−0.48865
X_{22}	0.518133	0.16962	0.362774	0.169126
X_{23}	0.730165	−0.28657	0.326719	0.337102
X_{31}	−0.09497	0.655751	0.596566	−0.1006
X_{32}	0.100241	0.784007	−0.32132	−0.01411
X_{33}	−0.02382	0.648897	0.546796	−0.3227
X_{41}	0.540432	0.0579	−0.47187	−0.12036
X_{42}	−0.29334	0.162762	0.038062	0.722437
X_{43}	0.436059	0.507474	−0.30673	0.380712

最后，可以看出，化石燃料占总燃料比率、人均居住面积、人均机动车占有率等与第一主成分（F_1）相关系数较高，体现了黄冈市农村贫困人口社会发展与生存环境状况；第二主成分（F_2）在农业用水便利程度、自来水占生活用水比率、硬化道路占常用道路的比率上有显著体现，说明农业用水量及交通状况是农业生产水平的关键因素；第三主成分（F_3）与拖拉机、收割机占有情况及劳动人口占总人口比重等呈正相关，反映了农业机械化水平和农村劳动能力是影响生产水平的关键因素；第四主成分（F_4）中距乡镇医疗机构里程数、村级文化设施等与两主成分相关程度较高，体现农村医疗和文化教育状况。由此可知，主成分提取基本反映了农村贫困的影响因子，能较强地解释原有指标的大部分信息。

（4）多维贫困指数模型构建

根据式（iii）、式（iiii），构建黄冈市农村的多维贫困指数模型，展开如下：

$$MPI = 0.1x_{11} + 0.26x_{12} + 0.2x_{13} - 0.04x_{21} + 0.27x_{22} + 0.24x_{23} + 0.23x_{31} +$$
$$0.14x_{32} + 0.2x_{33} + 0.04x_{41} + 0.07x_{42} + 0.22x_{43}$$

5.3.2.4 多维贫困的分解

（1）单维分解

基于黄冈市多维贫困指数模型，按照三分位次法的划分，本书得出了黄冈市农村贫困在具体维度和指标上的分布结构。从表5-9来看，黄冈市农村贫困分布比较突出的指标主要有6个：62%的贫困家庭几乎不使用化石燃料，92%的贫困家庭居住条件十分恶劣，87%的贫困家庭缺乏机动车作为代步工具，72%的贫困家庭实际用于生产的田地规模很小，85%的贫困家庭缺乏机械化的农业生产工具，91%的贫困家庭受教育水平很低。

表5-9 黄冈市农村贫困的分布结构 （%）

维度	指标	轻度贫困	中度贫困	重度贫困
生活水平	常用燃料	23	15	62
	住房条件	1	7	92
	交通条件	3	10	87
生产水平	田地规模	2	26	72
	生产工具	1	14	85
	劳动力数量	27	40	33
基础设施	水利工程	3	62	35
	自来水工程	44	24	32
	道路硬化	53	21	26
科教文卫	受教育情况	2	7	91
	医疗条件	84	5	11
	文化生活	11	54	35

（2）多维分解

由黄冈市多维贫困指数模型分析可知，在生活水平、生产水平、基础设施、科教文卫4个维度中，住房条件、交通条件、生产工具、劳动力数量、水利工程、道路硬化、文化生活7个指标对贫困发生的影响较大，下面将从不同维度对黄冈市的贫困进行分析。

在生活水平维度上，贫困主要表现在追求"住"和"行"的能力不足，住房条件无法得到改善，缺乏基本出行的代步工具是这一维度的主要特点。居住环境直接影响贫困家庭的生存状况以及对幸福的主观认知，而交通工具的缺乏不仅限制了贫困人口的生产生活范围，也降低了贫困人群的生产效率和生活便利。当前，在阶层的分化中，房和车已经成为财富的重要代名词，成为贫富分化的主要载体。

在生产水平维度上，贫困主要表现在农业劳动生产能力的不足上，这主要源于劳动工具机械化程度低和劳动力数量不足。由于历史原因，长期以来形成的城乡二元体制导致优质劳动力不断外流，农村成为劳动能力不足的老人、妇女、小孩的聚居地，并进一步衍生出很多社会问题；而以家庭联产承包责任制为核心的小规模分散经营，难以满足规模化、机械化、精细化的现代农业生产方式。

在基础设施维度上，贫困主要表现在供给农业用水和硬化道路的能力不足上，严重制约了农业生产经营效率的持续提高。水利工程设施的缺乏直接影响农业用水，进而影响农产品的生产情况，而硬化道路是实现农产品"走出去"、优秀资源引进来的物质支撑，这两大因素已经成为贫困的重要来源。进一步需要阐述的是，与城镇地区公共设施建设由财政全包不同，农村基础设施的建设主要依靠集体自筹，财政投入严重不足，致使贫困地区缺乏发展的基本条件。

在科教文卫维度上，贫困主要表现在精神文化生活的参与能力不足上，这也集中反映了贫困地区精神文明建设的滞后与不足。以自然村为单位的必要文化设施建设不足，无法为村民提供可靠的精神文化日常生活平台，而上级主管部门缺乏有效引导、村集体未能有效组织，也成为贫困地区精神文明建设滞后的重要因素。

5.4 黄冈市贫困的诱因分析

贫困在某种程度上是由政府经济政策创造和再创造的。长期以来，黄冈市实行的扶贫措施往往立足于短期目标，忽视了扶贫改革的长期目标，导致改革进程中城乡之间、贫富之间差距进一步拉大并出现了一系列社会不平等问题，贫困治理难度加大。

5.4.1　社会、经济组织功能缺位

组织在落实社会福利、社会救济、治安、计划生育、卫生服务等诸多方面都发挥着实质性作用，是与人民生活服务直接对接的机构。现实情况是，贫困地区的社会组织水平一般都很低。据统计，黄冈市为多民族聚居地，共聚集了 38 个少数民族，民族成分众多且居住分散。受地理条件的限制，黄冈市浠水县清泉镇麻桥村全村 2200 多人被分成了 20 多个行政组；集山区、库区和革命老区为一体的黄梅县五祖镇，全村 315 户被分割为 9 个村民小组；丘陵地形制约了当地生产条件、交通条件、居住条件的发展和基础设施建设，不利于组织的完善。从历史角度来看，受封建传统思想的影响，农民习惯接受自上而下的被管理模式以及个体经营、自给自足的观念，对于自治组织，他们的参与意识薄弱；在由传统向现代转型的过程中，各种价值观念的相互交织严重影响了一些村民自治组织的规范性和稳定性，如：传统观念的人情主义、自我主义，现代观念的享乐主义、拜金主义等。这些导致村委会职能被弱化，社区的公共管理和公共服务处于"无人管事"的状态。从政策角度看，首先，中华人民共和国成立以来，我国大力发展工业以向工业大国靠近，在一系列促进工业的政策引导以及城市利益的驱动下，青年人向城市转移，留守的多为高龄老人和低龄儿童，成为自治组织发展的一大障碍；其次，城乡政府机构组织上财政拨款不均衡导致没有资金建立完善的组织机构，经常出现"一人多职""多职空缺"现象，而该现象又易滋生腐败，进一步恶化组织机构现状。

5.4.2　经济的市场化程度不高

市场制度的广泛确立是现代经济发展必不可少的条件，而我国贫困地区处于一种自发排斥市场的状态，他们面对的是一种低层次的制度均衡。从历史角度分析，传统条件下，我国农民生产以满足自身需要为目的；中华人民共和国成立到 1978 年，我国实施的是计划经济，生产、资源分配以及消费等各个方面都由政府事先进行计划，1992 年中共十四大才提出发展社会主义市场经济。我国市场经济体制发展时间较短，市场化程度还不够完善；同时由

于长期的计划性的自给自足的生产消费，地区的市场经济发展更是落后。从地理角度看，黄冈市地处山区，村落众多，且分布稀疏，乡村地区交通条件不发达，小规模的农户与外界社会缺乏必要的物质和信息交流，导致现实的市场发育不充分。基础设施的不完备、价格机制的不健全和信息的不对称，使得地区的农产品销售不便、农户处于不利地位，加剧了农户的困境。从农民观念来看，在农产品经常在当地直接被收购的情况下，即使不依靠市场，农户也能够独立地维持生计。当地农民习惯于这种制度安排和制度结构，总体上表现出一种满意甚至满足的状态。他们缺乏改变现实制度的欲望，也不具备改变现有制度安排的文化水平。

5.4.3　计划经济体制遗留的问题多

大面积贫困与我国历史发展遗留的弊病也有一定的关系，其中计划经济体制对农民造成的伤害最为明显。首先，合作化和人民公社化挫伤了农民的生产积极性。人民公社的特点是"一大二公"，即规模大、公有化程度高。权力过分集中，基层生产单位没有自主权，生产中没有责任制，分配上实行平均主义，这样的公有化状态无法创造出有效的竞争秩序和机制，使我国农业经济受到严重破坏。其次，"抽农养工"战略恶化了农民的生存环境。为了快速实现从农业大国向工业大国的转变，我国通过农产品的价格"剪刀差"剥夺农业中一部分资金来积累工业建设资金。此外，国家对农产品采取的是统购统销制度，这样工业无法为农业创造更多的经济机会，国家工业企业与广大农民群体处于一种结构性与习惯性的二元隔离状态，农业发展的动力也由此丧失，大量贫困人口的出现成为必然。

5.4.4　政府管理职能不到位

从黄冈扶贫进程来看，党中央和各级政府长期以来不断地致力于治理和改善贫困状况，适时出台了一系列相应制度与方案，但在执行过程中总是出现执行不到位的问题。究其原因是政府管理职能不到位。扶贫效果期限和扶贫官员的任职期限相关，在扶贫过程中，执行扶贫任务的领导着眼于短期内的扶贫效果，激进地加快扶贫步伐，造成扶贫对象良莠不齐、扶贫资金利用不够、扶贫长期发展困难。由于信息的不对称，上级领导对贫困地区的群体动态跟踪不到位，难以适时掌握他们的发展情况，只能依靠实地执行任务的官员的文件报表反馈得知贫困地区的扶贫状况，存在虚报、伪造的情况。对执行扶贫任务的官员的系统化的监督、评估、激励与考核机制不健全也是扶贫执行力度低下的原因之一。

5.4.5　政策制度和扶贫机制的不完善

典型的"二元结构"在农村贫困地区尤为突出，具体表现为收入分配上的不公平，人力资源投入严重不足，教育资源的不平等，社会保障上的边缘性、文化、卫生与基础设施供给不足，城市化进程配套制度不到位，财政转移支付不平衡，农民土地权益常受侵害，经济发展资金短缺，农业风险化解困难，返贫问题严重，扶贫资金屡被侵占，户籍没有体现国民待遇，生态环境得不到改善，政治参与不够，等等。深度考察其中缘由，会发现是由于政策制度的不完善和偏斜性。

贫困阶层本身缺乏获取经济和社会发展利益的机会，而经济发展的逐利性也导致资金不可能自动地流向这部分相对贫困群体，政府在开展扶贫工作时没有从源头解决贫困户的长期发展问题；扶贫机制缺乏系统性，市场、政府、社区整体上不能达到联动效应，扶贫工作只限于对贫困地区和贫困人口孤立地开发和扶持上，没有把扶贫工作纳入整个区域经济乃至整体经济、社会的可持续发展中，因此形成"贫困—扶贫—返贫"的恶性循环怪圈。

5.5　黄冈市精准扶贫的具体实践

黄冈市坚持走"1234"的扶贫思路，坚持实施"1351"行动计划❶，主要体现在扶贫对象的精准识别、扶贫资金的使用精准、扶贫措施的实施精准，并运用多种扶贫方式，包括从产业扶贫到科技扶贫，从资金补偿到能力帮扶

---

❶ 袁桥，杨辉，瞿慧一. 黄冈市"五位一体"推进精准扶贫工作纪实［EB/OL］. http：//www. dbshsly. com/newsshow. php? id＝998&sid＝27，2016-10-12.

等，让精准扶贫落到实处。

精准扶贫期间，黄冈力争到 2018 年，通过实施"四个一批"（即扶持生产和就业发展一批、移民搬迁安置一批、低保政策兜底一批、医疗救助扶持一批）计划，实现全市 102.8 万人口建档立卡、贫困人口全部脱贫销号、892个贫困村全部脱贫出列、6 个贫困县全部脱贫摘帽。具体目标任务为：2016年，黄州区脱贫；2017 年，英山县、罗田县、团风县、红安县脱贫摘帽，黄梅县、武穴市脱贫；2018 年，麻城市、蕲春县脱贫摘帽，浠水县脱贫。❶

5.5.1　精准识别贫困人口

黄冈市按照"县为单位、规模控制、分级负责、精准识别、动态管理"原则，识别贫困人口，做好扶贫开发工作的"第一道关口""第一颗纽扣"，在这个过程中需要做到"三个确保"：第一，确保贫困户符合申请标准，按照国家 2013 年规定的新的扶贫标准 2736 元来衡量，对于没有特殊情况且人均收入超过这个数额的一律不被认定为扶贫对象；第二，保证贫困对象评选的民主性、公平性，在贫困户提交申请表之后，交由村干部、村民召开村民代表大会进行评选，防止关系户入选；第三，确保公示公告的透明性，对有疑问的群众进行解答并进行问题调查。同时，精准识别还要求对每一个对象的基本情况、帮扶需求、致贫原因了解摸透，并进行分类，方便后续因地制宜、因类扶贫，提高扶贫资金的使用效率。截至 2015 年，黄冈市已经完成贫困户建档立卡工作，共识别出贫困村 892 个。

5.5.2　推行五种"X＋贫困农户"模式

黄冈市为了促进贫困对象和市场主体形成利益联动机制，推行 5 种"＋贫困农户"模式。①"龙头企业＋贫困农户"模式。龙头企业通过签订帮扶协议，结合贫困户实际情况，以资金扶持、联合生产、原料购买等多种方式带动贫困农户脱贫致富。黄梅县龙头企业"成龙集团"带动当地 234 户贫困户种植油茶，贫困户通过土地流转、委托经营、订单生产等方式每年增收 1

---

❶　资料来源：《黄冈市：坚决打赢精准扶贫攻坚战》，黄冈市扶贫办。

万余元；②"专业大户＋贫困农户"模式。专业大户将自身的经验、技术传授给贫困农户，采取提供生产基地、原材料、就业岗位等办法带动贫困农户发展特色产业，促进贫困农户增产增收。③"农民专业合作社＋贫困农户"模式。农民专业合作社依靠自身的组织和市场优势，通过包购包销、管理培训、技术服务等手段，和农户在生产链条上进行合作联结，带动农户稳定生产和经营。④"家庭农场＋贫困农户"模式。家庭农场采取合作联营、承包租赁的方式，吸纳贫困户的土地、劳动力以及其他资源，带动贫困户的增收致富。⑤"电商平台＋贫困农户"模式。依托互联网、物联网，打造网上电商平台，为贫困农户的产品提供销售渠道，同时通过向其他电商的学习和网上信息的获取，可以解决农户面临的资金、生产、技术等方面的难题，电商的发展还能带来一系列的就业岗位，多方面帮助农户脱贫。团风县创立了"互联网＋"脱贫试点，在 22 个农机合作社创立了股份脱贫试点；罗田县实施黑山羊产业精准扶贫"33111"工程。截至 2016 年年底，黄冈市实现 460个贫困村出列、62 万贫困人口脱贫。❶

5.5.3 立足特色产业扶贫

特色产业扶贫对特色产业发展具有绝对的促进作用，黄冈市各个地区均将其作为扶贫工作开展方式之一。英山县始终坚持"县有支柱产业，乡有特色产业，村有增收产业，户有致富产业"的产业发展格局，全县茶、桑、药、栗等多种经营基地面积已达到近 60.8 万亩，特色产业经营收入占农业总收入的比重达到 84.7％。在扶持产业基地建设的同时，始终把龙头企业建设作为产业扶贫的重中之重，着力扶持以绿屏、志顺等为龙头品牌的茶业开发，以梦丝家等为龙头品牌的桑蚕开发，逐步形成了以茶叶、中药材和丝织品加工为重点的新型产业群。❷ 团风县以"强村富民"为目的发展特色产业，该县积极推进蛋鸡的养殖，已经打造成为全县的独特品牌，使近千人得以实现脱贫就业；黄州区则重点推进农业现代化，黄州绿色食品开发有限公司、黄冈永通食品有限公司是已具规模的蔬菜加工企业，此外，养殖畜牧业的发展也成

---

❶ 毛红志，杨辉. 黄冈市 3 年 460 个贫困村出列、62 万贫困人口脱贫［N］. 黄冈日报，2017-03-17.

❷ 黄焕新. 英山县整村推进扶贫结硕果［N］. 黄冈日报，2010-01-04.

为该地区的特色发展项目之一。❶

综合来看，黄冈市目前的产业化扶贫较为成熟，茶叶、板栗、桑蚕、水产、药材等特色产业发展迅速，各县区已根据自身资源优势及特色形成了"一区一业"的发展模式；加之产业化与市场化的紧密结合，一批龙头加工企业迅速建立并发展起来，如今，全市产值过亿的企业已达数十家，其中湖北华益油料科技股份有限公司成为国家级扶贫龙头企业；湖北李时珍药业股份有限公司等数家企业已成为省级龙头企业。❷

5.5.4　突出整村推进扶贫

自 2001 年全国提出"整村扶贫"以来，黄冈市积极贯彻执行，在以下方面取得了成就：开发的特色产业养殖基地达到 30 万余亩，家畜和家禽数量激增，超过其他地市平均水平；饮水工程的广泛建设为数万户人家解决了喝水困难等问题；"一建三改"给全市农户提供了劳动技能培训和基础知识传授，诸多贫困户已完成了再就业甚至是再创业，不仅摆脱了贫困，更促进了该地特色产业的发展。经过整村推进扶贫的重点村，90％以上的贫困户有人均一亩的经济林建成或有至少一个增收项目，村人均年收入达到 2000 元以上，户均转移了一个经过培训的劳动力或者一个科技带头人，每个村集体都建有 1～2 个主导产业。至 2015 年，黄冈市累计实施完成了 165 个重点贫困村的整村推进扶贫，共计 218841 人脱贫。

学者罗燕（2015）通过对黄冈市蕲春县 6 个行政村的农户进行实地调研，发现整村推进"一村一品"（即一个村推出一项特色产业）给当地居民经济带来了实质性的提高，但也给当地环境造成了破坏，尤其是当地水质的污染。专业性的合作社集体开发的确提升了整体效益，但也会打击部分个体经营户的积极性。❸ 总之，黄冈市"整村推进"的扶贫方式积累了一定的扶贫经验，但还存在制度规范上的问题，有待政府部门的思考与反思。

---

❶ 程邈，高洁，张智富. 湖北黄州区：三大举措抓整改，助推蔬菜产业化［EB/OL］. http：//cd. qq. com/a/20090817/001598. htm，2009-08-17.

❷ 湖北省人民政府扶贫开发办公室. 坚持多方位支持　实施产业化扶贫　努力开创湖北省扶贫开发工作新局面［EB/OL］. http：//www. hbfp. gov. cnfpkfcyfp/2962. htm，2008-01-31.

❸ 罗燕. 整村推进扶贫政策实施效果及政策建议——以湖北省黄冈市蕲春县六行政村为例［C］//荆楚学术，刘川鄂，武汉：长江出版社，2016.

5.5.5 开发红色旅游扶贫

红色旅游扶贫是黄冈市精准扶贫实现的重要组成部分之一，开拓了全国红色旅游扶贫的先例。据统计，黄冈市的众多贫困县均属于大别山片区。2010年，该区域的农民人均年收入仅4061.1元，仅相当于当年全国平均水平的68.4%，农民人均纯收入低于2300元的农村贫困人口有109万人，贫困发生率高达22.6%，高出全国平均水平12.32%。大别山片区属于革命老区，生态系统完整，有着"革命圣地，将军故里"红色旅游胜地的美誉，黄冈以此为契机，建立试验试点，大力发展旅游业，取得了卓越成就。红安县更是积极响应国家号召，以"121"工程为契机发挥地理优势，发展红色旅游业。此外，立足红色旅游产业招商引资，也是近些年黄冈发展经济、精准扶贫的模式之一，外来商客的投资创造了更多的就业岗位，当地居民可依靠自己的双手创造财富、摆脱贫困。

具体看来，当前黄冈市红色旅游扶贫的具体模式有以下几种：第一，农家乐的建立。农家乐起源于四川成都，是一项成本较低、收益颇丰的乡村旅游模式。在大别山地区，农家乐的迅速兴起给黄冈经济注入强力，现已形成休闲接待、花果观赏、景区旅社、美食购物、农业体验等多种开发类型共存的崭新模式。第二，生态景区推动。将生态休闲农业与自然景区相结合，拓展农业生产经营链条的同时带动景区周围城市的扩建，吸引吸纳当地村民积极创业，自力更生实现脱贫。第三，文化创意园区的建立。大别山地区不仅拥有独具特色的红色文化，还有丰厚的历史、戏曲、宗教等文化底蕴，依托古代名人建立起的公园、建筑、街区比比皆是，现已成为提供劳动力岗位的重要场所之一。

5.5.6 "雨露计划"摆脱能力贫困

"雨露计划"是专项扶贫的内容之一，是由国务院主导以加强贫困地区人民的技能知识培训为基础的扶贫方式。"雨露计划"通过提高扶贫对象的综合素质，从而使其满足就业岗位的技能需要，促进生产力和技术水平的提高，实现脱贫致富的目标。

在精准扶贫的新阶段中，"雨露计划"的坚持实施是黄冈市打赢扶贫攻坚战的重要举措，也是体现其扶贫开发工作典型性的特点之一。黄冈市的"雨露计划"培训工程，每年培训对象达到 10 万余人次；对家庭困难的学生实行免费培训，数量达到 1000 余人，并且向贫困生承诺培训就业一体化，真正达成了"一人就业，全家脱贫"的目标。在国务院于 2014 年 9 月颁布了《关于开展 2013～2014 学年雨露计划实施方式改革试点工作的通知》后，黄冈市将工作重点转向中短期培训。为了提高贫困家庭新生劳动力的综合素质和就业技能，实现稳定就业和增加收入，阻断贫困代际传递，黄冈市积极鼓励和引导初中毕业后未能升入普通高中或高中毕业后未能进入高校接受高等教育的毕业生，为其开展职业教育和预备职业技能培训，先后开展了贫困家庭新生劳动力职业教育培训助学工程、贫困家庭青壮年劳动力转移就业培训工程、贫困家庭劳动力扶贫产业发展技能提升工程等多项扶贫工程。❶

此外，黄冈市十分重视"雨露计划"实施过程的规划与管理，大大提升了其效率与收益。首先，黄冈市坚持政府主导，社会各界参与，同时政府充分整合社会各界的教育资源，根据贫困地区人民的实际情况因材施教，并逐步形成网络化、多层次的培训机构体系，帮助大批贫困人口脱贫致富；其次，黄冈市十分重视按需施教，配合各地区用人单位的实际需求进行专项培训、定向培养，其培养范围已经由几个行业拓展到几乎各行各业，轻工业、建筑业、服务业等均有"雨露计划"下的就业人员。

5.5.7　创新扶贫方式，完善扶贫机制

党中央、国务院自提出精准扶贫以来，黄冈市积极响应上级号召，不断创新扶贫方式，完善扶贫机制，自上而下层层统筹，认真贯彻落实各项扶贫开发的方针、政策，现已形成结合产业扶贫、整村推进扶贫、搬迁扶贫、科技扶贫、旅游扶贫、教育扶贫等多种方式的扶贫机制。自 20 世纪 80 年代以来，在党和政府及全市人民的不断努力下，30 多年的扶贫岁月取得了显著的效果。回顾黄冈市扶贫机制的建立，主要以下几个方面为主。

---

❶ 王金艳. 雨露计划扶贫培训探析 ［J］. 理论学刊，2015（8）.

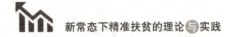

5.5.7.1 扶贫资金运作机制

市、县政府两级以黄冈市实际经济社会情况为基础，配合精准扶贫的要求，现已建立起与之适应的财政资金供给体系，财政资金用于专项精准扶贫的部分持续增长，从而使绝对贫困人口显著下降，相对贫困逐渐消除。据统计，黄冈市每年财政增长资金额的 15％用于扶贫开发；按照政府专项资金为牵引、兴业投入为主体、社会帮扶为补充的资金整合原则，有效整合各项扶贫资金，重点向偏远村、高山村、生态保护区等贫困人口集中的区域倾斜。❶

5.5.7.2 扶贫责任到人机制

黄冈市在对扶贫队伍选拔的过程中，始终坚持高质量、高标准、择优录取的原则。坚持安排人才干部深入基层，担任贫困村乡的党支部书记，领导村乡开展扶贫救助工作。在 2015 年第三季度，市委市政府向黄冈市 892 个贫困村选派了扶贫工作队，抽调全市近 20000 人下到村乡指导扶贫工作的开展，并要求相关党员干部 3 年内"不脱贫不脱钩，不转化不撤离"。

5.5.7.3 健全绩效考核机制

黄冈市现已形成以减少绝对贫困人口数量、提升贫困人口绝对收入、提高贫困人口生活水平等多方面为目标的绩效考核机制，以该标准严格要求领导干部狠抓工作、求真务实，切实为全市贫困人口的利益着想，杜绝形象工程。

5.5.8 完善基本公共服务

加强医疗卫生扶贫。完善医疗卫生服务体系，加大医疗事业支出，制定医生服务贫困地区基层的激励政策，确保每个乡镇有一所"四化"（人性化、标准化、精细化、信息化）标准的卫生院。贫困户参与新农合就医报销比例提高 20％。降低贫困户大病保险起付线，提高大病保险报销比例。加强疾病预防控制，有针对性开展贫困地区地方病、流行病、常见病和多发病的防治。

加强教育扶贫。全面实施贫困地区特设教师岗位计划，扩大贫困县老师职称中高级岗位比例。落实乡村教师支持计划，加强贫困地区乡村教师队伍建设，提高乡村教师生活待遇；教师培训项目向贫困县重点倾斜，实现贫困

---

❶ 刘雪荣．"四个一批"扶贫攻坚的实践探索［J］．国家治理，2015（36）：29-34.

县乡村教师（校长）轮训全覆盖。制定贫困户子女教育优惠政策，对贫困户子女实施免费高中教育，完善贫困户大学生学费减免制度。对接受中、高等职业教育的贫困家庭子女，按照每人每年不低于 3000 元标准给予补助。

加强低保、"五保"救助扶贫。适时提高低保、"五保"标准，实现动态条件下应保尽保；建立健全特困人员救助制度，不断完善社会救助体系；建立社会救助资金自然增长机制，加大对低保重点保障对象和"五保"对象的扶持力度；合理调整并制订最低生活保障标准和"五保"供养标准，让全市"五保"对象达到政策性脱贫。到 2018 年，对参加城乡居民养老保险的缴费贫困人员，由县级财政为其代缴全部最低标准的养老保险费。贫困人口创业的，可优先享受国家创业政策。

加强文化事业扶贫。加强贫困地区公共文化服务体系和公共数字文化建设，全面实施文化信息资源共享工程；加大贫困地区公共文化设施建设投入和利用力度，推动文化惠民项目与群众文化需求有效对接。到 2018 年年底，实现广播电视"户户通"，每个县有标准化公共图书馆、文化馆，每个乡镇有综合性文化服务中心，每个行政村有综合性文化活动室和文化广场，形成多点支撑的公共文化设施网络。

推进宽带乡村建设，支持光纤宽带进村入户。到 2015 年年底，贫困地区行政村互联网覆盖率达到 100%。到 2018 年，自然村实现宽带全覆盖。

5.6　黄冈市精准扶贫的经验总结

黄冈市作为湖北省重要的城市及革命老区的一部分，目前共有 5 个重点贫困县市，分别为红安县、罗田县、英山县、蕲春县、麻城市，脱贫任务严峻。在这 5 个贫困县市中，政府通过不同的措施帮助当地居民脱贫，其中不乏值得借鉴的脱贫典型案例。下面将分别对 5 个贫困县市的精准扶贫实况进行分别探讨。

5.6.1　红安县的扶贫经验

红安县作为黄冈市的贫困县之一，也是著名的"将军县""花生之乡"，

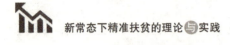

红苕种植也较为发达。经过调查，红安县划定了 16 个重点贫困村、10 个老区建设村以及 2.5 万人的整村推进目标，计划实施 114 个扶贫开发项目，扶贫开发投资总额达 2370 万元。

5.6.1.1 产业扶贫❶

红安县将产业扶贫作为贫困人口增收发展的重头戏来抓，在产业发展上，力求"精准精准再精准"，立足"五个精准"推进产业扶贫。

发展产业对象精准。根据贫困户脱贫需求，实行因村施策、因户施策、因人施策，将"有技术、缺资金；有信心、缺技术；有热情、缺资金"的大多数一般贫困户作为发展产业的重点对象。实行村干部责任包保机制，要求村干部每月进行一次再入户、再对接、再协调，确保每户有一个增收产业、每村有一个支柱产业，以发展产业促进稳定就业，实现去穷业与创新业并举，建产业与树品业并重，致富增收与产业脱贫同步。

特色产业内涵精准。红安县立足"2568"扶贫计划，按照"八个依托"载体，强调适宜、适度、适应性准则，发展特色种养业、特色林业、特色加工业、休闲旅游、电商、物流服务、光伏发电等新兴业态，确保贫困村"一村一业，一村一品"，贫困户"一户一主，一户多业"。

特色产业选择精准。该县因村而宜选产业，因户而定选产业。一是大力推进特色产业扶贫。按照"五位一体"（政府＋金融＋保险＋公司＋农户）的模式，以"企业带基地、基地带产业、产业带贫困户"的思路，突出农业、林业、畜牧、水产、旅游业等方向，大力发展青茶、油茶、苗圃、大棚蔬菜等特色产业扶贫。二是大力推进农村电商扶贫。树立"互联网＋扶贫"的新理念，发挥佰昌好批网、红坛商城等互联网信息资源，促进茶叶、板栗、茶油、红苕、红安油面等特色农产品及其深加工产品的网上销售，推进"互联网＋"全面开花。三是大力推进生态农业扶贫。以周家冲、周家墩、龙之升、华缘农场等品牌为示范，形成生产—观光—休闲—体验—消费循环系统三产整合圈带动贫困户增收。

特色产业模式精准。在精准脱贫工作中，产业扶贫推广三种产业扶贫模式。一是合作发展模式。结合农民合作社和龙头企业的培育，走"公司＋合作组织＋基地＋农户"的路子，例如杏花乡红泰羊专业合作社鼓励贫困户入

---

❶ 资料来源：《红安县立足"五个精准"推进产业扶贫》，红安县扶贫办，2016 年 5 月 13 日。

股分红，贫困户年收入保底 3000 元，部分可达 5000 元。二是租赁收租模式。充分发挥扶贫资金的最大效益，在城镇、中心村修建商业门面，在园区修建标准化工业厂房，整体出租，租金收入量化分配到贫困户，让农民变市民。三是资产到户模式。支持特色产业基地及城南工业园区建设，拉长产业链，提高附加值。在不改变用途的前提下，将专项扶贫资金和整合的其他涉农资金投入龙头企业、光伏产业、农村旅游业以及矿产开发，其项目形成的资产折股量化到贫困户。

贫困人口受益精准。确保"三个到户"。第一，增收时效到户。根据 2017年贫困人口产业脱贫的既定目标，倒排时间，明确责任，实行逐村逐户分类施策，跟踪指导，精准管理。第二，扶贫资金到户。加大资金整合力度，落实贷款资金额度，加快资金放贷速度，细化土地入股、资金分红等利益，确保贫困户稳定增收。第三，考评验收到户。加强对产业扶贫成效的督查考核，重点考核市场主体扶持、两书两清单签订、村户脱贫效果等情况。

同时，在产业申报方面，红安县利用"绿色通道"帮助特色产业发展并简化申报以及贷款办理程序，例如红安县工业园区附近的毛张坞村，受到工业园区征地限制，因此创新发展物业服务有限公司，通过"绿色通道"利用50 万元资金成立公司，为在公司就业的贫困户每年平均增加 6000 元收入。目前，红安县共发展种植业 3269 户、畜牧业 4561 户、水产业 1978 户进行产业扶贫，9708 户贫困户通过产业对接实现自我发展。

5.6.1.2　医疗扶贫❶

由于红安县因病因伤致贫返贫基数较大，因此率先推进"4321"模式，也就是"四定"——定报账方式，定救助对象，定兜底标准，定就诊机构；"三大措施"——贫困户因病因伤入院治疗不交费，一站式统一报账免除其他杂费，治疗成功后费用一次性结算；"两个保障"——从底层开始兜底保证全员顺利就医，贫困户医疗档案健康管理；"一个目标"——不让任何一个贫困户再因病致贫、因病返贫。目前在购买医疗救助补充保险方面，为 50576 个贫困人口投入接近 2246 万元资金，同时将贫困户因病住院费用报销比例提高到 90%，住院费用超过 5000 元的部分全部由政府负责兜底。

---

❶　资料来源：《健康扶贫的红安实践》，湖北省扶贫办，2017 年 2 月 15 日。

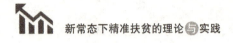

5.6.1.3　教育扶贫 ❶

红安县全县推行建档立卡贫困户学生校车免费服务以及优质教育资源共享，构建了包含 6697 名贫困学生的帮扶责任体系。利用保障措施使受惠人享受优厚政策，保证全县有需求的 1012 名义务教育阶段贫困学生免费乘坐校车。建设 72 所标准化程度高的中小学，新建及改扩建公办幼儿园 24 所，新建及改扩建 42 个重点教学点，积极推进教育均衡发展。在成人职业技术教育领域，在重点贫困村青壮年劳动力达成 90% 的培训率，实现了每户至少有 1 人掌握 1～2 门实用技术的目标，培训转移贫困劳动力 6000 余人。

同时红安县提出 4 项计划，以帮助教育实现从根本上脱贫。

1. 贫困学生关爱计划

实施家庭经济困难学生资助工程。建立完善覆盖从学前教育到高等教育各学段的学生资助体系，确保农村建档立卡贫困户子女学生资助全覆盖。建档立卡贫困家庭学龄孩子在优先享受现行资助政策的基础上，予以最大限度的资助：学前教育阶段，按每生每年 1000 元的标准给予生活费补助；义务教育阶段，学费、课本费全免，按小学每生每年 1000 元、初中每生每年 1250 元的标准补助寄宿生生活费；继续实施农村义务教育学生营养改善计划，每生每年落实专项资金约 800 元；普通高中教育阶段，学费全免，并按每生每年 2500 元的标准发放国家助学金；中等职业教育阶段，学费全免，按每生每年 2000 元的标准发放国家助学金。对接受中等、高等职业教育的农村建档立卡贫困家庭子女，按每人每年不低于 3000 元的标准予以补助。高等教育阶段，完善贫困家庭大学生生源地信用助学贷款和学费减免制度，按照"应贷尽贷、特困尽贷"原则，根据学生意愿帮助申请国家信用助学贷款，专科、本科每人每年最高 8000 元，研究生每人每年最高 12000 元，在校期间国家财政全额贴息。每年生源地信用助学贷款办理不少于 3000 人。对每年考取大学（含高职）的特困家庭应届毕业生提供上学路费，外省 1000 元，本省 500 元。

开展师生结对帮扶活动。全县各级各类中小学建立完善特殊群体学生对口帮扶工作机制。各学校校级干部、中层干部及全体教师"一对一"对口帮扶家庭贫困学生、农村留守儿童等特殊群体学生，确保建档立卡贫困户家庭子女帮扶全覆盖。以学校团队组织为阵地，引导一般学生与特殊群体学生结对开

---

❶　资料来源：《红安县教育精准扶贫实施方案》，红安县教育局，2016 年 2 月 28 日印发。

展"手拉手"帮扶活动。"一对一"帮扶活动落实情况纳入教师考评重要内容。

实施特殊群体学生关爱工程。重视对留守儿童、孤儿、单亲家庭子女、特困家庭子女、残障学生、学习困难学生、行为偏差等学生的关爱和教育工作，各学校建立特殊群体学生成长档案，精心组织结对帮扶、心理辅导、"课外访万家"等关爱活动。实施留守儿童关爱工程，每个乡镇至少建成 1 个留守儿童关爱中心，开设亲情电话和 QQ 聊天室，招募志愿者，进行"生活引导、学业辅导、心理疏导"；各学校建立领导、中层干部、班主任"三带一"，非留守学生"三帮一"的结对帮扶机制，保障留守学生健康快乐地生活和学习。落实《湖北省特殊教育提升计划（2014～2016 年）》，在县特殊教育学校建立特殊教育资源教室（中心），配齐基本的教育教学和康复设备，为残疾学生提供个性化教育和康复训练。

落实农村学生入学、升学支持政策。坚持"两为主"方针，将农村进城务工人员随迁子女全面纳入城市义务教育经费保障范围，与同城学生在收费、资助、学籍异动、入队入团、评优表彰及参与各种活动等方面一视同仁。落实随迁子女异地升学考试政策，在湖北省各地初中、高中就读并获得统一学籍的随迁子女均可在学籍所在学校报名参加中考、高考，享受当地户籍考生同等待遇。

实施农村学校校车安全服务工程。完善"政府主导、属地管理、部门配合、市场运作、公司运营、财政补贴"的校车工作模式。落实校车扶持政策，政府按每车每年 20000 元落实财政补贴，并为每辆校车安排一个公益岗位，配备校车照管员，实现全县乡镇校车服务全覆盖和建档立卡贫困户子女乘坐校车全免费，从根本上解决农村学生上下学"乘车难"问题。

2. 乡村教师发展计划

实施农村教师素质提升工程，落实国家《乡村教师支持计划（2015～2020 年）》的有关要求，加强乡村教师队伍建设。

拓展乡村教师补充渠道。按照"总量平衡，退一补一"的原则，通过定向培养、精准招录、在职培训、对口支援、实习支教等，加大农村教师补充力度。新招聘义务教育阶段和学前教育阶段教师优先保障农村学校、幼儿园的教学需要，逐年解决农村幼儿园教师编制问题。统一城乡教职工编制标准，全面推进义务教育教师队伍"县管校聘"管理体制改革，县教育局在核定的编制总额内，按照班额、生源等情况统筹分配各校教职工编制，通过调剂编制、加强人员配备等方式进一步向人口稀少的教学点、村小学倾斜，重点解决教师全覆盖问题，确保乡村学校开足开齐国家规定课程。鼓励优秀退休教师到乡村幼儿园、中小学开展支教。

完善教师交流机制。要采取定期交流、送教下乡、学区一体化管理、学校联盟、对口支援、名师"传帮带"、乡镇直中小学教师走教等多种途径和方式，重点引导优秀校长和骨干教师向乡村学校流动，城镇学校、优质学校每学年教师交流轮岗比例不低于符合交流条件教师总数的10%。县域内重点推动县城学校教师"送教下乡"和交流轮岗活动，每年县城教师送教下乡不少于400人次；乡镇范围内重点推动中心学校教师到村小学、教学点交流轮岗和教师结对活动，每年教师结对不少于500人。支持乡村教师、校长到城区优质学校上挂锻炼，订单培养，提升乡村教师整体素质。

加大农村教师培养培训力度。争取省市高校支持，探索建立全科教师培养模式，加强乡村教育本土化人才培养，重点为村小学和教学点培养全科教师。落实"国培计划"和"省培计划"，加大对农村中小学教师培训的倾斜支持力度。从2015年开始，全县教师培训经费70%以上用于乡村教师，实现贫困县乡村教师（校长）培训全覆盖。加强乡村教师信息技术应用能力培训，积极利用信息技术手段破解乡村优质教学资源不足难题。

提高乡村教师待遇。依法依规落实乡村教师工资待遇政策，全面落实乡村教师生活补助，做好乡村教师重大疾病救助工作。农村义务教育省级骨干教师每人每月补助600元，农村一线教师根据学校条件不同给予每人每月300元、400元、600元不等的生活补助。加快实施乡村学校教师周转宿舍建设，确保乡村教师"教有所居"。每两年评选一届红安名师、骨干教师，由县财政列支20万元，每届每人分别给予5000元和3000元教研经费补贴。完善乡村教师职称（职务）评聘条件和程序办法，对乡村学校教师在职称评聘、培训进修、评优提职等方面实行倾斜。从2016年起，聘用到中级以上岗位、推荐为县级以上评选表彰对象的教师，必须有2所以上学校或农村学校3年以上任教经历。加大农村教师表彰力度，定期开展师德标兵、最美乡村教师、教坛新秀、优秀教师和十佳乡村校长表彰活动。

3. 薄弱学校提升计划

实施农村薄弱学校办学条件改善工程。建立优先帮扶贫困村教育发展机制，加强贫困村学校规划，优先支持建设贫困村义务教育学校，同步实现标准化和现代化远程教育，让贫困村群众子女能就近享受公平优质教育资源。在实施第二期学前教育三年行动计划、"全面改薄"项目建设、义务教育学校标准化建设、农村中小学校舍维修改造、义务教育信息化建设等项目时，优先安排改善贫困村学校的基本办学条件。到 2017 年，使贫困村学校办学条件达到农村普通中小学校建设标准。优先加强对贫困村学校管理和校园文化建设的工作指导，确保贫困村学校全面实现硬件、软件同步提升。完善贫困村学校食堂功能，扩大营养改善计划食堂供餐学校比例，切实改善贫困村孩子的营养状况。

实施农村学校教育信息化工程。加强贫困村所在中小学信息技术基础设施建设，加快推进"三通两平台"建设，到 2017 年，基本实现"宽带网络校校通""优质资源班班通"和"网络学习空间人人通"，全县教学点实现与省级网络平台互联互通。大力推进"互联网＋教育扶贫"，通过信息技术手段，促进优质教育资源共建共享。巩固提升农村"教学点数字教育资源全覆盖"项目成果，建设农村教学点网络学校，逐步扩大"在线课堂"开设规模，促进全县农村教学点开齐开足课程，全面提升教育教学质量。

推进办学模式改革。以"均衡、优质、共享、共进"为主题，充分发挥优质学校的辐射带动作用，探索集团化办学、名校办分校、委托管理、学区制管理、教学联盟等多种办学模式，采取以强带弱、以大带小、以城带乡的形式，创建一批城乡一体先行区、优质资源富集区、改革创新先导区，整体提升农村学校教育质量和办学水平。

实施学校对口帮扶工程。采取"县（城区学校）—乡（乡镇学校）"和"乡（乡镇学校）—村（村小教学点）"结对帮扶方式全面开展学校对口帮扶活动。加强教育开放合作，争取省市优秀学校对口结对帮扶农村薄弱学校。发挥帮扶学校的示范引领和辐射带动作用，对受帮扶学校从教育理念、学校管理、师资力量、教学资源、办学条件等方面进行指导与帮扶，推动优质教育资源共享，整体提升学校办学水平。打造特色学校和红安教育品牌。立足"将军县"的红色文化和丰富的自然及历史人文资源，强化校本研究和开发，重点在立德树人、师资建设、课程设置、教学改革、体育艺术和校园文化等方面打造一批特色学校，围绕"将军文化""红安精神代代传"等主题打造红安教育品牌，建设全省知名、全国有影响的青少年德育实践基地。

对薄弱学校实行招生倾斜政策。进一步增加贫困地区孩子接受优质教育

的机会，为贫困地区培养更多人才。增加示范优质高中招收农村学生的计划，红安一中要安排更多的分配生名额，招收农村初中毕业生和贫困家庭学生。争取省级支持，加大国家贫困地区定向招生专项计划在红安的实施力度，加大中央部门高校和省属重点高校面向国家贫困县的招生力度。实行省属高等职业院校单独招收中职毕业生计划，对建档立卡的贫困家庭子女单独划线、单独录取。

4. 社会合力帮扶计划

积极倡导社会捐资助学。充分发挥红安县国家级贫困县和"中国第一将军县"的比较优势，在认真实施好政府层面的教育惠民政策基础上，广泛宣传扶贫助学工作，努力在全社会营造捐资助学的良好氛围，积极争取、整合多方力量开展引资办学、捐资助学等扶贫助学活动，形成立体交叉大教育扶贫合力。每年争取高职院校、部队、厂矿企业和惠农公益基金会、慧芳扶贫助学会等各类基金会、助学会等社会爱心组织和人士捐资 200 万元以上资助贫困学生；争取对外友协实施"彩虹桥工程"，改善农村薄弱学校办学条件。

积极争取社会力量开展志愿服务活动。倡导社会力量面向农村学校和师生开展有针对性的志愿服务活动，如争取民间组织和相关部门开展法律援助、心理咨询、健康体检、技能培训、文化下乡等活动。

实施农村劳动力技能培训工程。充分发挥省内高职院校和本县中职学校的办学优势，积极推进"产教"结合和校企一体化办学，坚持"以需求定培训"的原则，积极探索"订单培训、定向输出""就近培训、就地转移""整合资源、联合培训"等培训模式，免费举办新型农民培训、"两后生"职业技能培训、外出务工人员创业培训和新型产业园区企业职工培训，加大对涉农专业和实用技术的培训，使贫困户家庭子女能熟练掌握一两门实用技术。每年免费培训 1000 人以上，并为培训学员免费进行技能鉴定，颁发相应的职业技能等级证书。对于培训合格并通过职业资格等级考试的学员，给予"雨露计划"扶助。对于贫困学生家庭的劳动力，优先推荐到本县企业就业。

5.6.1.4　金融扶贫❶

为加快推进金融扶贫贷款工作，县政府决定：一是降低个人小额扶贫贷

---

❶　资料来源：《湖北省创新扶贫小额贷款工作的实施意见》，湖北省政府金融办，2015 年 11 月出台；《红安县加快推进金融扶贫小额贷款工作》，红安县扶贫办，2016 年 4 月 20 日。

款审批条件。贫困户申请贷款，由金融办负责审核确认申请人身份后盖章，产业主管局根据贷款人的申请审核盖章；农行、农商行取消贷款"四包"原则，降低门槛，加快办理速度；银监办在检查审查农行、农商行发放金融扶贫小额贷款方面实行宽松条件。二是启动贫困户贷款入股市场主体工作。贫困户贷款 5 万元入股市场主体分红，贫困户办理贷款手续，市场主体提供担保，贫困户与市场主体签订合同，贷款资金拨付到市场主体，签订合同约定按 8％比例分红，签订合同之日付一年分红资金给贫困户。三是落实贷款风险基金专户。县财政局负责将 3000 万元扶贫贷款政府增信风险基金从财政存款账户中提出，分别在县农行、农商行各设立一个 1500 万元的扶贫贷款风险基金专户。

红安县政府出台了有关小额信贷在金融扶贫举措中的实施办法，发展出"富民项目贷"和"富民信用贷"2 个产品，共筹集 6000 万元资金，为带动贫困户的"大户"市场主体以及贫困户自身提供贷款。同时红安县提出了一种新扶贫模式——在市场主体提供担保的情况下，贫困户个人办理贷款 5 万元，并由市场主体与贫困户签订协议，约定按 8％的比例保底分红（最低 8％）。从签订协议之日起，市场主体交付一年 4000 元的分红资金给贫困户，在两年时间后，由市场主体还款。总体来说，这种模式也就是贫困户以个人身份入股市场主体的经营业务，参与分红。截至 2016 年年中，387 户农户通过"富民信用贷"获得贷款 1826.08 万元，9 家农业市场主体通过"富民项目贷"获得贷款 1570 万元。在现场对接会上，为 300 多名贫困户发放小额贷款 1500 万元，并且是一次性全部分发完毕，首期的入股分红资金为 4000 元，真正让贫困户体会到了分红的实惠之处以及创新扶贫工作的模式思路。根据最新统计，金融扶贫共发放扶贫贷款 3396.08 万元，惠及 396 户贫困户。❶

5.6.1.5　光伏扶贫

作为可再生循环利用的能源，光伏能源相较于煤炭、石油等不可再生能源来说，具有成本、能耗等多方面的优势，因而红安县率先引进光伏产业，支持扶贫开发，先后引进信义光能等 5 家优质新能源市场主体，总投资 30 亿元，在每个村落建立 50 千瓦光伏发电站，同时较低一档次的 3 千瓦伏变电站也会安装到每个贫困户。计划安排 96 个重点贫困村、13267 户贫困户发展光

---

❶　资料来源：《红安"五大扶贫"强力推进初见成效》，红安县扶贫办，2016 年 6 月 2 日。

伏发电产业，目前已有 28 个重点贫困村和 5627 户贫困户正在安装光伏发电设施，不久即可通电。在全县范围内，光伏扶贫计划目前共带动 600 多户贫困户，户均增收 3000 元以上，光伏发电总量约 1000 万伏。

5.6.2 麻城市扶贫经验

麻城市位于湖北省东北部地区，旅游资源丰富，特别是有杜鹃花海等壮丽景观。麻城市也是"中国花岗石之乡""中国菊花之乡"，汽车配件产业是麻城市工业的核心产业集群。麻城市在经过一定阶段的扶贫工作后，取得较大成效，预计到 2018 年前后实现全市 164 个贫困村、5.1 万贫困户、16.17万贫困人口的整体脱贫。

面对较为严峻的脱贫形势，麻城市率先实施"5566"扶贫攻坚计划，即"五大行动"：精准识贫行动——准确识别贫困对象，仔细审查，按照初步确定扶贫名单、群众面对公示名单进行民主评议、进入贫困户家中进行走访调查、扶贫委员会对名单进行集中审定、上交乡镇机关进行审核、发表最终复审公告的步骤，确保贫困对象不发生错误，不出现遗漏。各村工作小组召开村民代表大会，针对贫困对象名单进行初步核选，经过一定程序后，贫困户填写《登记表》，基本确定贫困名单。在入户调查的基础上，工作组将审定结果交由驻村第一书记和村主任签字确认。经三轮公示，最后确定。另外"四大行动"包括产业扶贫行动、搬迁减贫行动、帮扶脱贫行动、兜底济贫行动。发展"五大产业"（养殖业、中药材产业、林特产业、蔬菜产业、乡村旅游业），做到"六个精准"（扶贫对象精准、安排项目精准、使用资金精准、到户措施精准、因村指派人员精准、脱贫效果精准），建立"六项支撑机制"（资金整合、保障兜底、协同帮扶、工作激励、脱贫退出以及目标考核机制），切实帮助贫困户提高收入，实现脱贫目标。❶

麻城市针对养殖业、蔬菜产业、中药材产业、林特产业、乡村旅游业贫困户给予不同的政策支持。在养殖业方面，实施"1111 工程"，向适合发展养殖业的贫困户每户提供 1 笔贴息贷款（授信贫困户）和 1 笔扶持资金，力争支持 10000 户贫困户发展养殖业，实现贫困户户均增收过 10000 元；在蔬菜

---

❶ 资料来源：《麻城"5566"计划向贫困宣战》，麻城市扶贫办，2015 年 9 月 25 日。

业方面，实施"1151 工程"，向具有蔬菜种植意愿和条件的贫困户每户提供 1 笔贴息贷款（授信贫困户）和 1 笔扶持资金，力争支持 5000 户贫困户发展设施蔬菜、高山蔬菜、食用菌等产业，实现贫困户户均增收过 10000 元；中药材产业方面，实施"1148 工程"，向具有中药材种植意愿和条件的贫困户每户提供 1 笔贴息贷款（授信贫困户）和 1 笔扶持资金，力争支持 4000 户发展中药材产业，实现贫困户户均增收过 8000 元；林特产业方面，实施"1138 工程"，向从事林特产业生产经营的贫困户每户提供 1 笔贴息贷款（授信贫困户）和 1 笔扶持资金，力争支持 3000 户贫困户通过发展或改造油茶、板栗、大红桃、茶叶、花卉苗木、速生丰产林、林下经济等林特产业，实现贫困户户均增收过 8000 元。

同时，麻城市秉承因地制宜的原则，在旅游业、汽车工业等产业对有创业需求的贫困户进行指导，从而带动村镇特色产业的发展，使得一大批优秀企业涌现，开发了许多新的产业扶贫先进模式。例如三河口镇，通过产业扶贫模式的创新，确保帮扶责任人、扶持资金、市场主体、扶贫措施以及贫困户收益五个落实到位。目前试行成功，得到广泛赞誉并学习借鉴的有三种模式。

1. 扶贫资金支持

主要奖励能自觉履行社会责任和扶贫义务，通过建立合同、合作等利益联结方式带动贫困户达到一定数量的市场主体。其中与贫困户建立保护收购并免费提供种苗、技术服务利益联结机制，带动贫困户 5 户以上，当年使贫困户脱贫销号的，按脱贫户数补助 1000 元/户；吸纳贫困户就业，年发放单个贫困户工资超过半年，日均工资超过 60 元的，按吸纳贫困人数补助 1000 元/年/人；流转贫困户的土地，当年使贫困户脱贫的，一次性按 50～100 元/亩的标准给予奖励。

2. 项目资金支持

财政专项扶贫资金重点支持、引导产业精准扶贫市场主体发展产业。对包户数量大、带动稳定脱贫人口多、产业支撑作用明显的龙头企业，纳入大别山产业发展基金重点支持范围。各涉农部门及其他相关职能部门在项目申报、资料评审、资质认定、等级评比、贷款申请、技术指导、人才培训等方面，对参与产业精准扶贫到户到人的市场主体优先受理、优先审批、优先办理、优先服务。对帮扶贫困人口多、能广泛辐射带动当地发展的市场主体重

大产业项目，整合相关部门项目资金集中扶持水、电、路等农村基础设施项目，优先向产业精准扶贫集中区域布点及市场主体所在地延展。农业、林业、畜牧、水产等产业发展项目和资金，向带动农户增收明显的产业精准扶贫市场主体倾斜。对带动帮扶贫困农户增收脱贫的农家乐、旅行社及景区开发公司，优先支持向上申报项目扶持。有关部门组织的技能培训、职业介绍、创业贷款、社保补贴及人才引进项目，优先向产业精准扶贫市场主体及帮扶对象倾斜。

3. 金融支持

"助农贷"、扶贫贴息贷款和各项支农贷款优先支持由市扶贫攻坚指挥部确认的参与精准扶贫的市场主体。同时，麻城市还建立各种保障机制，使精准扶贫精准落实，保证实现全县脱贫致富。

5.6.3 蕲春县扶贫经验❶

蕲春县坐落于黄冈市的东南地带，人才辈出，是著名的"教授县"，同时也和武汉等城市共同属于湖北省建立的"一小时城市圈"，交通便利，四通八达。但蕲春县目前仍然位列湖北省贫困县的榜单之上，根据档案数据，仍有2.51万户、68307人（2016年2月26日静态数据）处于贫困状态。

鉴于当前的精准扶贫形势，蕲春县政府在产业扶贫等方面做足功夫，结合当地的优势产业，集中发展特色养殖业和种植业、光伏产业、乡村旅游业、中药材产业以及小型扶贫产业，带动贫困户致富。与此同时，蕲春县还创新提出了产业精准扶贫的6种合作方向，以带动贫困户脱贫致富为原则，非常值得借鉴。

1. 龙头企业＋贫困户

以光伏企业为首的县级带头企业和贫困户签订"一对一"精准帮扶协议，根据贫困户家庭的自身情况及发展条件，采取入股分红、订单种植（养殖）、协议收购、资金帮扶、土地流转以及技能培训、劳务用工等多种方式，进而带动贫困户增收脱贫。

---

❶ 资料来源：《蕲春县产业精准扶贫实施方案》，蕲春县扶贫攻坚指挥部，2016年4月14日。

2. 农民专业合作社＋贫困户

农民专业合作社通过产业指导、资金分红以及提供无偿技术服务的方式，与具备一定产业自我发展能力的贫困户签订合作协议，进一步发展。而面对发展能力不足，但具备一定经济条件的贫困户，将为其提供资金入股，免费帮助其承包的土地发展种植业，代为销售产品并将利润返还，从而促进贫困户增加收入。

3. 家庭农场＋贫困户

家庭农场，即高级生产大户，其可以帮助能力不足的贫困户培训种植技术，控制种养规模，代理贫困户农产品的销售，推进农产品的商品化，带动脱贫。

4. 专业大户＋贫困户

专业大户帮助贫困户掌握实用的农业生产技术以及销售产品的门路，重点发展种养业、加工业及乡村旅游等产业，实现收入的持续增长。

5. 电商平台＋贫困户

通过"互联网＋"模式，为贫困户提供商品销售平台，依托淘宝、京东等大型电商在农村的发展基站，提供专业的物流配送，贫困户与线下实体店以及其他线上大型商店签订合作协议，利用不同渠道解决信息不畅等问题，带动脱贫。

6. 农村休闲旅游＋贫困户

依托得天独厚的旅游资源，发展多种多样的旅游模式，把不同旅游景点相结合，设计不同旅游线路，借助村庄以及乡镇企业的力量，开办农家乐等旅游扶贫示范点，切实帮扶贫困户增收脱贫。

这 6 种模式相互融通结合，促进了蕲春县精准扶贫工作的深入开展。

5.6.4　英山县扶贫模式[1]

英山县位于湖北省东北部地区，毗邻安徽、湖南，属于三省交界地带，也是著名的"茶叶之乡"、旅游胜地。根据英山县政府出台的《英山县委县政

---

[1]　资料来源：《中共英山县委、英山县人民政府关于全力推进精准扶贫精准脱贫的决定》，英山县政府，2015 年 10 月 28 日。

府出台关于全力推进精准扶贫精准脱贫的决定》，英山县将在 2017 年实现摆脱"贫困县"称号的目标，全县 9.46 万建档立卡贫困人口全部销号，而 78 个贫困村也将脱贫出列。针对此目标，在借鉴其他贫困县的脱贫经验基础上，县政府率先推出了"3456"行动计划。

5.6.4.1　四个一批

将英山县 80％的扶贫资金、人力等资源导向"四个一批"计划，农村基础设施建设、乡村产业发展和贫困人口能力建设资金占比 80％；财政专项扶贫资金的八成用于精准扶持到市场主体、到村、到户等工作。整村解困一批——整合 3 亿元涉农部门资金，每个村落不低于 120 万元的财政投入；市场主体参与帮带一批——利用三个主体进行互联合作，也就是政府负责资金的分配以及帮助贫困户与市场主体进行协议的签署，社会资本扶持贫困户参与扶贫产业项目并进行追加投资，贫困户只需要紧跟产业政策以及市场行情，努力发展，三方联合共同促进精准产业扶贫的展开；异地搬迁一批——将高山、偏远地区贫困户根据自身意愿实行搬迁项目，设立搬迁基金以及搬迁贷款项目，帮助贫困户在搬迁后能够独立生活，有稳定的收入来源，计划帮助 5000 户贫困户成功进行异地搬迁，所涉资金 11 亿元；政策兜底一批——在医疗、教育、低保户安置、无业人员技能培训这四大方面帮助不同贫困群体实现生活的正常延续，尽最大努力保证其有完整的生活来源。

5.6.4.2　五大工程

结合当地的产业优势，发展"五大工程"项目，通过县产业计划的精准帮扶带动富民富县目标的实现。

（1）茶叶经营户可获得 3 万元贴息性质的扶贫贷款，利用近百家茶叶产业主体，保证 1 万户贫困户的收入增长，争取稳定在每年每户增长 1 万元。

（2）茶香鸡作为招牌的杭帮菜，肉鸡的质量保证不可或缺。利用英山县丰富的山林资源以及优良的水质条件发展养殖业，通过 3 万元的创业扶持贷款，保证近 3000 户贫困户的脱贫目标。

（3）扶持 20 家从事中药材产业的市场主体，对有发展中药材种植意愿的贫困户提供 3 万元贷款，预计带动近 2000 户贫困户的发展，实现户均增收 1 万元的目标。

（4）发展旅游产业，建立扶贫示范点，争创优质景区，通过开办农家乐＋养殖业等合作模式以及结对帮扶等定点措施，帮助 3000 户贫困户参与旅游产业链。

（5）贫困户通过"互联网＋"模式开办自己的线上商店，或是通过线上交易平台卖出自己的产品，重点扶持近百家网店，利用电子商务的发展促进 2000 户贫困户的脱贫。

5.6.4.3　六种管理机制

运用例如金融融资、资金融通以及考核测评机制，推进驻村帮扶的长效化，资金在使用时的对口性、实效性，利用社会组织带动参与扶贫开发、业务指导，制定行之有效的程序化运作管理流程。

5.6.5　罗田县扶贫经验

罗田县，著名的板栗生产地，也是山区县、革命老区，国家扶贫开发工作的重点县，号称"八山一水一分田"。在如今严峻的扶贫形势下，县政府积极推进精准扶贫工作的展开。利用包括基础设施建设、医疗、教育等方面改善在内的"十大工程"，帮助贫困户量身制定解贫措施。针对黑山羊产业、中药材产业、板栗产业、旅游产业、电商产业以及其他产业，还有市场主体培育、资金监管等方面提出了专项扶贫措施。

而在所有的黄冈市贫困县中，罗田县表现突出，以较快的速度帮助很多贫困户脱贫，同时保持较低的返贫率。其中被人津津乐道的是，罗田县不仅在物质层面对贫困户进行援助，同时也大力推行文化扶贫建设，从根本上摆脱贫穷落后的面貌。特别是文化局在工作会议中提出建设的"十个一"政策，即举办一次广场舞大赛、一次读书节、一次艺术节、维修一个省级重点保护文物以及送戏下乡、《大别山放歌》歌曲宣传等，进一步建立完善的公共服务体系，打造特色的文化品牌。

1. 丰富多彩的文化活动

以罗田县文化局为首，县政府工作单位通过建设、整修村镇文化广场以及体育设施，并教授广场舞，建立文化工作队，对合唱、舞蹈、体育运动进行辅导，鼓励村民自发成立合唱队、舞蹈队，鼓励青少年多参加足球、篮球等体育活动并为之提供活动场地，活跃广大贫困村村民的文化生活，提升村民参与文化活动的热情，从而提高自身的文化素养。

2.免费图书以及非物质文化遗产的发掘

举办读书节以及各类文化节日，在现场向贫困户免费发放书籍、学习资料以及光盘若干，并利用扶贫资金购买电脑，教授贫困户如何正确使用。通过举办读书节把最好的文化送到群众家门口，让他们享受与城里市民一样的文化生活，足不出户地使他们有更多的幸福感。

通过发掘非物质文化遗产，发现非物质文化遗产的传承人，对其进行登记，培训基层管理人员，通过帮扶政策来帮助有学习意愿的贫困户。同时也积极培养文化人才，利用上层的结对帮扶、辅导培训活动，促进农村经济发展，提高农民的科学技术水平和思想文化素质。

这些举措能够满足人民群众日益增长的文化需求，弘扬传递正能量，也促进了文化产业在罗田县的发展，使得扶贫迈向更广的层面，实现全方位扶贫。

5.7 当前黄冈市精准扶贫面临的困难❶

5.7.1 帮扶政策合力不足

一些部门深感所管理的项目少、资金规模小，难成大事，也呼吁加强项目间的整合，但大都强调自身项目的重要性和特殊性，要求对口下级部门去整合其他部门的资金，而不愿意本部门管理的项目资金被整合用于扶贫项目，从而导致扶贫项目资金不足，帮扶合力不够。

5.7.2 社会扶贫参与不够

各级党政机关、军队、各类企业、社会组织和个人以多种途径和形式参与扶贫工作，是推动社会扶贫的重要措施和抓手。但仍存在组织动员不够、政策支持不足、体制机制不完善等问题。在责任落实上，部分参与社会扶贫的单位没有制定具体目标和实施方案，对社会扶贫没有必要的激励和约束机

---

❶ 资料来源：《黄冈市精准扶贫工作调研报告》，湖北省扶贫办综合调研组。

制，扶贫效果不明显；在帮扶力度上，部分帮扶单位空挂其名，仅当成政治任务消极应付；在扶贫方式上，认为扶贫就是给钱给物，对村情民意了解不够，工作缺乏针对性和创造性；在参与面上，社会组织和个人对参与社会扶贫重要性、必要性认识不足，参与面不广，积极性不高。

5.7.3　政策效果不佳

调研走访的贫困户反映，国家和省里出台很多扶贫到户的优惠政策，但却与基层实际不符，效果不佳。扶贫搬迁一户补助 8000 元，补助标准太低，真正的贫困户无法搬迁建新房，能搬得出的不是贫困户。又如"雨露计划"政策的对象仅限中职、高职学生，而且额度仅 1000 元/年，国家试点县 1500 元/年。贫困户子女考取一本、二本重点大学，无法享受国家的扶贫资金补助。再如小额贴息贷款政策，门槛高，覆盖领域受限制。小额贴息贷款的前提必须有银行贷款，而真正的贫困户无法从银行贷款，因此无法享受扶贫贴息政策，且贴息 500 元上限太低，作用不明显。农村残疾群体就更难享受到扶贫贷款贴息政策。

5.7.4　扶贫考核力度不大

中办发〔2013〕25 号、鄂发〔2014〕12 号文件都明确提出了改进贫困县考核机制，引导贫困地区党政领导班子和领导干部把工作重点放在扶贫开发上。2014 年 12 月，中组部和国务院扶贫开发领导小组办公室出台了《关于改进贫困县党政领导班子和领导干部经济社会发展实绩考核工作的意见》的通知（组通字〔2014〕43 号），提出了 10 条指导性意见，但仍缺乏具体可操作的办法，扶贫考核不科学、不具体，造成部分县市还是按"老办法"解决"新扶贫"的问题。

5.7.5　基层保障体系不全

新一轮扶贫攻坚以来，扶贫工作的权限和重心开始向县、乡、村下放，基层扶贫工作量成倍增加，需要大量的人力、财力、物力来保障。就黄冈市扶贫系统机构和人员来看，是典型的"小马拉大车"，无法满足工作需要。各县市区扶贫部门从成立至今，人员编制从未增加，扶贫系统干部流动慢、老龄化现象十分严重，10个县市区扶贫办人员编制共计74人，在岗人员82人，而贵州省毕节市威宁县一个扶贫办就有在职人员34人，接近黄冈市10个县市扶贫办总人数的一半。从年龄结构来看，市扶贫系统30岁以下人员仅3人，占在岗人员的3.7％；50岁以上的50人，占在岗人员的61.0％；乡镇扶贫办无专职扶贫工作人员。从市到县（市、区）扶贫办都是政府办管理机构（武穴市扶贫办是政府直属事业单位），不是政府工作部门，职能不强，很难开展跨部门的组织协调工作，由于财力有限，县（市）扶贫系统经费保障严重不足。

第6章 黄冈市推进精准扶贫实践思路与对策建议

6.1 黄冈市推进精准扶贫的实践思路

6.1.1 黄冈市精准扶贫的主要任务

在黄冈市委印发的《市委市政府关于全力推进精准扶贫精准脱贫的决定》(2015)文件中提出,到 2018 年年底,要实现黄冈市全市 102.8 万建档立卡贫困人口全部销号,892 个贫困村全部在贫困名单中消除出列,6 个贫困县要摆脱"贫困"的帽子。同时制定了逐年进行的具体、详细的任务:2016 年实现黄州区脱贫;2017 年实现英山县、罗田县、团风县、红安县摘掉"贫困县"的帽子,黄梅县、武穴市实现脱贫;到 2018 年年底,麻城市、蕲春县和浠水县脱贫,以成功实现黄冈市辖区范围内全部完成脱贫的目标。

黄冈市目前从产业扶贫、就业培训、异地搬迁、财政保障、医疗扶贫等方面入手,开展精准扶贫工作,具体规划如下。

产业扶贫方面。通过产业扶贫以及转移就业培训、就业专项对接服务等扶贫政策进行综合扶持,2018 年前后实现黄冈市全市有劳动能力、能够安排就业以及可通过自主择业等方式实现自给自足的人群全部脱贫。

易地搬迁方面。2018 年前后,将所处生活环境较差、居住与发展条件较为恶劣的贫困户通过异地搬迁等方式,使其能够在搬迁后拥有稳定的居住环境,存在向上发展的空间,并且能够通过产业扶持政策成功致富。

财政保障方面。通过加大财政资金投入力度等手段,提高最低生活保障与"五保"标准[保吃、保穿、保住、保医、保葬(孤儿为保教)],利用低保政策进行兜底，实现全市范围内低保户和"五保"户全部脱贫。

医疗卫生方面。通过加大医疗卫生扶贫力度，提高大病报销比例和救助标准，使因病以及因伤致贫的贫困户能够便利就医，逐步保障其能真正有经济能力就医，进而有效解决因病致贫、因病返贫等问题。

6.1.2　黄冈市精准扶贫的基础任务

在全国开展的精准扶贫行动中，黄冈市通过结合自身地理条件以及辖区内不同地区发展概况，有针对性地提出了不同贫困类型的解决措施与建议，从政府机关的组织机构变化、针对国家政策导向的调整再到基层群众组织、扶贫工作队为首的队伍建设，面向整个扶贫计划，力争按规定时间完成目标，解决人民的福祉问题。

6.1.2.1　基础设施建设

对于黄冈北部地区地形起伏不平、交通不便的问题，市政府着力于加大公路建设力度，建造安全防护设施，改造加固中型和小型危桥，整修危险路段，在所有自然村范围内修建沥青柏油路，争取村与村之间能有客车通行。利用财政拨款建立村组道路养护机制，在自然灾害高发路段建立预警标识与错车台。

在水利设施方面，首先解决农村饮水安全以及饮水困难问题，建立水质监测工作队，定期前往所属区域村庄进行监测，保证饮用水水质合格以及水源地安全。针对以种植业、养殖业为主的村落，落实小型水利设施的建设，开挖干渠、支渠，建造小型泵站。同时清淤、扩挖农村塘坝，建设标准化农田，治理河道。

在电力方面，对农村电网建设的投入不断加大，利用水能、风能、生物能（沼气）、光伏能源建设电站，解决发电问题，对农村电网进行升级换代，同时对贫困村优先安排接入上网，通过建设电商平台、"互联网村村通"计划让贫困村优先体验"互联网＋"模式，使贫困户受惠受益，并力争在2017年年底前全部解决贫困村和贫困户生产生活用电问题。

同时，由于贫困户经济条件较差，扶贫计划将着力于通过财政补助加倍、住房贷款全额贴息、降低贷款利率等金融手段以及施工队承包招标到户的政策完成存量农村危房改造任务；对于海拔高、公路通车难度大以及地质灾害多发地区，将结合附近地理条件进行易地扶贫搬迁，着力进行乡村卫生、绿化等人居环境建设。每个自然村建设群众服务中心、便民小站等公共服务设施以及小学、图书馆等公共文化设施，逐步建设生活垃圾处理设施，在保证关照个体的同时，村落与村落持续跟进。

6.1.2.2　基本公共服务措施与政策的完善

公共医疗扶贫方面，利用分村单建以及邻村联建的方式，保证每个行政村全部保有卫生室，乡镇则保证各有一所管理、操作、制度等方面符合"四化"标准的卫生院。降低贫困户的重大疾病医疗保险的起付标准并提高报销比例，让参与新农合就医报销的贫困户比例提升 20％左右，加大医疗救助的力度；试点普及重特大疾病保障机制，并落实补充保险，在贫困地区开展疾病防治教育，定期开展卫生状况普查。融合县、乡、村三级卫生服务体系，建设网络化医疗服务。

教育扶贫方面，实施贫困地区特设教师岗位计划，政策向乡村倾斜，扩大贫困县教师的中级与高级职称比例，并提高乡村教师的生活待遇，在贫困县重点实施教师培训项目。对于贫困户子女实行免费高中教育，并在大学生阶段减免学费；接受中高等职业教育的贫困户子女，每人每年以不低于 3000元的标准给予日常补助；建设"雨露计划"❶ 信息化管理系统，将扶贫建档立卡的数据与学籍管理系统进行自动对比，将补助资金打卡直补到户。努力改善贫困地区义务教育办学条件以及教育水平。

养老与就业保障扶贫方面，凡是参与城乡居民养老保险的贫困人员，由县级机关代为缴纳保险费用，保障老年贫困户日常生活所需，对于生活不能自理的人员，政府代派服务人员或通过福利机构给予免费养老保障。

对于外出务工贫困人口，经过职业技能培训和鉴定，可申请政府补贴。贫困人口中有创业意向的，可以优先享受国家的创业扶持政策，并由政府给予创业方面的指导和帮助。

---

❶ 雨露计划：为进一步提高贫困人口素质，增加贫困人口收入，加快扶贫开发和贫困地区社会主义新农村建设，构建和谐社会的步伐，国务院扶贫开发领导小组办公室决定在贫困地区实施的一项计划。作为新阶段扶贫开发工作的重要内容之一，"雨露计划"以政府主导、社会参与为特色，以提高素质、增强就业和创业能力为宗旨，以中职（中技）学历职业教育、劳动力转移培训、创业培训、农业实用技术培训、政策业务培训为手段，以促成转移就业、自主创业为途径，帮助贫困地区青壮年农民解决在就业、创业中遇到的实际困难，最终达到发展生产、增加收入，最终促进贫困地区经济发展。

信息化扶贫方面，提高电视覆盖率，在贫困地区中小学教学点接通互联网，建设贫困村信息终端服务平台，在每个村落至少保证有一名具备一定文化水平、能够熟练操作电脑等电子设备的信息员，并推动光纤宽带进村入户。

6.1.2.3 加大扶贫各方面资源的投入力度

黄冈市目前按照国家贫困线新标准人均年收入 2736 元，以推进大别山经济社会发展试验区建设为契机，紧紧围绕全面建成小康社会的战略目标，积极筹措财政扶贫资金，深入推进新农村建设和扶贫开发进程，加大扶贫开发力度。

每年县市按照当年财政收入增量的 15% 计算，列入扶贫专项资金，而在存量资金中，确保 50% 以上用于精准扶贫。完善"四台一会"（管理、贷款、担保、公示平台及信用协会）融资合作机制，对于扶贫示范带头作用较强的企业给予降低贷款利息率、减免税收等方面的支持，建立农村贫困户小额贷款担保基金及保险机制，对有需求的贫困户，可以通过"10 万元以内，3 年期限，无担保免抵押，全贴息"这类金融贷款加以覆盖。与各大市级商业银行进行合作，增加信贷投入，为小微企业融资提供增信和风险补偿，解决中小企业融资问题。下放贷款和项目审批权力，进行公开统一授信管理；对于情况较为特殊、无法进行偿还的不良贷款，应停息挂账，降低呆账贷款的核销条件。

在全面扎实推进精准扶贫工作、破解资金瓶颈问题的进程中，黄冈市加大了精准扶贫资金统筹力度。经过近几年的探索实践，全市财政专项资金统筹范围不再仅仅局限于涉农领域，经济建设、社会事业、企业发展等全口径、多领域的财政专项资金也纳入了统筹范围。2015 年市财政局将支持精准扶贫工作作为全年统筹资金的工作重点，明确了按照"大类间打通、大类间整合""各级出料、县级炒菜、共办桌席"的统筹原则，统筹可用资金用于精准扶贫工作。统筹资金规模逐年扩大，精准扶贫平台实现了做大做强，保证了脱贫攻坚资金投入，初步做到了应统尽统，切实提高了财政专项资金的使用效益。2015 年，全市各级各部门大力统筹各类财政资金，共整合投入精准扶贫资金近 21.23 亿元，有力地推动了扶贫易地搬迁、扶贫整村推进等精准扶贫特色平台建设。

黄冈市创新了统筹资金投入机制。市财政局按照省政府 2015 年 63 号文件关于资金、项目、招投标、管理、责任"五到县"的要求，积极督促各县市围绕"以规划为引导，以重点项目为主导，以贫困村整村推进为平台"的工作思路开展资金统筹工作，要求各县市制订各个年度的资金统筹方案，明确统筹资金的来源渠道、使用平台、资金额度、内容进度、责任单位等，做到内容明确具体、资金流向清晰、责任分工明细，统筹资金分类扶持"五个一批"，取得了突出的成效。在产业扶贫上，着力扶持打造一批"航母战斗群"，确保风险可化解、农户能增收、企业不受损。全市筛选了 1080 家农业产业化龙头企业、农民专业合作社、专业大户等各类市场主体，带动贫困户50789 户共 143531 人。在搬迁扶贫方面，通过"财政＋金融"注入资金流，由政府统一组织，各县城市建设投资公司作为平台公司统贷统还，中国农业发展银行提供贷款，农户移民搬迁受益。中国农业发展银行系统已授信易地扶贫搬迁贷款 66 亿元。在其他三个"一批"方面，发展教育脱贫、生态补偿脱贫、社会保障兜底，主要是严格执行国家相关政策，严格按政策标准落实到户到人头。针对因病致贫占 50％以上的实际情况，积极探索医疗救助落地办法。如红安县探索的"4321"医疗救助办法，贫困对象个人当年自付累计超过 5000 元的部分由县政府兜底，保障了贫困人口看得起病，能阻断农村"因病致贫、因病返贫"现象发生。

6.1.2.4　完善扶贫制度与健全组织管理机构

建立统筹资金监管机制。在管理监督层面上，出台了《黄冈市财政专项扶贫资金管理办法》，从扶贫项目立项、审批、实施、监管、验收、绩效评估等重要环节着手，建立监管约束制度，围绕资金分配、拨付、使用、报账关口，厘清划明各个部门的权责界限。认真落实"五制"，即项目审批制、报账制、合同制、公示制和验收制，确保扶贫资金安全、规范运行。

健全贫困户建档立卡制度，进行精准扶贫档案的资料收集整理工作。利用档案柜与档案盒，将扶贫档案进行分类整合，将各部门在扶贫工作期间的文字、影像、图片等资料按照要求统一进行整理，确保档案资料的真实性、规范性和实效性。健全驻村工作机制和市、县、乡、村四级联动扶贫工作机制，为每户"一对一"帮扶对象指定一名党员干部作为帮扶责任人，定期督查，通报情况。制定贫困县与非贫困县机关干部差异化分类考核办法，引导重点贫困县（区）领导层把脱贫作为工作重心，落实召回问责制度，并把长期扶贫建设、防止返贫现象发生作为日常工作任务。成立以市委、市政府为领导的精准扶贫领导小组，完善精准扶贫工作定期研究与联席会议制度，进行目标责任考核，确定脱贫时间表，加强分工协作。

在黄冈市开展扶贫工作的过程中，根据不同县市的情况，黄冈市委总结出了一种"五位一体"扶贫的新模式——"政府＋金融＋保险＋公司＋农户"产业扶贫模式，即由政府主导，市场作为带动力量，金融机构提供资金，保险公司分散风险，贫困户则发挥自身的力量。正所谓"资金跟着穷人走，穷人跟着能人走，能人穷人跟着产业项目走，产业项目跟着市场走"，即在贫困户有融资需求时，由金融机构为贫困户提供创业或发展家庭经济的资金贷款，由先前具有较好扶贫经验或具有强烈帮扶意愿的企业带动贫困户，为其提供技术支持以及指导，而政府机关出台相应的产业扶持政策以及对不同区域产业发展的相关规划，并进行招标，由企业以及农户竞标参与产业项目，同时也能够顺应市场潮流，紧跟市场的变化而进行调整，从而不仅使贫困户摆脱贫困状态，地方也能够发挥自然优势，实现经济发展。这种新模式的建立起初是受到罗田县黑山羊养殖产业发展经验的启发，后加以创新融合，总结成为一种成熟的模式。其展现出黄冈市扶贫过程中的先进经验，也被其他县市乃至其他省份地区广泛借鉴。

6.2　黄冈市弥补精准扶贫短板的路径

自精准扶贫项目在黄冈市试点施行以来，经过几年的发展，黄冈市在某些方面已经结合本地具体实际探索出了与之适应的精准扶贫实现路径，本节在此将进行系统性的总结，一方面将黄冈市探索的经验进行归纳，为以后更好地推行精准扶贫打好基础；另一方面将其成功路径加以归纳，以便其他扶贫地区以此为参考，更好地完成本地区的扶贫工作。

本节以《中共黄冈市委、黄冈市人民政府关于全力推进精准扶贫精准脱贫的决定》（以下简称《决定》）为依托，依据《决定》提出的"四个一批"，将黄冈市推进精准扶贫的实现路径大致分为四个方面：扶持生产和就业，移民搬迁和安置，"低保政策兜底"，医疗救助扶持。

以下做分类具体总结。每一小类加以论述，并选取有代表性的例子加以辅助说明。

6.2.1 扶持生产和就业

6.2.1.1 探索农业发展新模式，积极引进新发展助力

农业方面，农产品要进入千家万户，不仅要依据曾经的线下营销策略，还要结合当下流行的互联网思维，实行线上线下相结合的模式探索适合本地发展的新型农业化发展路径。

这方面做得最好的当属罗田县锦绣林牧专业合作社。罗田县凭借其地区优势，在做好地区调研后，建立健全利益联动机制，提升县内大多数民户的养羊积极性，吸引更多的农民工回乡建设家乡，政府同时建立相关的基金会为民众的养殖事业作保障，并且建立了"雨露计划"信息管理平台，以确保资金顺利到达民户手里，此过程中再依据互联网平台做好宣传和辅助。罗田县的扶贫事业做得蒸蒸日上，其合作社先后被授予"全省五强专业合作社"及"国家肉羊产业技术体系科研基地"等称号，且其注册的"薄金寨""三里美"等商标系列，获得湖北省肉羊绿色食品认证。在探索本地区农业扶贫的基础上，黄冈市逐渐摸索出一套属于自己的"政府—金融—保险—公司—农户"农业扶贫路径，并且卓有成效。❶

6.2.1.2 加速引进各种工业、制造业、服务业公司，加快本地区建设

依据罗斯托起飞理论可知（因大别山地区经济较为封闭，与外界联系不太密切等因素，可将其类比罗斯托起飞理论），一个地区要想快速发展，摆脱发展困境，不单单需要较高的资本积累率，更需要一个能带动其他部门发展的主导部门，而这些主导部门又多为工业、制造业或服务业。黄冈市政府为引进更多企业来本地区落户，其依据本地区现有能力为企业的落户创造了很多便利条件，并取得了一定的成效。经有关调查可知，截至 2014 年年底，在扶贫最初几年，黄冈市规模以上企业由 775 家增加到 1297 家，平均每 3 天落户一家企业，5 天一家企业投入生产。❷随着扶贫进程的推进，企业引进的速度也逐渐加快。企业的引进不仅为本地区经济的发展积累了更多的资金，也为本地区的发展保留了更多的人才，人才和资金的积累更好地促进了黄冈地

---

❶ 资料来源：《2017 年罗田县政府工作报告》，2016 年 12 月 16 日。
❷ 资料来源：《黄冈：精准扶贫的湖北样本》，2015 年 9 月 24 日。

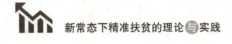

区的发展。

6.2.1.3 建立健全地区基础设施，降低地区物流成本

黄冈地区位于"武汉经济圈"中经济较为发达的地区附近，加大其与经济发达地区的联系，可以充分发挥经济发达地区对黄冈地区经济发展的辐射带动作用。黄冈地区在原有基础上加以翻新和改进交通设施，并依据发展需求，逐步完善交通体系。

黄冈地区将于"十三五"期间加大对交通设施的建设，其中涉及150个重大交通设施互联互通项目，总资金达5000亿元，包含8个重点项目。其中京九客运专线从阜阳到达九江段项目，从武汉到杭州快速铁路从黄冈到达安庆段项目，黄冈、鄂州划分的第三过江通道项目，从武汉到青岛客运专线项目，从大别山至冈山红色快速通道黄冈段项目，黄冈地区的顺丰"全国核心枢纽"货运机场项目等均已列入国家重点发展规划。❶

交通设施的建立不仅会加强本地区与外界的联系，促进同外界信息与资源的交流交换，助力本地区经济的发展，还会吸收本地区剩余劳动力，提高就业率。地区基础设施的建立从宏观和微观的角度上都会不同程度地促进本地区经济的发展，改善本地区居民的生活水平，推动精准扶贫的进行。

6.2.1.4 完善金融市场，为精准扶贫的进行提供保障

黄冈地区依托县域金融工程，结合本地区特色对其加以改造和升级，使其更加实用，更加接地气。县域金融工程的具体内容经过本土化改造后可分为以下几类：金融规划工程，产业金融工程，企业上市工程，金融服务创新工程，金融中心建设工程，金融管理机制再造工程。

金融规划工程是指对全地区金融发展进行全面系统的规划，以形成全区金融发展的规划流程；产业金融工程是制订金融产业扶持措施及融资办法，并建立相关扶持基金、风险补偿金制度、担保制度等促进相关产业发展的工程；企业上市工程具体包含上市后备企业名单制相关管理的完善，上市后备企业上市前辅导和培育的系统开展，企业上市相关制度的完善，加快推进企业股份制改造，逐步开展与资本市场的对接合作，促进企业挂牌上市，并引导其开展股权投资、债券投资；金融服务创新工程包含建立政府、银行、保

---

❶ 资料来源：《湖北省铁路网发展规划（2013～2030）》，湖北省交通厅，2013年8月13日。

险行业的深度合作机制，为企业订制较为保险的融资产品，推动信贷产品和抵质押方式的创新，建立金融与企业供需的长效对接机制；金融中心建设工程是指统筹各方面的金融要素和市场要素，集聚各类金融机构，以建立区域金融中心和金融功能区；金融管理机制指加强金融办等机构的建设，建立健全各类金融市场、金融要素、市场管理体系，深化金融生态建设，健全金融监管协调机制，完善风险管控度量监管体系。

通过这些工程的逐渐推行，黄冈市金融体系愈加健全，并取得了相当可观的成效。据相关调查可知，截止到 2016 年 5 月，黄冈市银行业机构已达 31 家，各类金融和相关机构已达 145 家；2014 年以来，黄冈市贷款业务快速发展，总体增速平均保持在 20% 以上；2015 年年度贷款净增 170 亿元，资本市场也不断地获得发展，全市企业已有 166 家在各类股权市场挂牌，和工程实施前相比净增企业 153 家。❶ 这些成就见证了工程实施下黄冈市扶贫工作的快速进展。同基础设施建设类似，金融市场的不断完善和发展，不仅能为黄冈地区资金的融通做出巨大贡献，在某种意义上亦可以吸纳和保留一部分人才，吸收剩余劳动力，提升人民生活质量。

6.2.1.5　紧跟中央指示，加快人才教育建设

教育是地区建设最为特殊的产业，其效用可以作用于就业、人才培养、工商企业的建设，其深层次的作用甚至可以惠及一个地区的各个方面，关系到一个地区的未来，因此其也必将成为一个地区产业发展中相对重要的方面。

黄冈市针对本地区特色，建立了与之相适应的教育扶贫策略，以完善本地区的教育产业，发挥其应有的作用。其具体的路径可以概括为"为什么扶""扶持谁""怎么扶""谁来扶""如何退"几个方面。

"为什么扶"，一则中央进一步加强了教育在发展中的优先地位，黄冈市遵照中央精神结合本地区特色进行教育扶贫路径探索；二则教育精准扶贫实施的目标与教育均衡发展的目标相一致，二者可做优势互补，促进教育产业的协调发展。"扶持谁"指把握扶贫对象，把扶贫落实到具体实际，可包括三个方面，分层分批进行：①锁定特定区域贫困家庭的学龄儿童，教育部门与其他相关部门经多轮双向调查核对；②锁定贫困镇、贫困村所在地学校，类似于贫困学生的锁定，不过更加片区化，多为贫困学生聚集地；③锁定相关

---

❶　资料来源：《务实改革的黄冈实践》，黄冈市人民政府，2016 年 5 月 17 日。

贫困区贫困学校老师群体，某种意义上相当于学区教育资源的建设，与前两个方面相配套。"怎么扶"包含四个方面，具体如下：①完善相关贫困生资助制度，以保障所有学生都能上学，可分为两方面，贯彻落实政府制定的各项扶持政策，呼吁社会捐助，并建立与之相关的基金及机构等；②加大贫困学校各类基础设施建设，以保障所有学生能有好的上学条件，政府拨付资金对贫困学校进行改造，分批分时依次进行；③加大对教师团队的建设，以确保所有学生都可以享受到较为良好的教师资源，包含教师培训、教师资源缺乏地区资源补偿、教师支教项目开展、教师补助等；④落实"贫困贫穷家庭明白人计划"，以确保每个家庭都有实用技术人才。"谁来扶"包含以下几个方面：①建立责任体系，从上到下签订责任状，施行包保责任制；②建立任务清单，建立完善的教育扶贫管理平台，根据政策切实落实各项扶贫任务；③建立帮扶制度，各级教育部门切实建立贫困学生资助、贫困地区教师培训等帮扶制度，以确保扶贫的各项任务落实。"如何退"即如何完善贫困学生、学校等的退出机制：①强化销号管理，在进行学生资助、教师培训等各项与政策相关且关乎贫困群体利益的过程中及时登记销号；②强化跟踪督办，定期定点对各项教育精准扶贫项目进行评估，以确保其落到实处；③强化考核结账制度，将关于精准扶贫的教育工作纳入教育工作考核范围，每年定期定点考核结账。

以上是黄冈市结合近年来教育精准扶贫的经验而提出的教育产业的精准扶贫的具体实现路径，可结合当地扶贫具体情况做适当的调整，整体具有较大的实践意义。教育产业的建设，短期内可以改善就业状况，改善地区关于知识的风气；长期来看可为地区培育更多人才，为地区未来深化发展提供人才保障。

6.2.1.6 打破区域劣势，建立地区人才吸引优势

人才聚集为一地区快速长远发展紧要之计，黄冈市将其作为地区发展的大事，采取了行之有效的措施。黄冈市开创性地创立了城市与学校及科研院所等科研机构的合作计划，以这些学校、研究所等机构为依托，将这些合作对象的人才优势转化为自身优势，为自身建设积累人才。

领导层面，设立了市长亲自领导的城市学校合作机制；建立常设机构，统筹建设市校合作，维系其正常进行；建立健全城市学校合作机制，推动市校合作的常态化进行，此外还采取了建立合作基地、为来黄冈市实训实习的

大学生提供补助等措施。这一计划施行以来效果明显，签约了高新技术产业项目 40 多个，吸引全国 413 所高校学生来此实训实习，有 5 个"国家千人计划"项目陆续在黄冈落户，等等，为黄冈地区精准扶贫的推行在一定程度上打下了人才基础。❶

6.2.1.7　依托本地区特色，发展自身优势产业

精准扶贫也要有的放矢，不同地区有不同特点，应结合具体情况设计自身路径。

例如，旅游扶贫为其中一种典型的模式，它的优势在于利用本地区天然优势，通过各种途径让居民参与其中，以带动经济发展。黄冈地区旅游扶贫开展得比较好的当属罗田县，其依托燕儿谷生态农庄、薄刀锋等旅游资源的辐射带动作用，根据当地情况种植旅游作物，并将其制成产品售卖给游客，同时建设餐饮娱乐等设施，建设具有地区特色的旅游区，以带动当地经济的发展，提升居民的生活水平。依据其发展经验，罗田县逐步探索出了"企业—基地—农户—产业—旅游"的新型发展模式。❷

6.2.2　移民搬迁和安置

6.2.2.1　贷款型"搬迁扶贫"

该模式以"搬迁扶贫"贷款为主，其他政策性扶助措施为辅，其适用范围比较广。具体如蕲春县横路村的"搬迁扶贫"模式，该村利用现有"搬迁扶贫"贷款政策，通过政府拨款，财政预算等流程模式逐步实现危房改造、无房户搬迁安置等工作，促进了易地扶贫搬迁工作的进行，并取得了一定的成果。

"搬迁扶贫"贷款模式优势较为明显，一方面"搬迁扶贫"贷款利率较低，可以降低民众因搬迁成本所带来的生活压力；另一方面"搬迁扶贫"贷款模式的资金大部分并不由政府财政负担，因此可以减轻政府扶贫财政预算方面的压力。这种模式看起来虽然优势比较明显，但需要较为完善的配套辅

---

❶　资料来源：《务实改革的黄冈实践》，黄冈市人民政府，2016 年 5 月 17 日。
❷　夏梦凡．精准扶贫：现状、问题与路径选择——基于黄冈市大别山革命老区案例分析［J］．经济研究导刊，2016（3）．

助政策、措施、市场条件等。具体有：①加强政府政策支持，加强政府和贷款机构间的沟通，完善"搬迁扶贫"贷款的细节；②完善市场机制，优化"搬迁扶贫"贷款的具体流程；③贷款模式因地制宜，完善风险防控机制；④建立健全评估机制，确保享受到"搬迁扶贫"贷款福利的申请者皆为该享受福利的个体，所有应该享受福利的个体均能享受到福利；⑤强化培训机制，增加人才配备，提高在职人员的工作素养和工作技能，培养专业化的服务团队。

6.2.2.2 政府补助型"搬迁扶贫"

这种模式一般会加大政府的财政负担，一般来说政府扶贫补助只能缓解搬迁户一部分的搬迁压力，因此政府一般会采取与之配套的其他政策。具体有：①集合政府、企业、群众、社会其他人士等各方面的力量，各出一份力，集合资金共同解决难题，亦谓"各出一份菜，同办一桌席"；②结合第一种贷款模式，政府补助和扶贫贷款相结合，根据各地区具体实际情况，将"搬迁扶贫"压力分摊到政府和民众身上；③增加搬迁居民工作机会，增加搬迁居民收入。

居民接受搬迁与否，取决于其对搬迁前后生活水平预期的对比，搬迁后生活水平预估高的一般会选择搬迁，搬迁后生活水平预估低的一般不会选择搬迁。因此政府可采取为搬迁居民培训、为搬迁居民直接提供就业机会、根据搬迁居民搬迁地的具体情况改变其产业结构等措施来提高居民心理预期，以促使居民离开原来发展前景较差的居住地，摆脱原有的贫困境地。

6.2.2.3 "低保政策兜底"❶

"低保政策兜底"政策的基本要求是结合黄冈市具体实际，贯彻落实中央、省委关于扶贫开发的核心精神，并根据《湖北省社会救助实施办法》及《社会救助暂行办法》的规定，按照"保基本、促和平、兜底线、可持续"等工作原则，集中力量开展扶贫工作，对黄冈市贫困人口展开补助，最终按时高效地完成扶贫工作。其具体工作任务可分为以下几类。

1. 关于农村"五保"对象的兜底

一则按照市政府原有标准每年向已经公布的"五保"扶贫对象准时准点

---

❶ 资料来源：《黄冈市人民政府办公室关于对农村低保五保对象实施政策兜底精准扶贫的意见》，黄冈市政府，2016 年 6 月 17 日。

发放救助基金，二则对其中生活严重不能自理的对象额外增加补助。具体采取以下措施：①落实保障政策，据悉自 2016 年 4 月起，黄冈市严格落实农村"五保"个体 6800 元每年的补助标准；②改善公共设施，逐步提升"五保"对象的居住环境，提升其生活水平；③对特殊对象如患有常见疾病的"五保"个体采取额外增加补助并进行医疗扶助等措施以保障其生活。

2. 关于农村"低保"对象的兜底

农村"低保"对象兜底也分为两类：①按照原有标准施行差额救助（即计算"低保"对象家庭人均收入与最低生活保障之间的差额，并以此为依据进行补助），以保障其家庭人均收入不低于当地政府当年公布的最低生活保障收入标准；②对于按照标准实施补助后家庭生活水平仍然不高的"低保"对象，再实施重点救助，且对于这类家庭中未成年人、老年人、残障人、患有重大疾病的个体增发不低于原有增发标准 20% 的补助。

3. 健全农村重大疾病补助制度

补助对象主要为"五保""低保"个体，具体政策如下：农村"低保"对象以及"五保"对象住院治疗的费用，在新农合 90% 的基本医疗报销以及大病保险报销的政策帮扶范围内的，需要其自付的部分按照 70% 的比例给其补助，同时其中有关农村"五保"的全部自费部分，由各级相关政府部门兜底，此外受全额资助的农村"五保"对象的参合费用以不少于 40% 的比例资助农村"低保"对象的参保费用。

4. 加强农村临时救助

由于黄冈大部分区域处于大别山地区，特殊的地理原因导致该地区常常发生自然灾害，往往会对当地居民的生活造成毁灭性的打击，使其生活陷入极其困顿的境地，因此对其进行补助可以在一定程度上减轻该地区贫困现象。黄冈地区对农村遭遇重大自然灾害、交通事故等重大变故，导致基本生活陷入困境的家庭或者个体，按照《社会救助暂行办法》中的具体政策加以救助。

以上"低保政策兜底"所进行的基本任务所涉及的群体基本包含所有应接受扶助的个体，但在具体扶助政策外仍需建立健全正常施行的保障机制以确保所采取政策发挥应有的作用，具体如下：①加强组织的领导。各级政府应加强对本地"低保政策兜底"扶贫的重视，层层把控，级级监督，以确保扶贫工作的正常进行，最好有专门的领导具体负责。②加强政策的宣传。政

府应利用各色宣传机制，宣传"低保政策兜底"的具体执行方式，并使民众明白政策具体如何运行、如何受益、参与的具体要求是什么等基本要素。③加强政策各执行部门间的协调配合。政府领导执行，各级政府密切配合，部门间应熟悉具体流程，以减少人力、物力等的浪费。④加强监督监控。其中包括受益人的监督、执行机构的监督、项目执行的监督等，以确保政策按照原有预期进行。

6.2.3　医疗救助扶持❶

疾病如今已经成为致贫的一大因素，经有关调查可知有一半以上的贫困户是因病致贫。对于多数经济条件并不算好的家庭而言，其基本模式一般为小病扛、大病拖，不能扛、不能拖的情况才去医院解决，而这种情况下，病情一般已变得较为严重，治疗疾病需要付出极大的时间成本及金钱成本，严重者甚至会直接将家庭带入极其困顿的境地。此外，对于有大病号的家庭，病号不仅不能为家庭带来实际的收入，还会耗费家庭积累的财产，甚至会导致家庭债台高筑，拉低家庭的生活水平，此种条件下医疗救助尤为紧要。为解决这种境况，黄冈市在原有实践基础上形成了如下路径。

6.2.3.1　重大疾病补助

因患重大疾病且费用开支较大，严重影响生活水平且符合规定条件的个体，在定点医院治疗的过程中，可以申请医疗救助。具体补助疾病类型及补助人条件需要按照本地具体情况而决定。黄冈市具体措施为：对于符合重大疾病规定要求的如急性脑中风、慢性肾衰竭、重度精神病等疾病的患者，当医疗开支极其大且对生活造成极大影响时，在定点医院进行治疗时可依照规定申请补助。

6.2.3.2　特定对象救助

这种情况与上述"低保扶助兜底"有一定的联系，对"五保""低保"个体采取"低保扶助兜底"措施，对其他贫困个体采取其他扶助措施，例如特困户优抚对象个体个人应该缴纳的资金全部列在优抚经费中，农村特别穷困

---

❶ 资料来源：《黄冈市城乡贫困群众重大疾病医疗救助试行办法》，黄冈市民政局、卫生局、财政局，2014年9月24日。

个体应该缴纳的全部资金应从医疗救助资金中列支，此外特定扶助对象应参加当地合作医疗。

6.2.3.3　特定医疗扶助单位降低贫困个体医疗费用

扶助地区应在地区所在地开设一定数量定点医院，以减轻患病贫困个体医疗负担。受扶助对象携带相关证件到定点医疗辅助机构治疗时，定点医疗扶助机构按照规定比例降低受扶助对象医疗费用。定点扶助机构应经过卫生部门等相关部门的审批，然后才能面向社会公开。同时还应配有对定点医院、定点扶助机构以及相关卫生审批部门监督监管的机构，以防止贪污腐败的滋生，维持相关体系正常运行。

6.2.3.4　建立健全相关的扶助机构

建立健全相关的扶助机构以帮扶生活极其困顿的贫困户，也可以接收部分符合相关条件的极其贫困个体，具体条件应根据当地实际情况确定。黄冈地区积极建设本地基础医疗扶助设施以来，每年都有大量协议零售药店、协议医疗机构建立，同时黄冈地区也建立了相关委员会，并根据《黄冈市基本医疗保险医药机构协议管理办法》来对基础医疗机构进行审批。

6.2.3.5　建立健全相关的监督管理机构，保障医疗救助扶持政策顺利进行

措施如下：①民政部门应结合调查情况，与其他相关部门合作，统计好受扶助个体的相关信息，建立好档案，做到有据可查；②财政部门应建立单独的扶助资金账户，以区别于其他资金，做到单独核算，按规拨付；③加强对定点医疗辅助机构的监督，严格登记和查询补助药物等减免项目的信息，严防钻营偷巧。

6.2.3.6　加强与慈善组织、红十字会等机构的合作，开展各式医疗辅助模式

①慈善机构可与相关医疗扶助机构合作，对点帮扶相关的贫困个体、贫困地区等，亦可为相关医疗扶助机构资金进行补充；②慈善组织红十字会等可定点定期对贫困地区居民进行免费体检筛查，以降低贫困地区居民患病的可能性，减少其生活压力；③建立健全慈善组织机构资金流动的监管机构，以做到公开透明，更好地提高资金的利用效率。

6.3 黄冈市推进精准扶贫的对策建议

6.3.1 加强教育扶贫，增强脱贫能力

从贫困的发生机制来看，存在一种贫困的恶性循环。一般来说，贫困人口的综合素质相对较低，主要体现在两个方面：①他们往往缺乏改善自身状况的进取心与自信心，无法较好适应不同经济环境，这可以称之为动力素质较差；②他们大多数人都缺乏多样化的谋生技能，仅能从事简单劳动且劳动效率不高，部分人口还缺乏健康的体魄，这可以称之为能力素质较差。这从两个方面产生或加剧了贫困：从宏观角度分析，一个国家人力资源的低质量导致人均国民收入较低；从微观角度分析，贫困人口由于综合素质较低，在经济机会竞争中处于劣势，从而加剧个体贫困。人口综合素质较低导致贫困，贫困反过来又阻碍人口综合素质的提高和福利水平的提高。由此可见，贫困人口综合素质较低既是贫困产生的原因，又是贫困导致的结果，因此在贫困和较低的人口素质之间便形成了一种恶性循环。

现代经济社会中，加强教育是对贫困人口素质改造的最主要途径，这主要是由现代经济社会劳动力再生产的特点所决定的。现代经济社会中，即使是从事农业的居民，若要获得稳定的经济收入，大部分也需从事多种职业；即使仅从事农业经营，也需具备一定文化基础和一定的生产、经营技巧。除个别情况外，大多数人必须接受起码的教育才能获取上述知识和技能，成为现代经济社会中的合格劳动力。马克思说："要改变一般的人的本性，使他获得一定劳动部门的技能和技巧，成为发达的和专门的劳动力，就要有一定的教育或训练。"这句话就是针对现代社会劳动力再生产特点而言的。

要打破贫困恶性循环的链条，必须对贫困人口进行综合素质改造，斩断恶性循环链条。治贫先治愚，扶贫先扶教。加强教育扶贫，是开展精准扶贫工作的重点，是扶贫助困工作的核心。在调查走访中发现，黄冈市贫困人口中绝大多数没有受过教育或教育程度很低，也存在部分家庭因学致贫的现象。要解决这部分人口的贫困问题，斩断贫困恶性循环链条，关键在于发展教育。

2015 年 12 月，中共中央、国务院出台的文件《中共中央国务院关于打赢

脱贫攻坚战的决定》中，教育扶贫被赋予了"阻断贫困代际传递"的使命，其实现路径被描述为"让贫困家庭子女都能接受公平有质量的教育"。从 2016 年开始，中国已进入全面建成小康社会决胜阶段，让 7000 万贫困人口走出贫困，是期许更是责任。在这一过程中，教育更责无旁贷地成为精准扶贫的治本力量源泉。

6.3.1.1　增强贫困人口教育积极性

思想是行动的先导，认识是行动的开始。要提高贫困人口的教育教学质量，必须以转变贫困群众落后的思想观念、提升自身综合素质、促进稳定增收、最终实现脱贫为重心。转变少数贫困群众原有的"等、靠、要"等消极思想，提高贫困群众对教育的认识和重视程度，鼓励贫困群众通过接受教育增强脱贫能力，变被动扶贫为主动脱贫。充分激发贫困群众脱贫致富的积极性和主动性，激发他们通过教育提高素质或掌握技能的积极性，从而增强其立足自身脱贫致富的信心，并拥有自强自立、自我发展的决心和热情。同时贫困地区的各级党委政府要充分认识到，只有教育才能提高人们的知识和能力，人们的知识和能力提高了才可以改变贫困的命运，教育是人们摆脱贫困的主要手段。必须持之以恒地把教育扶贫工作纳入重要议事日程，将其当作贫困地区实现可持续发展的一件大事来抓，真正把这项改变贫困地区贫困群众命运的大事办好。可通过多种形式广泛宣传教育对于精准扶贫的重大意义，扶持资助政策，使教育精准扶贫家喻户晓、深入人心，并加强舆论引导和监督，努力营造良好、积极向上的社会氛围。

6.3.1.2　提升教育扶贫成效

由于教育的投资效益的迟效性与长期性特点，在社会资源分配序列中，教育投资等社会服务支出经常被挤到末位。杨能良（2002）● 认为，教育扶贫是一种特殊的社会公共产品。加大政府对教育的投入，提高贫困人口的教育水平，使之能受到帮助其脱离贫困的教育，需要建立一种普遍的社会保障体系，弥补贫困人口的收入缺口。同时，要加大基础设施的建设，改善经济环境，提高贫困人口的就业率。所以，在他看来，教育是一种最有效、最持久的扶贫方式。相应地，在评价地方政府的扶贫政绩时，应把为贫困人口提供

● 杨能良，黄鹏．教育扶贫——我国扶贫的财政学思考［J］．福建财会管理干部学院学报，2002（1）：14.

社会服务的数量和质量，包括进行教育培训的情况，作为主要指标，而不宜仅把脱贫速度作为主要指标。世界上许多国家的反贫困实践证明，如果致贫因子既来自经济发展水平较低和经济制度高度不平等，又来自贫困人口的低素质，那么要彻底地、成功地反贫困，可能需要一代人的努力。幻想在一个较短的时期内快速实现脱贫而采取急功近利的政策，结果可能欲速则不达。

要提升教育扶贫成效，需做到以下几点。一是根据黄冈实际情况，加大对多种形式的精准教育扶贫力度。全力扶持贫困家庭子女上学就业；发展贫困农村学前教育，充分利用中小学布局调整的富余资源及其他资源发展学前教育；全面落实贫困家庭小学、初中寄宿生活补助和助学金补助等特殊补助政策；强化大学本科、中高等职业学历教育生源地贷款等扶贫培训补助措施，做到应补尽补；加大"雨露计划"扶持度。结合现代产业发展、结构调整的需要，并联系黄冈市的实际情况，开展贫困劳动力转移就业技能培训、短期职业培训和农村实用技术培训。重视对残疾、智力落后贫困人口的特殊教育，改善黄冈地区特殊教育条件，提高可接受贫困残疾学生融合教育的普通学校办学条件。二是加强精准扶贫教师队伍建设。制定优惠政策，鼓励、吸引优秀教师到贫困农村从教。为贫困农村教师在职称评聘、培训进修、评优提职等方面进行一定程度的政策倾斜，力争将"下得去、留得住、教得好"的优秀师资补充到贫困地区幼儿园和中小学。也可组织专家学者、优秀教师、离退休专业技术人员和志愿者到贫困农村学校服务。三是改善贫困农村学校硬件设施。精准扶贫不仅要重"量"，同时也要兼顾"质"，可在县周围较为集中的贫困乡镇实施农村学校硬件设施改善计划，不断提高贫困农村教育条件。

6.3.1.3　注重扶贫教育结构，提高教育投入的反贫困效益

目前我国的教育导向基本以普通文化教育、升学教育为主，轻视投资回收快、注重实用技能培养的职业教育。在教育结构中，高等教育比初等、中等教育发展得更快。一般认为，高等教育的私人回报率高于社会回报率，而初等、中等教育的社会投资回报率较高。且我国现存的教育层次结构与经济发展对劳动力教育要求的水平不相吻合，经济结构中对专业技术人才的大量需求得不到满足。现存的教育体制使普通社会居民特别是农村贫困人群看不到教育带来的直接经济收益，家庭反而要支付相当的上学费用，难怪贫困地区的群众感叹"上学不上学一个样，不上学还可以劳动，一上学就成为白才（无用之才）"，这是造成贫困人口子女入学率低、辍学率高的主要原因。

因此我们在注重教育扶贫的同时，也应注重教育扶贫的结构，加强对初等、中等教育和职业技术教育的投入力度。应把贫困地区初等、中等教育的发展纳入扶贫体系之中，完善小学、初中的助学金、奖学金制度，以保证素质优秀而家庭经济拮据的贫困人口子弟能拥有享受初等、中等教育的权利。可对未接受职业中学教育的普通小学、初中毕业生进行职业附加教育，同时应该注意到职业教育要把教育的超前性、导向性与实用性结合起来，要注意结合黄冈市及其周边地区经济发展水平组织教学内容，又要注意灌输先进科技知识和劳动技能。职业教育内容太一般化，会导致学无所用；教育内容太实用化、本土化，则发挥不了教育的引导作用，不能提高当地经济和科技水平。

6.3.2　提高产业化扶贫水平

黄冈市扶贫开发已经从解决温饱的初级阶段，转入巩固温饱成果、改善生态环境、提高发展能力、缩小发展差距的新阶段。但是新阶段面临的问题可以说更加艰巨，任务更加繁重，对扶贫工作提出了更高要求。黄冈市自开展系统性扶贫工作以来，按照国家扶贫开发工作的部署，积累了一系列符合当地具体情况的扶贫开发经验，其中产业化扶贫被证明是一种行之有效的扶贫手段。

实行产业化扶贫，一方面可以推动贫困地区产业结构升级，促进区域经济发展。另一方面可以提高贫困人口参与脱贫致富的主动性，通过产业化发展实现稳定增收，最终实现由"救济式"扶贫到"开发式"扶贫的转变。产业化扶贫是加快贫困地区实现自我发展的重要方式，也是推动贫困人口稳步实现脱贫致富的坚实保障。

6.3.2.1　扶持扶贫龙头企业，带动扶贫产业发展

扶贫龙头企业指通过各种利益联结机制带动贫困农户进入市场、促进贫困地区产业结构调整、带动贫困人口就业、在规模和经营指标上都达到规定标准并经过国务院扶贫办或者其他扶贫办认定的企业。由于此类企业在某一产业领域具有一定规模，其产品在所在市场竞争力较强。而此类产品涉及农村千家万户，农户可在产品的不同加工阶段通过企业带入市场，并可以在不同阶段获得经济效益，因此称之为"扶贫龙头企业"。

龙头企业由于其特有的市场、技术和资金优势，在产业化扶贫方向发挥

着重要作用。扶贫产业如果想要走上规模化经营和市场运作的道路，离不开扶贫龙头企业。因此，黄冈市应该制定专门的扶贫政策，例如从提供贴息贷款、基地建设等方面给予政策倾斜，让龙头企业更好地带动贫困地区发展。与此同时，也应注意对扶贫龙头企业提出相应要求，要求其发挥对贫困地区和贫困农户的辐射带动作用，帮助贫困地区优化产业结构，加快贫困群众脱贫致富的步伐。可通过采取"公司＋农户""公司＋基地＋农户"等发展模式，履行其扶贫职能，带动当地发展优势产业，推动当地扶贫产业迈上新台阶。

通过扶持扶贫龙头企业带动当地居民脱贫实际上是一个双赢的举措。扶贫项目的无偿贴息从一定程度上缓解了企业资金方面的压力，带动企业发展；而企业的发展也提升了农民组织化程度，提高了农民在市场上的综合竞争力，扶贫龙头企业一头连着市场，一头牵着农户，中间拴着产业项目，是一个真正经济联合体。只有"龙头"带动得好，另一头的农户才能正确地沿着市场的需求迈进。同时，也应加强政府在扶持扶贫龙头企业过程中的监督和监管力度，避免出现中饱私囊现象，即政府大力扶持的企业并没有带动当地贫困居民脱贫致富，而是将政府的大量补助裹入私人腰包。

6.3.2.2　建立专项资金，加大资金投入

贫困地区的资金相对匮乏，不能形成有效的原始资本积累，抑制了贫困地区的产业发展，因此，贫困地区的扶贫产业发展离不开政府部门的政策和资金扶持。

针对黄冈市贫困地区自身经济基础差、普遍缺少资金投入、产业化扶贫工作投入严重不足的情况，黄冈市应加强对产业化扶贫的资金投入力度或相应政策扶持，支持贫困地区发展特色扶贫产业。以少量的政府资金或者相应的政府优惠政策撬动其他地区大量民间资本，使其投入本地特色产业的建设，带动当地经济发展和税收收入，再利用税收收入加强投资，形成良性循环。

在专项资金的使用阶段，应加强对专项资金的管理和监督，明确资金扶持对象和资金投向，提高资金使用效率，避免借项目之名套用专项资金或者专项优惠政策的行为发生。在管理过程中明确规定产业扶贫资金只能用于贫困群众可以直接参与并能直接受益的优势产业建设。专项资金的设立，保证产业发展所需的资金投入，形成有效资本积累，免除后顾之忧，有利于引领贫困群众发展扶贫产业的积极性，推动形成贫困群众持续稳定增收的良好格局。

6.3.2.3　加强科技培训，引进帮扶队伍

在产业化扶贫的相关研究中，人力资本理论认为：人的知识、能力作为一种人力资本，人力资本的提高对于经济增长的贡献要比物质资本、劳动力数量的增加更加重要。其理论研究认为贫困的产生原因不在于物质的匮乏，而在于人力资本的相对匮乏，劳动力自身能力没有与物质资本齐头并进，因而成为经济增长的限制因素。

针对人力资本短缺这一限制性因素，黄冈市政府可从健全干部驻村帮扶机制中得以突破，通过选派年轻的优秀干部到贫困村支部任职，确保每个贫困村都有驻村帮扶人员，每个贫困户都有帮扶责任人。安排后备干部到贫困县挂职，负责牵头班子最弱、扶贫任务最重的贫困村的精准扶贫工作。也可建立科技特派员驻村制度。科技特派员是从事科技成果转化、优势特色产业开发、农业科技园区和产业化基地建设的专业技术人员，力争每个贫困村至少配备 1～2 名科技特派员对贫困村民进行专业帮扶。同时，也应发挥本地能人的作用。本地能人包括贫困村领导班子成员、党员、农业技术骨干、农村致富骨干等，这些人大多市场经济意识较强，具有带领群众致富的能力，能从一定程度上带动所在村庄经济发展或者综合实力的提升。

以上三点产业化扶贫政策措施，是对黄冈市产业化扶贫政策的相关建议，三方面相辅相成，互相支撑，既考虑了产业化扶贫过程中生产、加工、销售环节中容易出现的资金、技术不足等内在因素，也兼顾了对产业化扶贫工作方法中出现的龙头带动、金融推动等外在因素，同时还对相应资金的使用、管理制度以及人力资本方面进行了探索。

6.3.3　大力发展旅游精准扶贫

发展旅游业已成为重要的扶贫举措，旅游业被称为朝阳产业，在扶贫方面有着其他行业无法比拟的优势。伴随旅游业的发展，旅游带动经济发展和贫困人群脱贫致富的作用逐渐被人们所认知。世界各地一直都在深入挖掘旅游在扶贫方面的潜力。我国旅游发展的相关实践表明，旅游发展从一定程度上促进了贫困地区经济发展，带动了当地贫困人口快速脱贫致富。我国学者在 20 世纪 80 年代中期提出，旅游扶贫可以作为一种贫困地区脱贫致富的方式，一些落后地区依托独具特色的旅游资源，大力发展旅游业，旅游扶贫成

果斐然，引起了社会各界的高度重视。2014年，国务院出台的《关于促进旅游业改革发展的若干意见》（国发〔2014〕31号）进一步指出：旅游业发展在促进我国中西部协调发展，带动中西部贫困地区脱贫致富，促进我国经济贫困增长及生态改善方面有重大意义。可见，旅游扶贫已经成为我国扶贫的主要方式之一。

黄冈市自然人文景观交相辉映。黄冈依山带水，风光秀丽。大别山巍峨磅礴、巧夺天工，连绵境内数百里，其主峰天堂寨海拔1729米，集雄、奇、险、幽于一体，堪与泰山、庐山媲美。龙感湖古称雷池，曾与鄱阳湖相连，现有水域面积2500平方千米，是全国重要的湿地保护区。长江流经本市189千米，境内倒水、举水、巴河、浠水、蕲水、华阳河六水并流，百湖千库星罗棋布。黄冈名贤咸至，胜迹如云。李白、杜牧、王禹偁等历代骚人为此吟咏千古名篇，苏轼因此成就其文学巅峰。以黄冈为中心的大别山革命老区，更是全国12条红色旅游精品线路之一，是湖北红色旅游的主体。黄冈旅游资源极为丰富，但存在开发不足的问题，现根据黄冈现状提出以下几点建议。

6.3.3.1 加强旅游基础设施及配套服务设施建设

旅游基础设施和配套服务设施是游客进行旅游活动的基本保障，也是其选择旅游地点的决定性因素，因此基础设施的建设与旅游业发展有密切关系，从一定程度上可以说是一种正相关的关系。

根据相关研究结果显示，经济产业与基础设施建设能力是同步增长的，一般来说，当基础设施存量增长1%时，会带动GDP也增长1%。黄冈当地若要发展旅游产业，必须加强基础设施建设，政府和相关旅游扶贫主体应针对贫困地区的切实需求，加强贫困地区基础设施建设与改造。通过搭建"物流高速""人流高速""信息高速"，加强交通、水电、通信、餐饮、娱乐等设施及其辅助设施的建设和改造，以拓展贫困地区和外界资源的交流，为游客进入贫困地区和在此处进行旅游活动提供便利。应进一步增加投入，加大招商引资力度，公立建设和规划应向旅游扶贫项目地点倾斜，全面完善贫困地区的道路建设。完善供水、供电、通信、停车场等配套设施和厕所、垃圾、污水处理等设施建设，完善综合配套服务。

在完善基础设施的同时，也应加强旅游景点设施和服务设施的建设，一些景区的接待服务水平较低是制约其发展的另一重要因素。加强接待服务设施建设应从两方面着手，一方面要加强对专业人员的培养，就目前情况而言，我国专业导游从业人员人数和素质并不能满足我国旅游业的需求；另一方面要提升宾馆、酒店的接待能力和酒店服务人员的专业素质，提高酒店的综合服务能力。

6.3.3.2 完善旅游扶贫的环境建设

在贫困地区实施旅游扶贫，政府的支持至关重要。各级政府部门应为旅游扶贫营造良好的政策环境和投资条件，增加贫困地区社会资源的吸收能力。应向贫困地区制定相应的有利于旅游业发展的金融、税收、财政等一系列优惠政策。营造良好的招商引资环境，鼓励和引导具有扶贫性质的旅游产业优先发展，通过财政直接拨款、转移性支付等方式，帮助贫困地区完善旅游基础设施建设。完善旅游投资政策，制定各种旅游扶贫优惠政策，拓宽旅游引资渠道。旅游扶贫开发作为一项系统化的工作，仅依靠旅游产业政策自身的调整远远不够，必须要与其他现行的政策相互融合才能真正发挥功效。

在培养旅游投资环境的同时，也应注意旅游扶贫地区生态环境方面的建设。旅游扶贫产生的效应是综合性的，主要体现为对当地的经济、社会、文化和生态环境等方面的影响。虽然其产生的经济效应对贫困地区而言非常重要，但是旅游扶贫带来的非经济方面的影响可能要比经济利益更为重要。因此，在推行旅游扶贫的过程中不应只关注经济效益，更应关注非经济效益以及旅游扶贫的可持续性，首先就是对当地生态环境的保护。生态环境是一种不可再生资源，必须建立人与自然和谐与共的新文明。旅游项目规划时必须引入专业的生态评估和分析。除了基本的生态保护意识和常识外，在项目可行性分析和立项评估时应充分考虑生态保护领域专业人士的意见和建议，在开发和保护发生冲突时，遵循科学发展观，通过调研和多方论证，确保最终方案将可能的生态环境影响降到最低。

6.3.3.3 强化贫困人口参与旅游扶贫机制

旅游扶贫的特殊之处在于如何减少或消除贫困人口参与旅游的障碍，并扶助其在旅游中就业和脱贫。国内外学者通过对旅游扶贫案例的大量研究，得出贫困人口参与旅游扶贫的主要障碍在于：缺少资本、交通不便、缺少具有技能的人力资本、组织力量弱、物质资本缺乏、时间缺乏等。其一，可以通过加强基础教育的投入，对贫困人口进行专项技能培训，提高其在旅游扶贫方面的参与能力。制定有利于贫困人口参与的政策，降低贫困人口参与的门槛并提高贫困人口参与竞争的能力。但即便是相同的贫困人口，其参与到不同旅游项目中所面临的障碍也有差别，参与障碍也会随着旅游扶贫阶段的改变而发生变化，学者在这方面研究却非常少。其二，贫困人口参与的旅游扶贫内容多种多样，包含了项目开发、项目实施、利益分配等一系列内容。在各种参与内容中，贫困人口只有参与到级别较高的内容中才能真正长期受益。但是较高级别内容的参与门槛也较高，贫困人口由于资金缺乏、文化水平较低等各种原因很少能真正参与其中。因此，若要贫困人口在旅游扶贫中真正受益，需建立起贫困人口参与旅游开发的决策体系和相应利益分配机制，并建立以贫困人口为主体的个体实体旅游经营，切实保证贫困人口在旅游扶贫中长期受益。

6.3.4 推动革命老区扶贫工作专项开展

国务院 2015 年 6 月印发了《大别山革命老区振兴发展规划》，将黄冈全境纳入重点支持范围，为黄冈带来了新的历史性发展机遇。黄冈市具有丰富的红色资源，是一笔宝贵的精神财富。

然而革命老区的扶贫工作不同于普通地区。根据革命老区贫困现状的具体分析，革命老区在扶贫开发中存在三大问题：一是革命老区基础设施差，且资金缺口大；二是扶贫政策和措施碎片化、短期化；三是脱贫产业基础脆弱，容易返贫。三大问题充分显示了革命老区扶贫工作的艰巨性。

但是革命老区也具有独特的优势，其革命遗址和红色旅游资源丰富，有效利用和适度开发红色旅游资源，对于弘扬革命精神、继承红色基因以及提高党性修养具有重要意义。广大革命老区虽然贫困人口相对集中，地理位置偏僻，基础设施相对滞后，但生态环境大多得到了较好的保护，自然景观和革命旧址的开发价值有所上升，时机逐步成熟。

以推进精准扶贫为契机，对老区革命旧址进行系统整理恢复和抢救性保护，带动周边地区扶贫开发，成建制地减少贫困村，具有一定可行性。革命老区的扶贫机遇和挑战并存，以下是对黄冈市开展革命老区扶贫工作提出的一点建议。

6.3.4.1 革命旧址保护和精准扶贫相结合

现存的多数革命旧址年代久远，逐渐破败，亟待修缮。政府部门应该统一规划、统一部署,对革命旧址妥善保护。考虑到革命老区经济相对落后、革命旧址数量众多、资金相对不足等客观实际,建议多渠道筹集资金,按照"修旧如旧、适度从简"的原则,对革命老区旧址进行适度恢复和保护,最大限度地节约维护成本。

当前,精准扶贫在全国范围内深入展开,以此为契机,对革命老区定向反哺,成建制地减少贫困村,具有一定的可行性。一方面,对尚未纳入保护范围或面临毁损的革命旧址,适度进行恢复整修。同时,对革命旧址所在地及周边贫困村加强基础设施建设,整治村容村貌。对迁出旧址的房东及其家人,重新分配宅基地,优先聘为旧址管理员或讲解员。面向群众征集革命遗物,充实馆藏。另一方面,鼓励群众发展经济价值较高的林果、蔬菜和特色养殖等产业,兴办家庭旅馆,使旅游、采摘与特色餐饮相结合,吸引游客。

6.3.4.2　党性教育与老区发展良性互动

当前,"三公"消费得到控制,因公出国和考察机会减少,但广大干部职工外出考察学习交流的需求并未下降。现有的革命老区培训教育深受学员欢迎,青年干部和学员赴革命老区开展扶贫和相应教育活动后,均表示收获很大。目前来看,红色老革命根据地、老区贫困村和经济发展先进村等均可作为党性教育基地。但全市范围内各级党校、行政学院班次规模有限,难以覆盖政府和企事业单位的多数党员干部。如果要有效推进党性教育活动,建议党校、行政学院和干部学院结合学员班次特点,有针对性地选择教育基地,制订教学计划,允许不同地区之间异地交换教学培训,参观考察项目向革命老区倾斜。在领导干部培训的主体班次之外,允许机关企事业单位或行业系统,利用年休假等时间,定期组织干部职工到革命老区参观学习,开展业务培训和交流,带动革命老区经济发展。

习近平总书记针对革命老区精神提出了"溯到源、找到根、寻到魂"的要求。大别山革命老区要珍惜和利用本地文化资源和优势,深入发掘历史文化和红色文化内涵,建立大别山红色教育基地。可借鉴团中央井冈山红色教育基地的优秀经验,建立起一座以弘扬红色革命精神为指导思想的教育基地,承接来自全国各地各个行业的优秀党团干部的培训计划,把革命传统教育与关注人的全面发展有机结合,真正做到思想性、政治性、教育性和参与性、体验性、趣味性相结合,开设各种形式的训练营,针对不同年龄段、不同职业的青少年开展差异化培训,传播大别山文化。建立红色教育基地一方面可以弘扬优秀的红色革命文化、传递红色革命精神，另一方面可以带动当地旅游业的蓬勃发展，带动当地经济快速提升。加快推进革命旧址保护和修复工程，加大对革命旧址的保护、博物馆建设资金支持和革命纪念地免费开放补贴力度，创建国家5A级红色系列景区，满足社会各界不同层次的爱国主义、革命传统和延安精神的教育培训需求。同时也有利于发挥旅游产业的融合功能，通过发展旅游产业来带动其他产业，达到吸纳农民、富裕农民、减少贫民的目标。

6.3.4.3 加大革命老区基础设施投资力度

革命老区基础设施薄弱，需要加大投资。具体体现在：一是移民搬迁安置房缺口较大，需要增加投入。革命老区普遍存在移民搬迁安置点和贫困村基础设施严重滞后的问题，严重影响群众搬迁入住的生活质量、生产环境和长期稳定增收。应该对贫困村基础设施建设和移民搬迁安置方面给予相应政策倾斜支持。二是道路交通发展落后，需要加大投资。从长远考虑，实现地区内市县连接高速化、干线公路网络化。大别山区发展起点较低，交通基础薄弱，经济社会发展仍然滞后。加快大别山地区的交通基础设施建设，打造鄂豫皖三省"互联互通"一体化交通格局，对老区人民全面实现脱贫致富目标，加快革命老区精准扶贫、精准脱贫，意义重大。驻鄂豫皖全国政协委员提案，希望国家将京九高铁阜阳经黄冈至九江段、沿江高铁武汉至合肥段、武汉至杭州高铁黄冈至黄梅段项目纳入国家"十三五"及中长期铁路网规划，争取早日开工建设；将沿江高铁武汉至合肥段项目纳入国家"十三五"铁路规划，并早日开工建设。加大对大别山区域公路项目建设支持力度，打通省际断头路，实现所有国道有效贯通，提升整体通道功能。加大对大别山区域水运项目支持力度，尽快发挥水运通道优势，提升整体通航能力。三是新农村建设滞后，需要加大投入。大别山老革命根据地由于自然条件恶劣，农户居住分散，水、电、天然气、交通、广播电视等网络配套不完善，结合新农村建设和山区大县城建设，应增加农村基础设施项目配套投资，保证当地居民的正常生活质量。

以上几点建议应综合考虑，国家通过基础设施建设和资金投入，通过整合资源促进革命老区旅游产业发展，提出有针对性的脱贫帮扶计划；以旅游业带动当地特色种养殖、农产品深加工和农业产业化项目以及其他具有较好盈利前景的产业项目，全面促进革命老区经济发展。

第7章 精准扶贫的黄冈案例分析

自精准扶贫的顶层设计在黄冈市出台后，黄冈市各级扶贫部门积极整合扶贫资源，创新扶贫工作机制，结合各县、乡具体实际，大力拓展扶贫开发路径，在基层实践中不断发展和完善具有特色的扶贫项目，有效推动了精准扶贫工作在黄冈的落实，在探索扶贫开发破局、降低贫困发生率、保障贫困人口基本生活水平、提升贫困人口发展能力等方面产生了重要作用。现根据黄冈市精准扶贫的先进做法，选取14个具体案例展开分析。

7.1 残疾人帮扶扶贫案例分析

【案例背景】

精准扶贫是粗放扶贫的对称，是指针对不同贫困区域环境、不同贫困农户状况，运用科学有效的程序对扶贫对象实施精确识别、精确帮扶、精确管理的治贫方式。残疾人扶贫具有特殊性，尤其是农村残疾人的致贫原因更加复杂，扶贫需求更加多样，脱贫时间更加漫长，是扶贫攻坚中的"堡垒"。相较于普通大学生，残疾大学生就业更加坎坷，尽管有相关政策的支持，还是杯水车薪，说明制度还不完善。

【案例描述】

黄冈市经济发展在全国属于中下水平，是贫困地区的代表城市。全市有46.2万残疾人，其中80%以上生活在农村，总量居全国第一，还有7.2万多农村残疾人尚未脱贫，生活十分困难，其中大部分残疾人家庭生活水平低于全村平均水平，农村残疾人脱贫任务艰巨。因此，黄冈市开展残疾人精准帮扶模式具有一定的理论和实践意义。

2016年8月，为深入贯彻落实习近平总书记关于扶贫工作的重要指示精神，按照"精准扶贫，不落一人"的总要求，实现残疾人脱贫，确保贫困残疾人与全市人民一道共奔小康，经市委、市政府同意，决定在全市广泛开展"志愿助残阳光行动"。

残疾人是贫困人口中贫困程度最重、扶持难度最大、返贫率最高、所占比例较大的特困群体，是农村扶贫工作的重点人群。李克强总理提出，没有残疾人的小康，就不是真正意义上的全面小康，必须给予农村贫困残疾人更高的重视、更多的支持和更有效的投入。在全市精准扶贫工作中广泛开展"志愿助残阳光行动"，是深入贯彻落实党的十八大，十八届三中、四中、五中全会精神和习近平总书记系列重要讲话精神的重要举措，是围绕"四个全面"战略布局、牢固树立并贯彻"创新、协调、绿色、开放、共享"发展理念的有效途径，是保障和改善民生、缩小残疾人生活水平与社会平均水平差距的迫切需要，是实现共同富裕、全面建成小康社会的必然要求。

全市各级、各部门本着"积极主动、助残优先、有所作为"的原则，对外引进项目、对内挖掘资源，通过结对扶贫、政策扶贫、基础设施扶贫、助学兴教扶贫等方式，多途径开展志愿助残阳光行动，把帮助残疾人脱贫优先纳入部门政策享受，解决贫困残疾人的困难，每个县至少要培育和扶持一个地方特色优势产业，促进农村残疾人就地就近实现就业，生产增收，帮助贫困残疾人脱贫；每个部门至少对口帮扶3个贫困残疾人家庭，实施长期有效的关爱和扶助。引导帮扶农村残疾人及家庭成员从事维修、手工艺、家庭服务等多种形式的就业、创业项目。

引导和鼓励民营企业积极承担社会责任，通过投资企业、兴办实业、技能培训、推广技术、发展贸易，到贫困县或村安置残疾人就业，增强其自我发展能力。通过帮扶有劳动能力的残疾人创办扶贫基地，发展特色产业脱贫，支持民营企业采用"公司＋扶贫残疾人/户"的方式，扶持有劳动能力的残疾人实现就业，带动残疾人脱贫致富。

结合第一书记驻村帮扶工作，政府倡导开展结对帮扶服务，开展切实可行的投入少、见效快、风险小的增收项目，帮扶带动残疾人脱贫致富。通过引导社会组织助残扶贫，引导基金会、慈善机构在筹集扶贫开发资金方面发挥优势，拓展扶贫助残开发资金渠道，鼓励其根据自身实际，创建各类形式的助残扶贫公益项目，建立充满活力的社会组织参与扶贫机制。并且使用一对一结对、手拉手引导的"帮、包、带、扶"形式，帮助贫困残疾人及其家庭增加收入，通过爱心捐赠、志愿服务、结对帮扶等形式，针对贫困残疾人开展助教、助医、助学等助残扶贫活动。

除此以外，政府还充分调动志愿者力量开展助残扶贫活动，充分发挥各类志愿者协会作用，鼓励支持青年学生、专业技术人才、退休人员和社会各界人士进村入户开展扶贫志愿助残行动，建立各级助残志愿者组织，支持各类志愿者积极参与阳光助残公益事业。

通过以上措施，黄冈市扶贫基地发展迅速，开发式扶贫步伐坚实，特惠措施不断完善，政策性基础保障得到强化，关爱渠道得到拓宽，残疾人脱贫致富的信心不断增强。建立了横向到边、纵向到底、职责明确、运转有效的县、乡、村基层残疾人组织网络，夯实了残疾人扶贫事业发展的组织基础，丰富了扶贫助残社会资源，丰富了可持续生计理论。

【案例分析】

黄冈市在残疾人精准帮扶的层面上取得了显著的成效，除此以外，还应当加大理论研究力度，进一步形成科学的理论保障体系。农村残疾人扶贫理论应该包括科学合理的残疾人观和扶贫文化观，这些理论研究不仅需要有经验的人参加，还要充分利用研究机构的资源，壮大科研理论队伍，采用更为科学的研究方法做好农村贫困残疾人的生计调查，精准扶贫。重视社会工作人才培养，以社会工作手段推进农村残疾人扶贫开发工作。加大教育扶贫力度，解决发展能力不足和贫困代际传递问题，农村残疾人的贫困不仅是物质资源的贫困，更多是发展能力问题，农村贫困残疾人普遍文化水平低，劳动技能差，要彻底改变贫困状况，必须加强教育扶贫工作力度。

7.2 黄冈市电商扶贫案例

【案例背景】

在"互联网十"背景下，电子商务战略由城市逐渐向农村转移，结合"精准扶贫"战略方针，黄冈市孕育出一种新的扶贫方式——电商扶贫。

电商扶贫，是一种以电子商务为手段，拉动网络创业就业和网络消费产品，进而推动贫困地区特色产品销售的一种信息化扶贫模式。电商扶贫主要有以下几种形式：①通过教育培训、资源投入、市场对接、政策支持、提供服务等方式直接对贫困家庭进行帮扶，帮助贫困户直接在电子商务交易平台上实现增收。②通过贫困地区从事电子商务经营的龙头企业、网商经纪人、能人、大户、专业协会与地方电商交易平台等的合作，构建起面向电子商务的产业链，帮助并吸引贫困户加入，实现完全或不完全就业，进而达到减贫脱贫的效果。③通过电子商务规模化发展，在一定地域内形成良性的市场生态，当地原有的贫困户即使没有直接或间接参与电子商务产业链，也可以从中分享发展成果。

2015年11月国务院下发的《关于打赢脱贫攻坚战的决定》提出加大"互联网+"扶贫力度，在顶层设计上为电商扶贫发展明确了思路。

【案例描述】

黄冈市主要国家级贫困县包括红安县、麻城市、罗田县、英山县、蕲春县。黄冈市下属10个县市区，其中英山县、罗田县、武穴市、黄梅县在电商扶贫方面都印发了相关的政府文件，着重强调帮扶联结模式"农村电商平台+贫困农户"。依托全国知名电商地方馆、农村电子商务服务站等平台，通过线上网店、线下实体店等渠道，为贫困农户网购商品、网销农特产品提供途径，帮助贫困农户解决生产、销售、技术、信息等制约因素，带动贫困农户增收脱贫。

黄冈市政府下发的扶贫文件第31条至第38条规定，即关于电商扶贫的相关政策规定。第31条要求实施电子商务精准扶贫"35131工程"，利用3年时间，具体整合社会资源，通过平台减负、网货增收、创业致富、就业带动、工程惠民等5项精准扶贫行动，改进开发10种以上特色鲜明、优势突出、货源稳定、网络适销的农特产品，布局300个以上农村电子商务公共服务站，扶持开办300家扶贫网店，培训引导1万户贫困户参与电子商务产业链，帮扶对象贫困户户平均增收1万元。第32条要求在电子商务的基础上实施"五大精准扶贫行动"，其中包括平台减负行动、网货增收行动、创业致富行动、就业带动行动、工程惠民行动。第33条要求县政府与公司、金融机构、互联网公司等签订一系列的协议，以正式合同协议的方式进一步明确各方的职责、权利和任务。第34条要求组织人员开展有关电商扶贫的培训，逐户落实帮带责任人，确保各项工作落到实处。第35条规定政府工作人员要发挥积极示范作用，发挥主观能动性，主动承担责任义务，做好相关工作。第36条要求县财政整合资金，加大在电子商务方面的投入，包括电商服务站的建设、资源补贴，以及重点扶持和奖励支持等。第37条表明支持金融机构加快农村金融网店的建设。第38条规定了县商务局的各项协调、督办、审核责任等。

英山县作为电商扶贫的典型，对整个黄冈市具有很强的借鉴意义。2014年8月14日，英山县召开了电子商务协会成立暨首届会员大会，英山县30多家企业会员和40多名个体会员参加了此次大会。英山县电子商务协会是全市成立的首家县级电商协会。自2014年5月全市"推进电子商务发展暨淘宝黄冈馆建设动员大会"起，英山县率先成立了推进电子商务工作领导小组，并由县长亲自担任组长。由县商务局牵头，联合经信、农业、旅游、工商等部门，对全县电子商务开展情况进行了相关的摸底调查。组织润禾农业股份有限公司、怡莲阳光丝绸纺织有限公司、大别山宝农产品开发有限公司、梦丝家绿色保健制品有限公司等4家公司发起成立电子商务协会。

2015年10月2日，主办"第一届英山人发展论坛暨英山人新一代商会揭牌仪式"，英山政界、商界、文化界精英聚集一堂，共商英山发展大计。10月7日，湖北农夫电子商务有限公司第一届全体员工大会在淘宝·黄冈馆顺利召开。市公司、英山分公司、罗田分公司及其他筹备公司团队共计50多人出席了本次会议。10月10日，英山县农村电商服务站加盟拉开序幕，通过电视、网络、印刷广告单页等媒体宣传方式广泛招募。10月11日，县商务局组织入驻县电子商务创业园企业召开现场协调会。10月22日，县商务局赴石头咀镇大屋冲村对贫困户残疾夫妇家庭小店改造升级和加盟农村电商服务站进行现场指导。10月23日，县商务局副局长余智带领电商股工作人员赴杨柳湾镇锣响垴村开展电商扶贫工作，上门亲自指导贫困户开设农村电商服务站。10月30日，县电子商务创业园对入驻企业进行了办公环境评比。截止到10月底，县电子商务创业园共入驻25家企业。同时，英山县被评为"全国电子商务进农村综合示范县。"

2016年，京东商城与英山县签署了电商精准扶贫合作协议，英山县成为湖北省首家与京东展开扶贫合作的国家级贫困县。京东与英山县的电商精准扶贫合作包括产业扶贫、完善农村电商扶贫服务体系、农资金融扶贫、创业就业扶贫等方面内容。京东将支持英山线上及线下特产馆的发展，立足"一村一品一店"模式，帮助英山打造自有品牌，共建"互联网＋扶贫"示范县。京东将与英山共同建立物流配送中心及乡村服务站。京东将为英山农业提供优质农资产品销售支持及配套服务，并通过互联网金融等手段扶助当地农业发展。英山县也积极配合贯彻落实电商精准扶贫工作计划，为县民提供就业培训及就业与再就业岗位。据中国电子商务研究中心（100EC.CN）了解，京东与英山将以电商扶贫工程为抓手，瞄准建档立卡贫困人口，大力推动农产品上行，以此带动贫困地区的农业、工业、信息、物流、现代服务业等各项社会事业全面发展，提升英山县农村电子商务的发展水平，帮扶当地经济发展，实现建档立卡贫困人口尽早脱贫。

英山县作为黄冈市的重点扶贫县，也是国家级重点贫困县，在其采取的多种扶贫方式中，电商扶贫无疑是一种新型且有效的扶贫方式，并获得了"电子商务进农村综合示范县"的称号。与京东等电子商务大型平台的合作是其向着脱贫致富迈出的重要一步。

电商扶贫是现今互联网时代的重要扶贫方式，能在我国实现"十三五"扶贫攻坚战中发挥更重要的作用，真正推进互联网时代的信息化进程，实现人民的共同富裕。

【案例分析】

电子商务作为"互联网＋"时代的新型产物，具有高度灵活的市场性与市场活力，与传统的扶贫方式不同，电商扶贫不是提供救济款项"授之以鱼"的救济式扶贫，也不同于"授之以渔"的开发式扶贫，其作为产业扶贫的新鲜力量，能够营造一个信息流畅的新型市场，使贫困户的产品能够减少流通过程中的损耗，获得更多的利润。

首先，电子商务作为一种信息技术能够赋予使用者低成本对接市场的能力。从传统思维来看，贫困地区由于缺少资源、交通闭塞、产业落后，导致农产品销售渠道单一，其贫困的根源之一在于无法有效对接市场，无法及时获取有效信息，无法纳入新的社会分工。而电子商务能够为贫困地区提供新的沟通渠道。电商扶贫与传统模式相比，赋予了农民获取信息的能力，消除了农民在获取信息过程中的信息隔阂，能够帮助农民减少流通损耗，获取更大的利润。

其次，电商消费提高了消费者自主选择商品的能力，能够提高消费者的生活质量。目前我国贫困县中存在着潜在的购买力，在统计的"亿元淘宝县"中，移动网购消费增幅最大的国家级贫困县有 21 个。贫困地区人口可以通过电子商务平台购买廉价农业基础产品，进而减少农业成本，增加收入。更重要的是，通过电子商务平台还可以改变农民的基本思想状态，以转变其固有的思想观念，使其思想上从从事第一产业向第二、第三产业转型，脱贫致富。

另外，通过电子商务平台打造电子商务的全产业链，让贫困人口不仅参与到农作物种植过程中，更参与到产品包装运输、快递物流等全产业链中，实现第三产业就业，获得更多的利润。从机制设计理论视角下看，贫困地区多位于偏远地区，交通不发达，信息网络不健全，市场沟通有障碍，生产水平落后，导致其生产的大量优质特色农产品无法转化成优质商品，产业开发收效甚微。电子商务平台则将农产品市场与消费需求市场有效连接起来，为产业扶贫提供了有效路径。通过电商的网络系统，推动农业生产和农村流通向精细化、高效化发展，使贫困人口离市场更近，提高农产品的商品化率。同时，电子商务交易可以为当地产业开发、经济结构调整优化提供信息引导，反映当地市场潜力，为产业发展和结构转型提供可能性，为市场主体产业开发方向的选择提供备选空间。

7.3　黄冈市光伏扶贫案例

【案例背景】

作为国家重大决策部署的光伏扶贫，具有投产快、增收稳、收益长、风险小等多方面优势。黄冈发展光伏产业得天独厚，主要有三大优势：一是光照资源优越。光照资源分为 5 类，湖北省平均属三类到四类地区，黄冈为一类地区，年均光照时间约为 2000 小时，特别是红安、麻城一带光照资源极好。二是荒山荒坡、岗地河滩多，发展光伏产业可不占耕地、不毁林场。三是地处电力负荷中心，输电距离适中。目前，黄冈市光伏产业发展如火如荼、态势迅猛，2015 年，黄冈市在湖北省光伏发电项目备案最多、网容量最大，达到 24.5 万千瓦，特别是一些百兆级大电站相继并网发电。市委市政府高度重视，领导相继考察各地区后迅速召开全市光伏发电工作研究推进会，做出明确详细安排部署。

【案例描述】

黄冈下属麻城市中馆驿夹洲光伏基地、王集光伏基地、龙池办事处红石堰光伏基地，既有百兆级大电站，也有 60 千瓦、90 千瓦的分布式电站。其运行内容和模式主要体现在以下几点：第一，市场化运作。由财政注资3000万元组建麻城市能源投资开发公司，专门负责光伏产业扶贫工作，通过"统一规划、统一融资、统一招标、统一建设、统一管理"，整体推进全城的光伏电站建设。第二，相对集中。以村、镇为单位建设集中的分布式电站，降低建设成本，便于经营运行和管理。第三，项目评优。把光照资源、荒地资源等作为稀缺资源严格管理、科学开发、合理利用，对光伏建设项目和投资公司认真把关，比对筛选，避免一些质量低下的企业参与开发占用有限资源，带来破坏性建设。真正让有实力的公司建设优质项目，促进光伏产业的健康持续发展，保障贫困户长期稳定收益。

黄冈市红安县出台光伏发电扶贫试点项目实施办法。以贫困户和贫困村持久增收为目的，帮助贫困户家庭新建一个3千瓦功率户用分布式光伏发电站，产权和收益归贫困户所有，实现年增收3000元以上。贫困村新建一个50千瓦功率的光伏发电站，产权和收益归村集体所有，实现年增收5万元以上。其政策标准主要有以下三点：第一，重点贫困村所需资金从整村推进产业项目资金中安排；中标施工单位适当减免相关费用。第二，非重点贫困村，以村为主体，从集体经济收入中解决，不足部分政府贴息贷款，分年度还款；中标施工单位适当减免相关费用。第三，贫困户所需资金分3部分：政府出资1/3，中标施工单位出资1/3，贫困户自筹1/3。无资金的贫困户，采取个人贷款、政府贴息、收益还款的方式。光伏电站的建设选址主要依靠行政村和贫困户，即选择时尽量避开农田林地的位置，选择有条件的个人屋顶。同时，红安县简化了光伏发电扶贫试点建设申请程序，采取申请、审核、立项、招标和建设的流程。

黄冈市陈策楼镇李家墩村建成黄州区首家分布式村级光伏电站，正式并网售电。李家墩村去年村集体收入只有5万元，精准识别建档立卡的贫困户有69户、225人，是全区重点贫困村。2016年2月，在省、市、区驻村扶贫工作组的支持下，李家墩村先行先试光伏发电项目扶贫，探索建立政府补助、社会帮扶、金融支持等途径相结合的资金筹措机制，筹资50万元，建成全区第一家分布式村级光伏电站。该电站坐落在向阳的山坡上，总装机容量60千瓦，230块太阳能电池板每年可发电7万度，一年减少碳排量221吨，每年可给村集体带来近8万元收益。

【案例分析】

根据"随州模式"和黄冈即将形成的"黄冈模式"分析来看，光伏扶贫不仅需要黄冈市委市政府对精准扶贫工作的重视，更需要社会各方力量的积极参与，需要贫困群众饱含热情，勇于担当，把脱贫攻坚的责任担在肩上，积极谋划精准扶贫、精准脱贫的途径方法。该种模式总结出以下几点经验：第一，充分发挥自然条件的优势。黄冈位于湖北省东部，大别山南麓，四季分明，光照充足，属于太阳能光照资源十分丰富的地区，在此地发展光伏产业，具有得天独厚的优势。第二，发挥各个企业的优势。黄冈供电公司在麻城等地参与调研，询问光伏发电并网过程中的困难与问题并积极解决。黄冈市能源局与各大银行合作，引进一批新能源企业，助力光伏扶贫。第三，抓"精准"，突出重点。光伏扶贫重点瞄准了两类对象，即无劳动力的贫困户和无村集体经济收入的贫困村，落实省政府提出的"精准扶贫，不落一人"的总体要求。第四，运用政府和市场的双重力量。政府作为"有形的手"，设定目标，动员部署，督实核查；电网公司积极配合，不分昼夜并网入户。最终实现了共赢，也充分调动了群众的主观能动性。

综合分析，继光伏扶贫探索出"随州模式"的新经验后，黄冈市积极探索、试点先行，光伏扶贫取得了较大的成果。光伏发电扶贫项目实施的意义主要有以下几点：①光伏扶贫体现了"绿色发展"的新理念。党的十八大五中全会提出"创新、协调、绿色、开放、共享"五大发展理念，这五大发展理念也是打赢脱贫攻坚战的基本原则。②光伏扶贫拓宽了贫困户增收的新渠道。黄冈市过去的发展依靠农业、家庭养殖业等传统产业，很多贫困户没有稳定的收入来源，长期依靠外出打工维持生计。实施光伏扶贫，在贫困户传统增收的基础上，通过建设户用的小型光伏发电站发电售电，实现与大电网并网，拓宽了增收的渠道，也在一定程度上改变了贫困人口的生产生活方式。③光伏扶贫破解了贫困村无集体经济收入来源的困局。多年以来，贫困村无集体经济收入的问题，一直困扰着各级党委政府。光伏扶贫通过在光照条件较好的贫困村集中建设小型光伏发电站，可以突破这一难题，使贫困县摘帽。④光伏扶贫产生了多重效益。实施光伏扶贫，贫困村、贫困户、企业、政府均可受益，可谓一举多得。

7.4 农业产业化扶贫案例

【案例背景】

黄冈市罗田县为充分调动各方积极性，推动产业帮扶到户到人，带动农村贫困人口稳定增收脱贫，根据农村实际和农民意愿，分类推进产业扶贫，并开展电子商务助推精准扶贫。

【案例描述】

罗田县大自然生物科技有限公司快速实现了由传统的加工商贸企业向电商企业的成功转型。一年来，公司紧密配合县委县政府精准扶贫战略部署，充分发挥电商龙头企业示范作用。投资800万元新上6条标准化加工生产线：甜柿加工生产线、真空粟仁生产线、食用菌类等干燥食品加工生产线、鲜果蔬菜加工生产线、肉类制品加工速冻生产线、手工面（辣椒粑）等粮食制品加工生产线，着力推进线上农特产品生产加工向规范化、标准化、商品化、品牌化、规模化迈进，带动全县相关农产品产业规模化发展。投资5万多元注册了能在线上线下销售的"粟花香""老家味道""多吉利"3个品牌商标；投资50万元与武汉蓝岛包装设计策划公司进行战略合作，把全县的农特产品划分为10大类218款可加工生产系列产品，第一批开发设计了100款适合在线上线下销售的产品包装，并已交付使用。这些农特产品将通过线上互联网平台的推广、游客的带动和线下实体店的销售等形式，促进全县的农特产品走出大山，走进千家万户。

公司实行订单种植和产品包销模式，与从事各类农产品生产的711户贫困户签订了包保脱贫协议，先后包销大河岸镇花银岩村贡米3万余斤，帮助33户贫困户增收10万余元；包销平湖乡秋千场村种植的香菇8万多斤，帮助12户贫困户实现增收12万元；包销平湖乡富家大垴村全村的甜柿15万斤，帮助45户贫困户增收近30万元；协议收购凤山镇上十源河村400亩蔬菜基地的蔬菜，解决了61户贫困户卖菜难和就业难的问题，使贫困户户均增收8700元。

【案例分析】

结合现阶段罗田县农业农村发展实际，总结出产业扶贫的相关经验，并积极探索创新到户到人模式，广泛吸引各类市场主体参与产业精准扶贫。

（1）龙头企业＋贫困农户

农业产业化龙头企业与贫困对象签订帮扶协议，根据贫困农户家庭情况及发展条件，集合企业生产经营实际和需要，采取土地流转、入股分红、资金扶持、订单生产、技能培训、劳务就业等多种方式，通过种养加、产供销、农工贸等多种渠道，辐射、带动贫困农户增收脱贫。

（2）农村电商平台＋贫困农户

依托全国知名电商地方馆、农村电子商务服务站等平台，通过线上网店、线下实体店等渠道，采取为贫困农户网购商品、网销农特产品、提供物流配送岗位等途径，帮助贫困农户解决生产、销售、技术、信息等制约，带动贫困农户增收脱贫。

但是上述模式也存在一些问题。

（1）到户政策效果欠佳

调研走访的贫困户反映，由于出台的优惠政策与贫困户的实际情况不完全符合，导致扶贫效果欠佳。

（2）社会扶贫参与不够

当前，仍存在组织动员不够、政策支持不足、体制机制不完善等问题。由于缺乏必要的激励和约束机制，造成扶贫效果不明显。在参与面上，龙头企业等社会组织及个人对参与社会扶贫的重要性、必要性认识不足，出现了参与面不广，积极性不高的问题。

（3）帮扶政策合力不足

一些部门更加强调自身项目的重要性和特殊性，不愿意本部门管理的项目资金被整合用于扶贫项目，从而导致扶贫项目资金不足，帮扶合力不够。

（4）基层保障体系不全

新一轮扶贫攻坚以来，扶贫工作的权限和重心逐步向县、乡、村下放，基层扶贫工作负担加重，需要大量的人力、物力、财力来保障。黄冈目前的扶贫系统机构存在职能不强、财力有限的问题，人员构成呈现老龄化严重的现象。

为此应该做好以下几点。

（1）全力推进产业扶贫，扩大社会参与度

建立健全与扶贫政策挂钩的市场主体包户增收脱贫机制，吸引和激励各

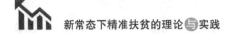

类农村经营主体参与产业精准扶贫。鼓励和支持新型农业经营主体直接带动贫困户参加合作经营，实现抱团发展、稳定脱贫。

（2）电子商务助推精准扶贫

大力推进"互联网＋扶贫"，加快发展农村电子商务。开展电商扶贫示范，大力发展"电子商务＋定制种养"，支持、引导龙头商贸企业运用电子商务平台，与贫困户精准对接，通过网络带动乡村农特产品和旅游文化产品消费。

完善电商扶贫商品流通体系，实现县、乡、村三级消费网络全覆盖。健全电商扶贫物流体系，重点完善贫困村农产品冷链物流设施，健全覆盖农产品采收、产地处理、贮藏、加工、运输、销售等环节的冷链物流体系。建立电商扶贫农产品品牌，用品牌化倒逼产业化、标准化，提升农产品附加值。

（3）加强农村信息化扶贫

整合开发各类信息资源，建立贫困村信息终端服务平台，推行网格化管理，为农民办理业务、获取信息提供便捷服务。加大培训力度，逐步培养出一批有文化、懂信息、能服务的高素质信息员。推进"宽带乡村"建设，支持农村光纤宽带进村入户，尽快实现自然村宽带全覆盖。打造信息平台，实现数据对接共享，统筹安排各部门的帮扶政策，合理叠加使用政策，使各部门均匀有效地得到帮扶，实现精准帮扶、精准管理。

（4）增加资金投入，加强金融保障

优化金融保险服务，鼓励各类金融机构及政府担保机构针对产业精准扶贫制定服务措施。此外，加大资金整合力度，统筹政策资金，集中支持重点贫困村的发展；地方财政要加大扶贫开发资金投入力度，安排扶贫开发专项预算。

（5）强化考核督办

充分发挥驻村工作队和定点帮扶单位的作用，将产业扶贫和电商扶贫纳入扶贫工作体系。

7.5 黄冈市交通扶贫案例

【案例背景】

交通扶贫是扶贫措施中重要的一环，是脱贫攻坚战的先行工程。交通作为区域基础设施，是连接区域经济发展的动脉，是区域经济发展的"造血"工程。黄冈市位于湖北东部，大别山南麓，是鄂豫皖赣四省交界处，与湖北省会武汉山水相连，地处武汉城市圈的关键位置，区位交通优势得天独厚。但是受经济条件的限制，内联外通的路网结构未完全形成，交通运输能力不足。交通的不足使黄冈市的各项资源无法取得最大的效用，成为黄冈市经济发展的阻力。

"十二五"期间，黄冈市的交通扶贫工作取得了卓越的成效，在交通运输部发布的《"十三五"交通扶贫规划》中，黄冈市全境更是被纳入政策范围；2015年6月15日国家发改委颁布的《大别山革命老区振兴发展规划》中，详细说明了要推进革命老区铁路、公路、水运、民航等方面的交通设施建设。此外，湖北省交通运输厅编制了《大别山革命老区振兴发展交通专项规划》，为黄冈市交通扶贫创造了良好的政策环境。

【案例描述】

"十二五"以来，黄冈市在交通建设上投入了大量的资金，通过政府补贴以及创新的BT、BOT、EPC等融资方式，通过市场融资以资源换资金，实现了"十二五"期间交通建设430亿元的投资量。在这些资金的投入下，黄冈全市5年间共建成220千米的高速公路，率先在湖北省实现了县县通高速，到2015年年底高速公路总里程跃居全省第一。一级公路建设量达到190千米，二级公路建设量达到700千米，黄冈市改造县、乡道量达到820千米，修建国、省干线833千米，通村公路7500千米，全市公路通车里程突破2.8万千米，公路密度达到165千米/百平方千米；建成35.99千米的武汉至黄冈城际铁路。此外，小池综合码头等一批现代化码头建成运营，黄州临港新城综合码头等大批港航项目建设加快推进，全市内河航道通航里程达461.7千米。大量的资金投入促进了黄冈市交通的跨越式发展。

黄冈市依山带水，历史悠久，有着极佳的自然风光以及浓浓的人文底蕴，加上黄冈全境位于大别山革命老区，红色旅游也是当地的一大特色。在交通扶贫过程中，当地政府结合旅游资源丰富这一特色，打造了"黄冈市交通精品工程＋生态旅游扶贫"扶贫项目，具体包括在大别山腹地深处建起的大别山红色旅游公路等。大别山红色旅游公路于2012年建成通车，为周边730万人的出行提供了便利，推动了鄂东旅游市场的发展，为黄冈市的扶贫开发工作做出了巨大的贡献，同时极大地促进了旅游业的发展，旅游业的发展又带动了周边地区农民的就业，为农民带来了丰厚的回报。同样，2015年12月通车的武（汉）英（山）高速公路途经黄冈市的团风、浠水、罗田和英山四县，被称为"大别山革命老区的扶贫高速公路"，这条路打通了湖北、安徽两省的"断头路"，让深藏在大别山中的旅游资源展现在人们面前，同样拉动了旅游业的发展，增加了当地收入，黄冈大别山旅游业蓬勃发展，成为村民增收的重要渠道，叫响了"千里大别山，美景在黄冈"的品牌，为扶贫工程贡献了力量。

构建"交通产业一体化"，促进经济发展。武汉作为湖北省省会城市，经济发达，黄冈毗邻武汉，是武汉城市圈的重要组成部分，依托武汉带动黄冈发展需要交通建设的完善。近几年武冈城际铁路、黄冈长江大桥、黄鄂高速公路团风段、黄冈大道"一桥四路"建成通车，不仅极大地提升了黄冈的城市品位和城区发展首位度，吸引武汉经济开发区与黄冈共同打造黄州工业园，开创了交通与城市协调发展的新模式；而且改善了黄冈交通环境，显著增强了区位优势，许多企业纷纷落户黄冈。有效促进了黄冈的脱贫工作进程。"十二五"以来，黄冈市市新签约重点项目3132个，合同金额9617.4亿元；新开工项目1133个；固定资产投资总额1999.9亿元。

城乡"二元"经济在贫困地区的表现尤为明显。黄冈市全市共892个贫困村，大别山区贫困村集中，交通不便带来的经济交流互通不便是一项主要原因，农村交通一直是经济发展木桶效应的短板。针对这一问题，黄冈市在农村交通建设方面以习近平总书记"建好、管好、护好、运营好农村公路"重要批示为目标，在全市开展了3年大会战（2015～2017）、3年攻坚战（2018～2020），建成市县城区辐射周围25千米范围的公交化公共交通网的"3325"活动，努力补齐农村交通这块"短板"。通过投资农村交通建设促进贫困村产业基地建设，促进贫困村物流发展，对农村群众在交通行业从业培训、就业推荐方面给予支持，优先安排符合用工要求的贫困群众上岗，促进贫困农村农民就业。黄冈市在农村交通扶贫上也取得了良好的成效，农村客运"村村通"工程截至2015年年底，完成路肩培土7388.3千米，新建错车台9147个，完成安保工程2024.3千米；维修、改造候车亭437个，新建候车亭801个、招呼站1102个，建设公路7388.3千米。至此，黄冈市4314个行政村全部实现了通客车，黄冈市的"一号工程"和"民生工程"农村客运"村村通"工程圆满完成任务。"村村通"工程刺激了民间资本投资，便捷的交通促进了一批农产品加工厂的建成，罗田的板栗、红安的花生、英山的茶叶等农副产品销路变广。更有村民自发形成客运联盟，依靠"村村通"工程，不少贫困村和贫困村民实现了增产增收。

【案例分析】

黄冈市的交通扶贫成果显著，结合黄冈市的交通扶贫实例，从中可以得出以下几点经验。

扶贫工作，交通先行。"要想富，先修路"的民谚大家耳熟能详，交通作为基础设施的一部分，要取得良好的效果，需要大量的资金投入，除了国家补贴，要结合多种融资渠道，发挥市场的作用。

结合当地特色，因地制宜。交通是一项辅助性工程，作为基础设施，最后的落脚点依然在带动经济发展上，与当地特色相结合，选取最适合当地的"交通＋"模式，达到交通扶贫事半功倍的效果。交通扶贫的目的不是为了闭门造车，而是连接各区域，实现区域间的"先富带后富"，实现联动式发展。

贫困地区的农村交通问题是阻碍扶贫工作的阻力之一，投入大量资金建设农村交通，不仅有利于以城带乡实现联动发展，还可以通过农村交通的带动作用衍生一系列副业促进农民就业。结合黄冈市的交通扶贫实例，交通工程建成后收益丰厚，扶贫成效显著。

交通扶贫是一个投资建设周期长、初期成效小、回馈递增的措施，因此初期与其他扶贫措施结合，平衡扶贫工作尤为重要。在交通扶贫中，交通工程的养护是一项长久且花销巨大的开支，特别是黄冈毗邻长江，夏季暴雨较多，易泛滥成灾，如何增强交通扶贫工程的抗灾能力，减少后期在养护重建上的开支，提升工程质量，也尤为重要。

7.6　武穴市教育扶贫案例

【案例背景】

"扶贫先扶教"决定了教育扶贫的基础性地位，"治贫先治愚"决定了教育扶贫的先导性功能，"脱贫防返贫"决定了教育扶贫的根本性作用。因此，服务国家战略，打赢黄冈战区教育精准扶贫攻坚决战是教育的神圣使命，是对老区人民的最好回馈。在建成全面小康社会的背景下，如何让黄冈老区更多贫困孩子拥有可期的美好未来，促进老区经济社会腾飞，是教育系统的重要职责。

【案例描述】

武穴市全市建档立卡贫困家庭学龄人口 6574 人，其中幼儿园 1160 人、小学 2990 人、初中 927 人、高中 527 人、中职 182 人、大学 788 人；46 个重点贫困村所在地的义务教育学校 26 所，其中初中 2 所、小学 1 所、教学点 23 个；重点贫困村所在地学校教师 222 人。

贫困家庭学生资助全覆盖。建立从学前教育到高等教育的贫困家庭学生资助体系，确保不让一名学生因贫失学，所有学生都能上学；重点贫困村所在地学校改造全覆盖。结合全面改薄工程，在项目建设和资金安排上向重点贫困村所在地学校重点倾斜，确保学校办学条件达到国家标准，所有学生都能上好学；重点贫困村所在地学校教师培训全覆盖。利用"国培""省培""市培""县培"计划全面培训重点贫困村所在地学校教师队伍，着力提高教师的信息技术应用能力和教育教学水平，确保将重点贫困村所在地学校教师轮训一遍，使所有学生都有好老师教。

武穴市构建"从小到大"的教育资助体系，实现建档立卡贫困家庭子女在优先享受现行资助政策的基础上，获得最大限度的资助。落实学前教育资助政策，按每生每年 1000 元的标准给予生活费补助。落实义务教育资助政策，按小学每生每年 1000 元、初中每生每年 1250 元的标准给予生活费补助；校车（市校车服务公司提供的国标校车）乘车费和寄宿生生活服务费全免。落实高中教育资助政策，按每生每年 2500 元的标准发放国家助学金，学费和教材费全免。落实中职教育资助政策，一年级、二年级学生按每生每年 2000 元的标准发放国家助学金，安排三年级学生到企业顶岗实习，扶贫部门按每生每年 3000 元的标准发放"雨露计划"助学补助。落实大学教育资助政策，实行贫困生生源地信用助学贷款政策，每生每年贷款最高标准为 8000 元，就读高校期间财政全额贴息。实行普通高校家庭经济困难新生入学资助项目，就读省外高校的贫困家庭大学新生每人发放 1000 元的路费和短期生活费补助，就读省内高校的每人发放 500 元的补助。

实施《教育精准扶贫学校建设规划》。将重点贫困村所在地学校纳入"全面改薄"计划，规划建设总资金 1416.6 万元，按照"缺什么，补什么"和"分项、分校推进"的原则，确保重点贫困村所在地学校校舍、运动场、配套设施、生活设施、教育装备等达到国家标准。到2017年，完成重点贫困村所在地26所学校改造任务，其中2016年11所、2017年15所。提升重点贫困村所在地学校教育信息化水平，加强重点贫困村所在地学校信息技术基础设施建设，大力推进"互联网＋教育扶贫"，通过信息技术手段，将优质教育资源输送到重点贫困村，实现"宽带网络校校通""优质资源班班通"和"网络学习人人通"。提升贫困地区"教学点数字教育资源全覆盖"项目成果，逐步扩大"在线课堂"开设规模，让重点贫困村孩子"同在蓝天下，共享优质资源"。探索建立重点贫困村教学点网络学校，采取专递课堂、名师课堂、光盘授课等多种形式，促进重点贫困村教学点开齐开足课程，全面提升办学质量。

项目重点向贫困村所在地学校倾斜，实施农村"全科教师"培养工程，全面轮训贫困村所在地学校全体教师，其中2016年111人、2017年111人。拓宽重点贫困村所在地学校教师成长渠道。在专业技术职务晋升和名师、特级教师、骨干教师、优秀教师评选工作中，将乡村教师单列，向重点贫困村所在地学校符合条件的教师倾斜。对在村小、教学点的教育教学岗位上做出突出贡献且任教达20年以上的重点贫困村所在地学校教师予以表彰鼓励。

加强对建档立卡贫困家庭学生进行职业技术教育。对初中毕业没有升入普通高中的学生进行免费中等职业教育，推荐贫困家庭学生到大中城市示范性中等职业学校接受学费、生活费全免的职业教育，并优先安排就业；加强建档立卡贫困家庭毕业生就业创业引导帮扶。建立建档立卡贫困家庭大学毕业生就业创业帮扶机制，充分发挥现有的大学生就业创业孵化基地和大学生实习实训基地的作用，开展有针对性的职业规划指导、创业教育培训，协调人社部门举办专门招聘会，挖掘适合的就业岗位，优先推荐和帮助建档立卡贫困家庭毕业生就业创业。

对建档立卡贫困家庭留守儿童给予全面关爱。建立市、镇、校三级关爱留守儿童机制，支持每个乡镇至少建成一个留守儿童关爱中心，开设亲情电话，聘请"代理（爱心）妈妈"，招募志愿者，进行"生活引导、学业辅导、心理疏导"。组织全市中小学校特别是重点贫困村所在地学校校长、教师，从物质与精神上，从生活、学习与心理等层面，"一对一"帮扶一名留守儿童特别是建档立卡贫困家庭留守儿童，确保留守儿童特别是建档立卡贫困家庭留守儿童不辍学。对建档立卡贫困家庭残疾儿童给予特殊关爱。落实《湖北省特殊教育提升计划（2014～2016年）》，在特殊教育学校和承担随班就读残疾学生较多的普通学校建立特殊教育资源中心（教室），配齐基本的教育教学设备和康复设备，为建档立卡贫困家庭残疾学生提供个性化教育和康复训练。加强特殊教育经费保障，义务教育特教学校生平均预算内，公用经费标准2016年达到6000元，此后将逐年提高。

红安对全县重点贫困村96个，在读学生主要涉及学校（幼儿园）27所，其中幼儿园7所，教学点11个，小学6所，中学3所；全县建档立卡贫困户学龄人口8749人。自2015年起，按照定点定向的原则，对全县建档立卡贫困家庭建构到村、到户、到人的教育精准扶贫工作体系和长效机制，建立各级教育结对帮扶体系和师生结对帮扶关系，全面覆盖每一所薄弱学校、每一名贫困学生和每一个建档立卡贫困家庭。

通过重点实施"四项计划""八大工程"，完善特殊群体学生资助和关爱机制，改善农村薄弱学校的办学条件，打造专业化教师队伍，提升教育质量和育人水平，帮助贫困家庭从根本上脱贫。

【案例分析】

黄冈作为湖北省人口大市、教育大市，探索推进教育精准扶贫具有较好的工作基础和重要的现实意义。经过多轮调查摸底，黄冈市892个贫困村共有建档立卡贫困家庭学龄人口88551人，贫困村所在地薄弱学校406所，贫困村所在地教师5441人。

整合各种教育资源，改善贫困地区义务教育办学条件；提高义务教育水平，扩大学前教育覆盖面；落实乡村教师支持计划，加强贫困地区乡村教师队伍建设，提高乡村教师生活待遇；制定贫困户子女教育优惠政策；等等，这些教育扶贫工作的开展已刻不容缓。2016年3月2日，全省教育精准扶贫黄冈战区现场推进会在红安举行。黄冈作为全省人口大市、教育大市，积极探索，率先吹响了教育精准扶贫冲锋号。

7.7　金融扶贫案例

【案例背景】

与传统的财政扶贫模式相比，金融扶贫主要采用投放金融产品的形式，积极发挥金融杠杆作用，促进贫困地区"造血"式扶贫工作模式的持续、稳定发展，促进当地经济社会发展以帮助贫困人口脱贫致富。金融扶贫作为贫困地区精准扶贫的有力武器，被越来越多的贫困地区关注并运用。

【案例描述】

黄冈市位于湖北省东部，下辖 7 县 2 市，其中 5 个县市是国家级贫困县，1 个县是省级贫困县。根据调查摸底，截至 2014 年年底，黄冈市有 892 个贫困村，占全省贫困村总数的 18.5%，居第一位；贫困人口 102.83 万人，占全省贫困人口总数的 17.71%，居第二位。因此，黄冈市扶贫任重而道远。黄冈市委、市政府高度重视金融扶贫工作，先后出台了《关于推进产业精准扶贫的实施意见》《关于金融支持产业精准扶贫的意见》《黄冈市易地扶贫搬迁贷款方案》《关于实施小额信贷主办行制度的通知》等金融扶贫文件。黄冈市金融部门也大力优化金融资源配置，持续加大对国家扶贫开发重点县市经济社会发展的支持力度，在扶贫开发金融服务工作上取得了积极成效。

黄冈市在金融扶贫方面采取了以下措施。

（1）支持各类金融机构在大别山老区开设分支机构网点，加大大别山区域中心城市金融机构密度，鼓励金融机构网店下沉到县和乡（镇），支持新设立村镇银行和其他各类金融机构，只要符合相关条件，数量上不受限制。

（2）实施区域重点倾斜信贷调控政策。对符合条件的涉农金融机构，实行比同类机构降低相应的存款准备金率 2 个百分点；对贷款投向合理，符合条件的地方法人机构，积极给予支农、支小再贷款支持，再贷款利率优惠 1 个百分点。

（3）完善差异化监督政策。根据金融机构的风险、成本和核销等具体情况，对不良贷款比率实行差异化考核，适当提高大别山老区金融机构不良贷款率的容忍度，在有效保护股东利益的前提下，提高金融机构不良贷款核销效率。在计算资本充足率时，按照《商业银行资本管理办法（试行）》的规定，对符合规定的涉农贷款和小微企业贷款适用 75% 的风险权重。使用内部评级法的银行，可以将符合规定的涉农贷款和小微企业贷款划入零售贷款风险暴露计算其风险加权资产。

（4）实施倾斜性信贷管理政策。各银行、金融机构要优先指定大别山老区重点支持项目目录指引。在符合条件的前提下，建立绿色通道。优先受理、审批大别山革命老区内重点项目、重点企业的融资申请，优先调配信贷规模，在贷款授信、期限、利率等方面给予倾斜。

　　黄冈市通过科学谋划金融扶贫思路，积极探索创新金融扶贫模式，创新信贷服务，开展"造血"式扶贫，充分发挥财政资金对金融资源的撬动作用，引导设立扶贫基金和风险补偿金，放大信贷投放倍数，不断增加有效金融供给，帮扶贫困人口约5万人增收，取得了金融扶贫与产业、教育、医疗等扶持政策的叠加效应，扶贫成效明显。"十二五"期间，近50万贫困人口实现脱贫致富，其中2015年完成28万贫困人口的脱贫任务。

【案例分析】

　　湖北省贫困地区经济发展还比较落后，GDP总量仅占全省的10％左右，人均GDP占全省的比重不到4成，成为全省经济的突出"短板"。黄冈市贫困县市多、贫困人口多，贫困人口的自我发展能力弱，这都给扶贫带来了很大的挑战。贫困地区的思想观念比较落后，缺乏先进的科学技术是阻碍地方经济发展的重要因素。金融是经济的"血液"，没有金融的有力支持，就难以补齐贫困地区这块"短板"。湖北省委要求各金融机构深刻认识金融扶贫工作的重要意义，把握金融精准扶贫的重点任务，瞄准全省590万建档立卡贫困人口，积极对接，准确识别，真正将金融活水滴到穷根上。同时还要求扶贫必扶智，金融精准扶贫要将"富口袋"与"富脑袋"相结合。

　　以往我国的金融扶贫工作中，贫困地区基层政府只关心扶贫资金的发放工作以体现自身的工作业绩，而农民对扶贫资金的使用过程却经常被忽视，没有实施配套措施进行跟踪管理维护，从而导致我国扶贫资金在使用过程中效率难以提高。

　　事实上如何帮助农户管理扶贫资金、保证扶贫资金的使用效率、提高扶贫项目的持续收益率才是扶贫工作的重要环节。农业生产的资金投入以及获取收益是一个连续的过程，仅仅靠一次性投资或者短期项目建设根本难以保证农业产业的持续发展。另外，农业产业受政府政策的影响很大，加之市场环境变化和农户生产行为方式变化，使得农业产业成为一个长期、持续、复杂的投入过程。

　　扶贫资金不足。虽然金融机构为黄冈市精准扶贫提供了大量的资金，但是相对于黄冈市扶贫资金的总体需求而言是远远不足的。贫困户偿还能力差，且金融扶贫贷款的交易成本比一般性商业贷款要高出许多，主要因为银行要在扶贫贷款发放和管理中投入更大的人力、物力，贫困户偿还能力差也进一步增加了银行的风险成本。而经济效益对于金融机构而言又是重要的经营目标，考虑到收益和风险，金融机构倾向于把资金借贷给较为富裕的农户或企业，往往导致扶贫目标的偏差。此外，资金外流现象比较严重，严重影响贫困地区经济社会的发展和贫困人口的脱贫增收，甚至可能加剧贫困地区的落后。

黄冈市金融环境存在着一些问题，金融环境有待优化。金融扶贫工作牵涉多个部门，需要进行统筹领导和协调。但是目前来看，黄冈市金融扶贫机制仍不健全，主要表现在金融扶贫相关政策措施不配套以及金融扶贫政策落地速度较慢。信用意识淡薄也是很重要的一个方面，贫困地区人口的信用意识比较薄弱，很容易造成金融机构的扶贫贷款无法回收。更有甚者，一些偏远的贫困地区，因尚未建立起完善的社会保障制度，扶贫贷款的最终使用方向很有可能转变为解决贫困农户看病、上学等问题，从信贷资金转变为政府救济金。还有一些借款人通过作假的方式骗取扶贫贷款，并且不按照合同使用资金，将资金投放在一些高风险项目上，导致贷款无法回收，给银行带来经济损失。此外，贫困地区的征信体系不完善，对借款人的信用信息不能及时了解，容易产生风险。

7.8　劳动力转移培训案例

【案例背景】

坚持开发式扶贫是从根源上解决贫困的必由之路，农村劳动力转移培训作为其中一项重要工作，无论是解决就业、实现人口合理迁移，还是促进本地区经济的发展、逐步摆脱贫困，都发挥着重要的作用。这是进行扶贫工作不可忽视的重要步骤，为贫困问题的解决提供了大量的人才资源。为完成城镇新增就业、转移农村劳动力、落实乡镇地区精准扶贫目标任务，根据市政府要求，结合黄冈市实际，黄冈市人力资源与社会保障局以及教育部门一直将劳动力转移培训作为一项重要工作。

在黄冈市进行开发式扶贫、发展农村经济的过程中，引导农民工转移就业和开展创业培训是一条必由之路。英山、蕲春、罗田根据产业结构的调整、国有企业改制和新型项目的建设需求，重点开展农牧业、旅游业和服务业特色培训，提升农民工技能水平，促进其就近就地转移就业。通过对农民工进行转移就业和免费的创业培训，英山、蕲春、罗田、红安等地农家乐发展迅速，带动农民工就业5000余人。

【案例描述】

秋千厂村全村男性501人，女性334人；18岁以下的有173人，占全村人口的20.7％；18～60岁有539人，占全村人口的64.6％；61岁以上有123人，占全村人口的14.7％。高中及以上文化程度有95人，占全村人口的11.4％；初中文化程度有203人，占全村人口的24.3％；文盲和半文盲有243人，占全村人口的29.1％。外出务工有416人，占全村总人口的49.8％；2010年以来回乡创业5人；留守老人、留守儿童、留守妇女分别为130人、90人、137人；有79人拥有技能专长，占全村总人口的8.4％。该村没有中小学，除随外出打工父母在外省读书外，全村就读小学、初中、高中的学生共27人，其中15人在距村4千米外的东冲畈小学就读；8人在距村15千米的县思源中学、距村5千米的罗田平湖中学就读；4人就读高中。全村适龄儿童入学率100％，无辍学儿童。

2014年全村人均纯收入4700元，按照国家划定农民人均纯收入2736元的贫困标准计算，全村已建档立卡的贫困户有61户190人，其中五保户7户7人，低保户65户72人。在这61户贫困人口中，因学致贫和缺劳动力致贫的家庭共有8户，占比14％。其中，因学致贫的典型情况是供孩子读书负担过重，例如户主雷先生，自己在家务农，儿子、女儿都在读书，妻子体弱多病，导致家中生活困难；又如村民张治刚，自己在外打工，家里有2个孩子读书，妻子在家带孩子没有从事农业生产，收入单一，家里负担较重。劳动力缺乏的典型情况是家中只有老人，基本上没有收入来源。例如村民吴水连，现年64岁，晚年丧偶，2个女儿都已出嫁，一人在家里生活，属于低保户，没有其他生活来源。

通过对秋千厂村实地调研走访，结合其具体致贫原因——劳动力缺乏，当地村委会以及黄冈市人社局提出了具有针对性的扶贫措施。通过扶持建立支柱产业，结合万全寨新农村综合体试点开发的机遇，把乡村旅游作为扶贫开发的重点产业，积极支持贫困群众发展农家乐、休闲观光体验农业；集中力量发展茶叶产业，力争在3年内种茶达1000亩以上，逐步形成规模；结合罗田县《黑山羊产业精准扶贫"33111"工程》，大力发展黑山羊养殖。在整个过程中，开展相关特色培训活动，提升农民工技能水平，促进其就近就地转移。

黄冈历来有劳工外出务工的传统，每年外出务工人员多达140多万人。近年来，随着本地经济的快速发展，本地用工需求迅速增长。同时，受宏观经济下行压力影响，部分外地企业用工需求减少，外地和本地工资水平越来越接近。黄冈市抓住这一机会，积极宣传就业创业优惠政策，用亲情、乡情感召外出务工成功人士返乡创业。

【案例分析】

在"大众创业，万众创新"的背景下，可以将支持农民工返乡创业作为人社部门的重点工作。依托美丽乡村建设、农业产业园、返乡创业孵化基地等规划，发展农民合作社、家庭农场等新型农业经营主体，大力发展农产品加工、休闲农业、乡村旅游、农村服务业等劳动密集型产业项目，促进农村一、二、三产业融合。通过鼓励、吸引能人、成功人士返乡创办实体，增加市场主体总量，带动周边贫困户就地就近就业。

结合各地资源优势和产业优势，进村入户有针对性开展免费培训，如在种植业、养殖业、加工业、乡村旅游、农村电商等方面进行个性化培训，让农民在家留得住、能致富。

7.9 驻村帮扶案例

【案例背景】

目前黄冈市扶贫工作仍然较为严峻，6个贫困县共计892个贫困村，102.8万贫困户人口。为了响应国家推进精准扶贫的号召，驻村帮扶工作成为开展一线扶贫的重中之重。驻村帮扶首先要全面核实扶贫对象，并为驻派的村制定完善的脱贫计划，为村里解决较为突出的问题，同时带头进行"结对子"，帮助解决贫困村基础设施、产业发展等问题。

在精准扶贫政策之下，罗田县的卫生及计划生育局选定了县内贫困情况较为严重的白庙河镇柳树铺村作为帮扶对象，并派出了驻村工作队与村内贫困户进行长时间的对接，帮助村内贫困户脱贫。柳树铺村位于大别山山区内，村中只有一条乡道通往部分村小组，其余地段皆为山路。现有建档立卡贫困户180户557人，2015年预脱贫92户221人，现有贫困户88户207人。面对村内的情况，卫计局的驻村工作队将在未来的 3 年内不断进行帮扶工作，帮助脱贫以及预防贫困户返贫，通过驻村帮扶，为柳树铺村实现全村脱贫致富的目标。

【案例描述】

罗田县卫计局扶贫工作队自 7 月 31 日进驻白庙河镇柳树铺村，按照县委、县政府精准扶贫的有关政策和要求，进行驻村帮扶工作任务，协助村内完成贫困户普查工作，深入农户，建档立卡，体察民情，进行一对一帮扶脱贫。通过了解各户人家劳动力、土地、家庭掌握的技能以及适合的产业，根据具体情况，帮助村内贫困户实现脱贫。目前经过不懈努力，驻村工作队已经协助建立罗田四维医药公司，吸纳贫困户就业并创收，利用罗田县内以及当地中药材发展的先天优势，开展药品零售。

驻村帮扶项目内容。罗田县卫计局首先进行入户调查。工作队利用 5 天时间分 3 个组在村干部的带领下，集中调研了柳树铺村精准扶贫工作，先后走访 180 多户贫困户和非贫困户，全面了解柳树铺村及 180 户贫困户的基本情况、致贫原因等。

（1）甄别确认。按照国家关于贫困户的确认标准，对 180 户贫困户逐一进行了甄别确认。最后经过村组干部和党员代表投票，再经村两委与扶贫工作队共同确定，柳树铺村 2014 年全村建档立卡贫困户 180 户 557 人，2015 年预脱贫 92 户 221 人，现有贫困户 88 户 207 人（其中政府兜底 38 户 44 人，项目扶持 50 户 163 人），并按照要求张贴公示。

（2）建档立卡，建立电子名片。工作队为 86 户贫困户 201 人创建了"二维码名片"，只要用手机微信扫一扫，就可以查看贫困对象的贫困属性、致贫原因、联系电话、目前发展的产业等相关信息。

截至目前，86 张名片通过网络上传给了局机关工作人员，并打印出来下发给贫困户张贴在自家门上。这批名片有助于村民群众了解、监督扶贫工作；工作人员使用二维码名片也能够精准识别、精细管理帮扶贫困户，不漏一户，不落一人。

（3）积极通过招商，争取引进农业项目，特别是种植、养殖、旅游等项目，可以带动农民增收。目前一个生态农庄项目正在洽谈之中，同时在立项和审批等环节也在争取有关部门的支持。除旅游之外，还有养牛、养鸡以及农副产品加工项目。

驻村帮扶成效。目前针对该村各贫困户的意愿和条件，暂时确定了 7 项帮扶措施，其中养殖业 23 户（养黑山羊 1 户、养牛 16 户、养兔 2 户、养猪 1 户、养鱼 1 户），农家乐 1 户，种植 17 户（其中中药材 15 户、茶叶 2 户），搬迁 13 户，医疗救助 15 户，教育助学 15 户，劳动力转移培训 7 户 7，电商 1 户，政府兜底 38 户。目前已签订协议和贷款合同并建养舍 1 家，工作队扶持近万元修通了 9 组到羊圈的行车道，正在实施搬迁 3 户，1 家等政策计划养牛 20 头。

罗田四维医药有限公司于 2009 年 12 月 27 日在当地工商机关登记成立，是一家主营药品零售的企业。它拥有完整、科学的质量管理体系。注册资本 1260 万元，经营规模 100～200 人，预计年营业额 2000 万～5000 万元。公司坚持科学发展、绿色发展、和谐发展，以创先工作为载体，不断深化改革，开拓创新，锐意进取，企业综合实力大幅提升是一家重发展、重质量的企业，取得了广大客户的信任，所有的产品均已于通过内部质量标准。

【案例分析】

"携手消除贫困，共同促进发展"，结合习近平主席的讲话精神，驻村帮扶工作队要对症下药，精准识别。

罗田县卫计局此次的帮扶计划，首先做到了扶贫对象的精准识别，对症下药。建立了较为先进的档案系统，对于贫困户能够细致到人，根据不同情况结合不同措施进行脱贫任务。

其次很好地结合了当地中药材的发展优势，推进当地产业扶贫模式的发展，成立企业，解决资金、就业等一系列贫困问题。

7.10　旅游扶贫案例

【案例背景】

截至 2014 年年底，黄冈市有 892 个贫困村，占湖北全省贫困村总数的 18.5％，居第一位；贫困人口 102 万人，占全省贫困人口总数的 17.71％，居第二位；贫困发生率 17.75％，比全省平均水平高 3.55 个百分点，扶贫攻坚任务重，责任大。按照全省旅游扶贫的目标任务要求，黄冈要通过旅游产业实现 15 万人脱贫。作为一个山多路少、基础设施落后、对外交通闭塞的贫困

市，面临着 15 万庞大的贫困人口。

【案例描述】

黄冈，作为全国 12 个重点红色旅游区——"大别山红色旅游区"的重要组成部分，其丰厚的红色文化历史底蕴，耳熟能详的红色文化故事，成就了黄冈独具特色的红色文化景观。"刘邓大军千里挺进大别山"是众所周知的红色旅游迎客牌，10 年来，全市对红色旅游产业的投入已达 33 亿元，在此期间，相继实现了黄麻起义及鄂豫皖苏区纪念园、董必武故居、李先念故居纪念园、麻城烈士陵园、罗田胜利烈士陵园等红色旅游项目的落成，一系列重大项目如大别山红色旅游公路、红安革命传统教育学院也已完成。经过多年的开发，现已建成年接待游客超过 1 万人次的红色旅游景区 20 多处。红安黄麻起义和鄂豫皖苏区纪念园年接待游客超过 100 万人次，由此可见，推进红色名人故居等革命遗址遗迹保护和开发，打造红色精品文化旅游，缅怀先烈，从而带动黄冈精准扶贫，是一条可行的道路。

除红色文化外，丰富的历史文化也是黄冈旅游产业的特色。黄冈已初步形成了以东坡赤壁、遗爱湖、闻一多纪念馆、李时珍纪念馆、四祖寺、五祖寺为重点的沿江历史文化旅游线。文化带动旅游，旅游促进经济已成为黄冈扶贫的良性循环发展之路。黄冈文化旅游的良好发展已成为带动黄冈脱贫致富的新的经济增长点。

乡村旅游业的发展，有利于提高农民收入、加快农业结构调整、完善农村基础设施等。根据统计数据显示，在全国 12.8 万个贫困村中，至少有 50％ 的村庄具备发展乡村旅游的基本条件。2015 年 7 月，国家旅游局和国务院扶贫办提出，到 2020 年，通过引导和支持贫困地区发展旅游，使约 1200 万贫困人口实现脱贫。黄冈有 15 万人口需要脱贫，他们多处在山高路远、对外闭塞的贫困山区，因此通过乡村旅游业来带动山区贫困人口走上脱贫致富道路是旅游局的重大责任。黄冈市大量生态旅游资源的存在，已成为带动贫困山区经济增长的重要途径。现今如罗田的圣人堂村、蕲春的雾云山村，已通过其如梦似境的自然生态风光吸引了大量游客的慕名前往。根据数据显示，2014 年，黄冈市乡村旅游接待人数 600 万人次，约占旅游总人数 34％；实现旅游综合收入 30 亿元，约占旅游总收入 30％。此外，乡村旅游带动了 20 万农村剩余劳动力直接就业，带动相关就业人数 60 余万人。黄冈乡村旅游保持着蒸蒸日上的发展态势，发展乡村旅游也成为打赢扶贫攻坚战的一条重要道路。目前，对黄冈乡村旅游的开发，"蕲黄四十八寨"初具规模的有罗田天堂寨、蕲春三角山、黄梅挪步园等旅游景区，这些景区均已纳入黄冈旅游"一票通"项目进行整体宣传，带动了山区乡村的发展。民俗文化作为乡村文化的核心，历年来吸引了大量游客前去观游。民俗旅游是城乡互动的一种体现，有利于带动乡村旅游的扶贫开发，让老百姓在民俗活动的对外宣传和共享上脱贫致富，也有利于将千百年来在黄冈村落间传承的深厚文化传承下去，让更多的人了解朴素的乡村情怀。目前已开展了多种民俗活动，例如，在浠水县每年都会吸引大量游客的洗马花灯会、巴河天狮子舞、策湖龙舟赛等民俗表演，大量的外地游客慕名前来观看，乡镇酒店和农家乐成为旅客选择的栖身之地，带动了乡村旅游吃住行的蓬勃发展。此外，乡村文化还有一个较大特色是纪念品，特色的刺绣和小工艺品、民族风情的挂饰、土特产等是乡村独有的文化魅力。据调查，在旅游业发达的地区，旅游纪念品的市场份额占到"吃、住、行、游、购、娱"整个产业链的40%～60%，由此可见，纪念品巨大的经济潜力。由此，引导贫困村、贫困户从事旅游商品的制作和销售，从而提升乡村文化旅游产品的附加值，是带动乡村旅游产业链延续的有效方法。

2016年，黄冈旅游局印发了《黄冈市乡村旅游"十带百村"创建活动方案》，目的是为更好地推动黄冈旅游扶贫的发展，增加农民收入，带领老百姓摘掉贫困帽的目标。近年来，通过旅游扶贫系列举措，通过旅游产业扶贫，带动近40万人脱贫。在不断加快省级旅游模式的升级后，探索形成了几种可持续发展模式。

一是"景区带动"模式。景区与周边村落可以形成和谐共生、互相促进的关系，开发一个景区的同时可以促进一片贫困村的相关设施的发展。举例来说，黄梅县柳林乡老铺村是典型的山区贫困村。2013年，通过引资2亿元打造玫瑰谷生态旅游区，形成以漂流和生态风景为主，农家乐、户外、采摘、婚纱摄影为辅的相互促进的产业链。景区以每亩400元的价格租用贫困户土地，与贫困户签订帮扶协议优先用工，直接提供就业岗位270余个，吸纳贫困户136户，提供每月工资1300～3000元。2015年接待游客11.8万人次，旅游综合收入1060万元，催生周边农家乐50多户、客货运车辆38辆，农副产品、商店等消费快速增长，平均每户仅农副产品就增收600多元。精准扶贫深入推进后，红安县把旅游业作为四大产业扶贫措施之一，对贫困户依托旅游自主创业给予每户 5 万元全额贴息贷款；对贫困户在景区或旅游扶贫重点村开办小型宾馆或农家乐，每户每年给予 1 万元的奖励，农家乐经营户安置贫困户就业的，每人每年奖励 2000 元。红安县 6 个旅游重点扶贫村通过扶持引导 200 多名农民吃上了旅游饭，走上了致富路，年均收入在 5000 元以上。

二是"农家乐带动"模式。旅游扶贫将城市的中高端消费吸引到资源丰富的贫困地区，实现先富带后富。罗田县九资河镇原来交通闭塞，经济发展落后，天堂寨、薄刀峰景区深度开发后，当地建起农家乐、宾馆 520 多家，其中年收入过 100 万元的有 20 家，过 50 万元的达 65 家。3A 级旅游景区、旅游名村圣人堂村，全村建有农家乐 80 多家，每家用工 3～5 人，平均工资收入超过 2 万元，周边供应猪肉、鸡蛋、山野菜的农户 200 多家，带动周边 3 个村 300 多户农民脱贫致富。连片发展的农家乐形成了产业规模效应，2015 年全村旅游业创收约 3000 万元，户均创收近 20 万元。精准扶贫工作开展以来，九资河镇结合旅游开发，实施"百户农家乐牵手百户贫困户"，将 368 名贫困户列入旅游扶贫的队伍中，力争 3 年实现 988 户贫困户脱贫致富，旅游产业综合产值突破 3 亿元。

三是"旅游＋现代农业"模式。旅游扶贫不是简单的、单方面的给钱给物帮扶，而是开发当地的特色资源，形成特色产品，构建旅游产业链，吸引游客，这种产业化扶贫方式具有明显的市场优势和"造血"功能，可以有效实现真脱贫、不返贫。五星级农家乐神峰山庄位于英山县孔家坊乡，走出了一条大别山片区旅游扶贫的新途径。2014 年以来，神峰山庄每年接待游客近 20 万人次，在附近村庄招聘 200 多名员工，年平均工资过 4 万元，200 多个家庭由此摆脱了贫困；以打造绿色食品基地为目标，在周边的 20 多个村力推"公司＋基地＋种养合作社＋农户"的方式，发展黑禧猪定点养殖户 300 户，与农户签订养殖及收购合同，以高于市场价 20%～30% 的价格收购黑禧猪 1 万头，仅养猪一项户平均年收入 10 万元，走上了养殖致富之路。2016 年，神峰山庄计划发展定点种、养殖户 1 万户，帮助 3 万贫困人口脱贫致富。

四是"旅游商品产销"模式。精准扶贫工作开展以来，蕲春县把发展蕲艾生产、乡村旅游作为精准扶贫的重点项目，全县 2016 年种艾面积达到 7 万亩，艾叶产量可达 12 万吨。全县具有一定规模的加工企业 32 家，固定用工近 5000 人，季节性高峰用工 11000 人，每人平均收入超过 2 万元。同时，推行合作社办基地和农户"六边"种蕲艾的订单种植。随着蕲艾产业的开发和健康文化的深入，艾灸保健养生已成为蕲艾产品市场一大消费"热点"，全县已发展艾灸养生馆所 67 家，还实行"企校挂钩"，2200 多名灸疗技师通过了就业培训，前往沿海地区就业，月工资水平在 5000 元以上。通过发展艾产业，帮助 1000 多户贫困户脱贫。又如，麻城福白菊种植区域覆盖以福田河镇为中心的 5 个乡镇，种植菊花面积超过 5 万亩，观赏菊盆栽超过 200 万盆，有 1000 多个品种，产值过 5 亿元。福田河镇枣树坪村有 270 户 986 人，耕地面积 918 亩，种植菊花 560 亩，平均单产 230 斤，基地亩平均产值 8000 元左右，纯收入 5000 元以上，菊农单项人均增收 3000 元以上。

近年来，"中国油菜看湖北，春来黄冈看花海"的旅游品牌推广，吸引了大量游客前来参观黄冈春季的油菜花海。为稳定油菜产量，黄冈市积极推广武穴市"以市免费统一供种"先进经验。免费统一供种实现了品种的双低化，让油菜花海的产量稳定大幅提升。2015 年全市共拿出资金近 1000 万元统供种子 75 万斤，占全市油菜播面的 70%，油菜主产县市基本实现 100% 统一供种，非主产县市沿旅游公路两侧及主要景点附近也基本实施了统一供种。2016 年，武穴、黄梅、蕲春、浠水、麻城、红安等 6 个县市被湖北省划定为双低油菜保护区，并出台了相关扶持政策，其中之一就是要保证这些区域实施 100% 双低油菜统一供种。实现旅游观光、油菜生产互助互赢，提出要把油菜高产创建项目与旅游品牌创建有机结合。2016 年，红安、罗田、麻城、英山等地红色旅游公路沿线基本实现了油菜种满种足。英山县在东、西、南三条河沿线及周边种满种足油菜，形成独具特色的英山赏花带，并建成温泉龙潭畈村、杨柳湾润禾农业观光园和金铺丽景山庄三处油菜赏花基地。为延长油菜花海的产业链，推动扶贫的发展，政府提出扶持油脂加工龙头企业。鼓励福康油脂、中禾粮油等重点龙头企业打造知名品牌，提高黄冈菜籽油品牌知名度；另一方面支持小型油脂加工厂的发展壮大，鼓励小型油脂加工厂与农民之间的民间互助交换，确保农民食用油安全。在黄冈油菜花海的推广中，大量游客对黄冈油菜花有了更多的认识，对提高菜籽油的品牌知名度产生了促进作用。市农业局在秋播意见中对各县市油菜多用途开发做出工作部署，在武穴、蕲春等地建成 500～2000 亩不等的绿肥油菜、饲料油菜示范点；在黄州等县市城郊建设油菜"一菜两用"示范点，并联合黄冈蔬菜办、黄冈市农科院在黄冈城区开展了油菜薹品鉴活动，现场送出油菜薹 1000 斤。2016 年全市共发展油菜一菜两用技术 14.66 万亩，仅此一项为农民增加收入近 6000 万元，油菜饲用、肥用、菜用等技术在黄冈市已试验成功。市旅游局将加强与市农业局、市农科院合作，在油菜花海开发过程中，注意引进不同花色不同花期的油菜品种，丰富油菜花海观赏性，延长花期。同时，进一步扩大上述油菜功能的应用，实现农业增效、农民增收。

黄冈多数景区具备良好的漂流条件，以落差高、水流急吸引着大量游客夏季前去游玩。目前，为打造漂流品牌，黄冈市已连续 3 年举办了漂流赛，2016 年由国家体育总局水上运动管理中心、省体育局、省旅游局、市政府共同主办第四届中国·黄冈挺进大别山漂流赛。

近两年全市先后举办了漂流赛、摄影大赛、杜鹃节、甜柿节、红叶节、医药节、菊花节等 20 余种 100 多次宣传推介活动。2016 年筹备的东坡文化节也成为了旅游活动的一大亮点。东坡文化节以苏轼的家国情怀为切入点，整合丰富多彩的黄梅文化，其独特性和新颖性吸引了大量游客前来参观。

【案例分析】

2015 年 5 月，国务院副总理汪洋在恩施调研旅游扶贫工作时曾指出，旅游扶贫是贫困地区扶贫攻坚的有效方式，是贫困群众脱贫致富的重要渠道。旅游业作为第三产业是目前国内外的朝阳产业。众所周知旅游业"一业带百业"的传导效应和巨大推动力的特点，它的发展需要有良好的自然景观和人文景观环境，便利的交通条件，丰富的配套设施，由此可以一业带动餐饮、住宿、交通等多个产业的快速发展。吃、住、行、游、购、娱是旅游的六大要素，各要素的相互配合和转化可以形成对贫困地区的整体拉动作用。此外，游客对旅游区吃住的基本需求和对特色产品的需求，会极大地拉动贫困区的种养殖业、农副产品加工业、物流配送业等的发展。据统计，仅 2015 年，黄冈的游客接待量达 2039 万人次，旅游综合收入 121.6 亿元以上。

因此，旅游开发和精准扶贫项目的结合，有利于带动黄冈贫困山区的人民走向脱贫致富的道路。

7.11 易地搬迁扶贫案例

【案例背景】

青石镇大屋村位于蕲北山区，属典型高岗丘陵地带，全村人均田地不足0.5亩，400多户农户依山体分散居住。大屋村村委会集体经济贫弱，村民大多外出打工谋生，妇女、儿童和老人留守，居住在20世纪的土砖坯房或危房。2013年10月，蕲春县征地90亩，先期投入1000万，开始动工建设大屋移民新村，并于2014年8月落成。至2016年，累计搬迁入住贫困人口126户，配套完善了道路、绿化、照明、休闲广场等基础设施建设。

青石镇大屋村幸福新村易地扶贫搬迁项目的顺利建成并搬迁入住，在一定程度上佐证了村集体、政府、企业三方在村庄脱贫、政府规划、企业获益三方面有着利益共通点，为全湖北乃至全国的易地扶贫搬迁工作提供了对照样版和典型案例。同时真真切切地改善了当地贫困居民的生活条件，给予其较为可行的脱贫机会，有机地将易地搬迁扶贫、产业扶贫、教育扶贫、土地流转等扶贫方式进行结合，取得了较为显著的成效。

【案例描述】

大屋幸福新村位于黄冈市蕲春县红色旅游公路沿线青石镇大屋村，是香港招商局集团对口援建的易地扶贫搬迁项目。项目自2013年10月启动建设，于2014年8月全面竣工，共安置八斗、温泉、许冲、大屋4个村山区移民"五保"户78户、低保户37户、其他困难户11户，总计126户320人。"五保"户住宅面积为27平方米，低保户住宅面积为80平方米，其他搬迁户自建房屋面积为160平方米。新村内配套完善了水、电、路、气（沼气）"四通四到户"以及亮化、绿化、美化等工程。新村建设共投入资金1770万元，其中招商局集团捐赠460万元，县直相关部门参与配套建设折合资金590万元，争取上级项目资金286万元。

另外，为实现迁后脱贫，大屋幸福新村项目还于筹建同时启动筹备了配套的产业扶贫项目，开展了大屋幸福新村产业扶贫农贸市场项目、大屋幸福新村蕲艾加工厂、120千瓦光伏发电项目等易地搬迁扶贫配套项目。

青石镇大屋村幸福新村易地扶贫搬迁项目先期通过政府调查登记与贫困

户主动申报相结合、援建企业监督审核的方式完成了对搬迁对象的精准识别，按照"五保"户房屋一层27平方米、低保户房屋一层80平方米、一般贫困户房屋二层160平方米、人均不超过25平方米的标准进行统一建设施工，"五保"户分文不出，低保户享受建房补贴后户均出资3.5万～5万元，一般贫困户自建房屋免除土地及办证等费用。搬迁后，贫困户还可通过技能培训、进入援建企业、开发搬迁后的闲置土地、进行土地经营权流转等方式获取收入，脱贫致富。

通过大屋幸福新村产业扶贫农贸市场项目实现就业70人；通过大屋幸福新村蕲艾加工厂项目吸收就业80人，人均每年可增收1万元；通过120千瓦光伏发电项目带动村集体年均增收6万元，并定向帮扶贫困户20户，每户每年增收3000元。另外，青石镇引进公司流转八斗、温泉村的1.7万亩山林，打造乡村旅游休闲度假城，搬迁户由此获得土地流转收入，实现村集体、村民、企业、政府多方共赢的局面。

【案例分析】

易地搬迁的优点可以概括为以下几点。

精准识别贫困搬迁户。通过实施搬迁前对搬迁户家庭收入状况、房屋居住状况、交通、医疗、教育等条件详细调查登记，并通过户主会、代表会、村委会研究，最后公示。

科学规划搬迁安置点。在选址上要科学合理、节约土地、保护资源。在房屋设计上经济适用，美观大方，与周边环境相协调。在基础设施建设上，做到设施完备、功能齐全。

多方筹措扶贫搬迁资金。通过争取政府政策性扶持资金、联系爱心人士和企业获得捐赠、整合各部门专项资金、鼓动搬迁户自力更生等方法措施，保障扶贫搬迁资金的充足和合理利用。

建设配套长效扶贫产业。通过发挥迁出地、迁入地的资源禀赋优势，联合有实力的企业建设相关产业，促进贫困农民就业和土地经营权流转，增加农民收入。

但同时，易地扶贫搬迁也面临以下问题。

易地扶贫搬迁政策落实困难。按照安置标准，人均25平方米的住房面积难以满足农村生活需要，影响贫困户的搬迁积极性；搬迁地距原耕种山地、林地较远；户均20万元产业扶贫资金没有政策标准。

易地扶贫搬迁项目建设困难。地方政府项目实施主体不明确,项目完全由乡镇推动,涉及立项、选址、征地、审批等复杂环节,效率较低,影响建设速度;征地过程中涉及基本农田政策红线的问题没有合规准确的操作模式。

易地扶贫搬迁项目资金压力较大。政府专项建设资金、政府扶持性政策资金、企业自筹资金、搬迁贫困户自有资金筹措整合有困难,政府举债扶贫后债务压力较大,后续发展乏力,存在较大的资金缺口。

扶贫安置地社会管理有挑战。搬迁后因搬迁贫困户户籍不统一,难以进行统一的社会管理。

由此可见,旅游开发和精准扶贫项目的结合,有利于带动黄冈贫困山区的人民走向脱贫致富的道路。

7.12 社会扶贫案例

【案例背景】

社会扶贫,包含加强定点扶贫工作、推进东西部扶贫协作、发挥军队和武警部门的作用、动员企业和社会各界参与扶贫等。企业承担社会责任,采取多种方式推动集体经济发展和农民增收,是进一步强化社会扶贫作用还需做的努力。

"千企帮千村",是湖北省委省政府对"精准扶贫"精神深刻把握之后,充分发挥社会参与力量的作用而提出的社会扶贫项目。项目强调民营企业要积极响应党和政府的号召,践行"致富思源、富而思进""先富帮后富、实现共同富裕"的理念,争当社会扶贫的主力军,主动承担社会责任,在拓宽发展、实现盈利增长的同时更要兼顾扶贫需要,科学设计互利互惠发展模式,结合扶贫对象的实际情况,不仅要"输血",更要帮助贫困地区增强"造血"能力和自我发展能力,形成企业发展和有效扶贫的双效益。

【案例描述】

在政策的鼓励、政府的积极引导下,东风标致雪铁龙汽车金融有限公司直接向英山县杨柳湾镇笕冲湾小学捐赠价值15万元的食堂、教学设备及助学金。直观有效地改善了小学的硬件设施和办学条件,为精准扶贫建档立卡家庭子女改善了教育环境,提供了一定的经济支持。武汉餐饮协会508家酒店会员向贫困地区直购农产品，农产品需求的增加直接促进了英山县养殖业的发展，通过建立"猪—沼—菜"绿色生态种养模式，提高了农产品的质量，进一步适应酒店市场需求。消费需求的增加有利于养殖业的发展，带动周边农户增收。

湖北机场集团公司成立驻村扶贫工作队，吃住在红安县八里湾镇刘明秋村，展开精准扶贫驻村帮扶活动。先后走访慰问了该村47户贫困户，对贫困户基本情况、致贫原因和脱贫需求分门别类进行分析建档，初步实现集团与村产业对接，提出集团帮助贫困户脱贫帮扶方案。根据实际情况帮助该村完善交通基础设施，解决村民饮水安全问题，并帮助因病致贫贫困户到武汉医院就诊，帮助就业困难贫困户参加技能培训。企业驻村帮扶不仅使得帮扶方案更具可行性和实践性，更促进了贫困问题进一步得到有针对性、有效性的解决。

湖北蕲艾堂科技有限公司，与细舟村蕲艾专业合作社现场签订了蕲艾种植合同，保证种苗供应、技术指导、订单生产、保价收购、效益增收。蕲春县总工会承诺对种植蕲艾的农户予以奖励，凡种植5亩以上的每亩免费提供种苗60斤、补助尿素10公斤，建档立卡贫困户享受政策性产业扶持资金，一般农户申报项目资金补助。蕲春县总工会驻村扶贫工作队依托湖北蕲艾堂科技有限公司等龙头企业，精选种植蕲艾作为檀林镇细舟村精准脱贫的主导产业，协助村两委制定了《细舟村精准扶贫精准脱贫规划》和《细舟村蕲艾产业实施发展意见》，成立了细舟村蕲艾专业合作社。与村组干部一起，逐户协调完成蕲艾种植"六落实"（地点、面积、包保单位、经营模式、责任人、市场主体），蕲艾专业合作社负责对贫困户蕲艾种植实行"六统一"（统一供种、统一培训、统一标准、统一价格、统一时间、统一收购）。建档立卡贫困户经过指导，顺利申请到政策性产业扶贫资金与项目补助资金。而种植合同和奖励措施极大调动了贫困户种植蕲艾的积极性和脱贫致富的信心。计划于2016年在檀林镇种植蕲艾6500余亩，预计收益1000余万元，能够帮助500余户近1500余人脱贫致富。

【案例分析】

社会扶贫从成效上看分为直接作用与间接作用。

直接作用一方面来源于企业对贫困地区提供资金物质方面的捐赠补助，直接有效却难以为继，只在短期起到了一定作用。另一方面来源于企业以其自身人力、物力、财力驻村帮扶，对口支援贫困地区改善生产生活条件。企业通过承担社会责任树立起良好的社会形象，扩大了影响力，却未能在开拓发展空间上起到一定作用，且由于企业规模限制，受益规模相对较小，无法形成长期互惠互利机制。

间接作用一方面表现为通过调节市场需求以促进贫困地区发展生产；另一方面表现为政府通过远瞩性的战略与龙头企业达成合作协议，带动贫困地区的产业发展，进而帮助建档立卡户脱贫。政府在提供扶贫优惠政策以吸引投资建厂的同时，还需企业积极配合，有意识地偏向贫困地区深入调研考察，挖掘新的增长点，最终通过产业发展带动脱贫以建立长效机制。然而发展过程较长，可能无法适应复杂多变的经济环境。利益变现程度不及直接物质帮助，不利于调动贫困户的积极性。大规模产业建设需要大量资金支持，但无法在短期内实现盈利以回馈贫困地区，易出现断档，前期无法收回、后期还不到位，反而增加贫困地区的负担。

7.13　医疗救助扶贫案例

【案例背景】

黄冈市黄州区民政局的医疗救助项目主要针对 5 类特定的对象开展，包括：城乡低保对象；农村"五保"供养对象；重点优抚对象；经区民政部门认定，治疗费用在 5 万元以上的城乡低收入人员；人社部门审定的特殊慢性病对象。

医疗救助具体分为两大类：医中救助和医后救助。其中，医中救助是指对象在黄州区定点医疗机构住院治疗，出院时在医院医保农合、低保窗口进行一站式结算，采取医院先行垫付的方式予以救助。而医后救助是指救助对象在非定点医疗机构住院的和其他低收入家庭住院治疗的，则需要办理医后救助。

【案例描述】

2015 年年底，据国务院扶贫办发布数据，全国 7000 多万名扶贫对象中，因病致贫的占 42%，其中涉及 3000 多万人、1200 多万个家庭。从这些数据中不难看出，治理因病致贫返贫问题是保障扶贫工作顺利进展的"重中之重"。

黄冈市经济和社会发展第十二个五年规划纲要指出要建立以"着眼于心，区域养生康复中心"为一体的大型医疗服务中心，医院将秉持高标准定位、高起点谋划，以"大思路""大规划"制定蓝图，坚持创意的设计、科学的规划和实干的精神。自2011年1月1日起实施，由黄州区民政局、黄州区财政局、黄州区人力资源和社会保障局、黄州区卫生局共同起草颁布《黄州区贫困群众医疗救助实施细则》。该细则实施以来，逐步取消了医疗救助起付线，逐年提高了救助比例。充分缓解了城乡贫困群众的就医压力，起到了雪中送炭的作用。

2013年年底，黄冈市卫生体系建设卓有成效。全市共有卫生医疗机构4283个（包括私营和个体），其中村卫生室3573个；拥有卫生机构床位数23192张；拥有医生10713人。城镇居民基本医疗保险全面启动，参保率达95%；新型农村合作医疗实现全覆盖参合率99.6%。

其中，参与政策的市级定点医院包括：黄冈市优抚医院、黄冈市惠民医院和黄冈仁和康复医院。区级定点医院包括：黄州区人民医院、黄州区中医医院、黄州区脑血管医院、黄州区三医院。各乡镇中心卫生院。农村五保对象一般在区中医院免费医治；重度精神病人一般在康泰医院、仁和医院、优抚医院免费医治或领取药物。截至2016年6月已救助3713人次，救助金额为933万元。预计全年将会突破8000人次，全年救助金额将达到1600万元。

救助人次成倍增长，救助资金逐年增加。正在开展的精准扶贫，正在起草中的新《细则》都在不断扩大医疗救助面。

【案例分析】

在医疗扶贫的各类救助对象住院时，不受病种现状，不设起付线，降低了门槛，从更大程度上保护了贫困户的基本人权。《中华人民共和国宪法》第四十五条规定：中华人民共和国公民在年老、疾病或者丧失劳动能力的情况下，有从国家和社会获得物质帮助的权利。公民享受这些权利，需要国家提供社会保险、社会救济和医疗卫生事业。可见，医疗救助在保障公民的生存权、健康公平权领域起着不可替代的作用。

不仅如此，医疗救助还促进了社会保障制度改革，为贫困户得到更好的卫生医疗保障创造了可能性。随着医疗救助事业的普及发展，逐渐形成了医疗救助可能逐渐代替低保成为扶贫救助的主心骨的局面，实现新时期救助结构调整转型。

但在医疗扶贫的过程中还是存在以下问题。

门诊救助模式不统一。有的向贫困对象发放定额门诊救助金；有的发放门诊救助卡，由持卡者到指定定点医院看病买药；有的采取基本医疗保险报销后"二次"报销，报销的医疗费必须在基本医疗保险用药目录内。

资助参保参合资金的实际受益对象或有偏差。医疗救助资金的一大部分用于资助低保、特困供养人员等救助对象获得基本医疗保险，2014 年有 48.4 亿元用在这方面。实际上，这部分资金是从基本医疗救助专户直接划拨到了基本医疗基金账户。基本医疗基金账户是所有参保对象都可以使用的，不仅被用在困难群体身上，因此很难说资助参保参合资金完全被用于解决困难群体的医疗负担。

大病医疗救助对低收入大病患者缺乏统一的认定标准。2012 年，民政部开展大病医疗救助试点工作时，就提出要将救助对象扩大到低收入老年人、重度残疾人等特殊困难人群，但是，相比低保对象、特困供养对象，救助边缘家庭大病患者获得大病救助必须经过申请审批程序。因此，亟待制定一个统一规范的认定审批标准，使低收入群众获得大病救助。

7.14　产业扶贫案例

【案例背景】

产业扶贫是精准扶贫的必经之路，也是精准扶贫之路的重中之重，如何将当地丰富的物产资源充分利用，在原有的机制下进行创新，在大企业的帮扶下与政策的引导下将这些资源整合成一个产业，成为地区扶贫工作的一个难题。

【案例描述】

湖北润禾农业有限公司是英山县当地的一家农业综合性开发企业，是英山县第一家挂牌上市的农业性企业，具有雄厚的资金和坚实的市场。公司以发展现代原生态立体循环农业为主，其中包括绿色土特农产品养殖、加工、销售及配送等业务，并兼具休闲娱乐、旅游开发等其他业务。英山作为著名的红色摇篮，是闻一多先生的故乡，具有丰富的物产资源，以英山的茶叶最为著名，其天堂云雾茶是中国十大名茶之一，早在唐朝时就作为贡品进献朝廷。在 2015 年 10 月 30 日的英山县委第六次全体会议上，通过了《中共英山县委、英山县人民政府关于全力推进精准扶贫精准脱贫的决定》，以"精准扶贫，不落一人"为指导思想，以建档的贫困户为主要帮扶对象，开展落户到人的精准扶贫措施，逐步形成县有支柱产业、乡有特色产业、村有增收产业、村有致富产业的产业扶贫格局，以产业的发展推动人民生活水平的提高，实行缺什么、扶什么的方针，力求达到一村一策、一户一法的标准。在此格局下，英山县的茶乡鸡扶贫方法应运而生。

英山茶乡鸡属于肉蛋型两用鸡品种，具有悠久的历史，属于英山县特有品种。茶乡鸡具有很高的营养价值，经过专家的鉴定，茶乡鸡的蛋白质含量高达 26％，水解氨基酸总量 23.66％，而脂肪含量仅有 1.06％，其高蛋白低脂肪的特殊肉质是独一无二的营养佳品。杨柳湾镇莲花尖村位于大别山南麓，地处旧 318 国道旁，具有相对便利的交通基础。全村共 4 个村民小组，170 户 650 人，其中，贫困户 53 户 137 人（其中"五保"户 15 户 15 人，低保户 21 户 22 人），现有茶叶面积 330 亩。当前，全村主要形成了以茶叶为主的农产品种植业产业格局，产业结构较为单一。为了改变莲花尖村单一的产业结构，延伸产业链，形成多元化的产业结构，在此基础上改变该村的收入模式，从而在根本上促进扶贫的有效进行，英山县委县政府因地制宜，提出了"茶乡鸡精准扶贫计划"，即"1331"工程。

莲花尖村茶乡鸡养殖采用"公司＋基地＋农户"模式，以公司为主导，实施村级管理、农户放养。公司统一种苗、统一鸡舍、统一投料（食料、兽药）、统一防疫、统一管理标准并实施统一销售，村委会负责养殖过程的组织监管，广大农户负责自然养殖，精心饲养。

该养殖模式通过召开各村民小组户主会，动员广大农户积极参与，并组织广大农户到鄂皖交界原生态种养殖兼具旅游接待的星级农家乐基地——守拙园进行学习培训，根据养殖户的意向和要求拟定由润禾茶乡鸡合作社、养殖户、润禾农业股份有限公司及村委会四方主体组成的合同书。其中，甲方为润禾茶乡鸡合作社，乙方为个体养殖户，丙方为润禾农业股份有限公司，丁方为村委会。

甲方及丙方主要负责搭建标准化、规范化鸡棚鸡舍，确保饲料供应及发放，确保鸡蛋和成品鸡按合同价收购，不因市场价格波动影响农户收益；负责种苗防疫工作，确保技术人员指导到位并提供全程专业技术服务，确保科学养殖、绿色养殖、高效养殖。乙方主要负责精心喂养，按期履行合同规定按比例交付成品茶乡鸡和鸡蛋；积极配合甲方做好在养鸡方面的安全与防疫工作；积极配合甲方在养殖、运行过程中的相关事宜。丁方主要负责帮助贫困户与甲乙双方联系督导养殖工作的全程服务，做好组织协调工作，确保养殖有效推进。

为确保四方有效合作、协调推进茶乡鸡养殖，村里实行村支部书记亲自挂帅、村委会明确一名干部专门负责茶乡鸡养殖的方式，切实保障农户利益。目前，全村已有22户75人积极报名，按步骤组织实施养殖。

【案例分析】

英山茶乡鸡的成功可以归为以下几点。

因地制宜，产业创新。英山遍地的茶园，在提供优质茶叶的同时，也提供了优质的畜禽饲养园地。茶乡鸡的养殖方法充分利用了地理条件的优势，将鸡小密度地散养在茶园中，增大了鸡的活动范围，有利于鸡的肉质增长。鸡主要以茶树上的青虫和草籽为食，在保证了鸡肉绿色纯天然的同时，还避免了茶树土地肥料的流失，这样一种生物间互惠共生的模式既增大了产出效率，也增加了产出水平，达到了产业的多远化。

政府参与，提供资金支持。润禾公司成立之初，抱着造福父老乡亲的目的，但农业项目以其相对于其他产业的收入不稳定性，并不被金融市场上的融资公司所看好。资金遇到瓶颈，项目必定会缩水，降低预期目标，减少茶乡鸡的养殖规模，这要求政府这只"有形的手"要起作用。2015年9月30日，英山县开发投资有限公司与湖北润禾农业股份有限公司在武汉光谷资本大厦签订了股权投资协议。英山县开发投资公司出资300万元，以每股6元的价格认购了润禾农业公司50万股股权，成为占有润禾农业公司5%股权的股东。英山县政府这种以地方政府国有出资企业投资、参股本地民营挂牌企业的形式，开创了湖北省乃至全国区域性股权市场先河。政府资金的介入并不能保证资金的持续性，但体现出政府对这项扶贫的决心与重视。在政府的大力支持下，茶乡鸡的扶贫项目最终形成了"公司＋基地＋合作社＋村集体＋专业户＋贫困户"的稳定模式。

带来收益，脱贫福音。润禾农业已经将茶乡鸡申报国家地理标志保护产品，企业于2015年已经向全县600多家贫困户发放了10万多只鸡苗，在

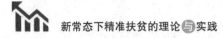

2015~2017 年每年以每户 100~200 只的数量发展养殖户 1000 户，在提供优质鸡苗的同时，提供给贫困户专业的养殖技术，为其免费提供培训，并定期给予贫困户相应的技术指导。

茶乡鸡的养殖为贫困户带来了直接的经济收益，估算一位养殖 200 只鸡的贫困户每个月卖的鸡蛋就能够增加收入 2000 元，贫困户每养 100 只鸡就能有效增加收入 3500~5000 元，能够在原有经济收入的基础上通过优化产业布局来拓宽新的收入来源，并能在市场化运作过程中不断实现产业链的延伸和优化，创新实现产业优化升级和收入持续增加。农户在增加直接收益的同时，能以认购公司股份的方式获得更高的收入，贫困农户每年可按原始价申购公司 1000 股，成为公司微股东，每年每股可获得不低于 10％的收益回报。在公司上市之后，此权益将成倍增长，形成长期稳定的收入来源，从而实现有效脱贫。

有效推广，扩大市场规模。截至今日，润禾公司已经在武汉开设了 50 多家销售网点。英山县抓住电商产业迅速发展的机遇，在京东商城、天猫超市等多家网络销售平台大力推广茶乡鸡的生态散养等，并作为生态品种与湖北省其他 30 多个农产品一道入住上海光明集团，在"爱森优选"旗下 120 多家超市进行实体销售。进入上海市场以来，茶乡鸡每天可销售 1000 只以上，全年总销量可达到 40 万只，销售额可达到 6500 万以上。"茶乡鸡"插上了互联网的翅膀，商品销售的渠道打开，迈出了脱贫梦坚实的一步。

参考文献

[1] [英] 亚当·斯密. 国民财富的性质和原因的研究 [M]. 北京：商务印书馆，1972.

[2] [美] 雷诺兹. 微观经济学 [M]. 北京：商务印书馆，1982.

[3] [美] 加尔布雷斯. 富裕社会 [M]. 南京：凤凰出版传媒集团江苏人民出版社，2009.

[4] [美] 提勃尔·西托夫斯基. 无快乐的经济：人类获得满足的心理学 [M]. 北京：中国人民大学出版社，2008.

[5] 岳希明，李实，王萍萍，等. 透视中国农村贫困 [M]. 北京：经济科学出版社，2007.

[6] [印度] 阿马蒂亚·森. 贫困与饥荒 [M]. 王宇，王文玉，译. 北京：商务印书馆，2009.

[7] 周静茹. 六盘山回族地区反贫困研究 [D]. 兰州：兰州大学，2014.

[8] 章元，万广华，史清华. 暂时性贫困与慢性贫困的度量、分解和决定因素分析 [J]. 经济研究，2013 (4)：119-129.

[9] 国家统计局《中国城镇居民贫困问题研究》课题组. 中国城镇居民贫困问题研究 [J]. 统计研究，1991 (6).

[10] 王萍萍，徐鑫，郝彦宏. 中国农村贫困标准问题研究 [J]. 调研世界，2015 (8)：3-8.

[11] 郭建宇，吴国宝. 基于不同指标及权重选择的多维贫困测量——以山西省贫困县为例 [J]. 中国农村经济，2012 (2)：12-20.

[12] 李栗. 收入分配差距的贫困度研究 [D]. 沈阳：辽宁大学，2012.

[13] 张飞霞. 公共政策视角下西部地区农村金融反贫困问题研究 [D]. 太原：山西财经大学，2013.

[14] 潘明明. 南疆三地州农村反贫困的人力资源开发研究 [D]. 石河子：石河子大学，2015.

[15] 余锦汉. 反贫困视角下民族地区农村成人教育发展策略研究——以华南县为例 [D]. 昆明：云南大学，2012.

[16] 宋建昕. 信任型社会资本与农村社区反贫困问题研究 [D]. 西安：陕西师范大学，2012.

[17] 赵丹. 连片特困区妇女反贫困政策分析——以武陵山区为例 [D]. 武汉：华中师范大学，2015.

[18] 储德银，赵飞. 财政分权、政府转移支付与农村贫困——基于预算内外和收支双重维度的门槛效应分析 [J]. 财经研究，2013，39 (9)：4-18.

[19] 樊丽明，谢垩. 公共转移支付减少了贫困脆弱性吗？ [J]. 经济研究，2014 (8)：67-78.

[20] 何通艳. 藏区参与式反贫困研究 [D]. 成都：西南财经大学，2013.

[21] 张施凯. 中部地区农村反贫困范式转换的困境及新模式探索 [D]. 南昌：南昌大学，2013.

[22] 葛薇. 经济法视角下的反贫困研究 [D]. 长沙：湖南师范大学，2012.

[23] 王洪涛. 中国西部地区农村反贫困问题研究 [D]. 北京：中央民族大学，2013.

[24] 陈少君. 西部少数民族地区反贫困战略问题研究 [D]. 成都：西南财经大学，2013.

[25] 于吉玲. 贫困与反贫困问题研究——以平凉市少数民族贫困片带扶贫开发为例 [D]. 兰州：兰州大学，2011.

[26] 朱霞梅. 反贫困的理论与实践研究——基于人的发展视角 [D]. 上海：复旦大学，2010.

[27] 王生云. 中国经济高速增长的亲贫困程度研究：1989～2009 [D]. 杭州：浙江大学，2013.

[28] 向家宇. 贫困治理中的农民组织化问题研究——以 S 省三个贫困村的农民组织化实践为例 [D]. 武汉：华中师范大学，2014.

[29] 田宇，卢芬芬，张怀英. 中国贫困地区情境下的包容性商业模式构建机制：基于无形山片区的多案例研究 [J]. 管理学报，2016，13 (2)：184-194.

[30] 王建平. 印度反贫困的沿革及其启示 [J]. 老区建设，2009 (17).

[31] 王志章，刘天元，贾煜. 印度包容性增长的扶贫开发实践及启示 [J]. 西南大学学报·社会科学版，2015 (4).

[32] Asian Development Bank；Stephan Klasen. Measuring and Monitoring Inclusive Growth：Multiple Definitions，Open Questions，and Some Constructive Proposals [R]. Sustainable Development Working Papers，2010.

[33] Ifzal Ali. Inequality and the Imperative for Inclusive Growth in Asia [EB/OL]. (2007-09-12) [2014-09-04]. http：//www. adbi. org/conf /2426. inequality. imperative. growth.

[34] 白维军. "金砖国家"反贫困政策比较研究 [J]. 现代经济探讨，2012 (12).

[35] 张晓，叶普万. 世界反贫困战略的变迁及其启示 [J]. 生产力研究，2006 (6).

[36] 陈标平，胡传明. 建国 60 年中国农村反贫困模式演进与基本经验 [J]. 求实，2009 (7).

［37］李金峥．题同释异：中国近代农民何以贫困的论争［A］//徐秀丽，王先明．中国近代乡村的危机与重建：革命、改良及其他．北京：社会科学文献出版社，2012：39-53．

［38］张婷．"技术学派"与"分配学派"民国农村经济落后根源之争［J］．湖北经济学院学报·人文社会科学版，2015，12（1）：20-21．

［39］樊卫国．民国经济二元结构与农村分配［J］．上海经济研究，2003（10）：70-75．

［40］王兆刚．民国时期乡村治理的变革模式及启示［J］．江西社会科学，2016（1）：102-109．

［41］崔凤，杜瑶．论农村贫困救助制度的整合［J］．山东科技大学学报·社会科学版，2009，11（6）：52-55．

［42］张启耀，王先明．民国自治运动与基层社会的贫困化——对1927～1937年江西乡村社会的考察［J］．华中科技大学学报·社会科学版，2012，26（1）：56-60．

［43］成志刚，公衍勇．我国农村贫困救助制度：反思与重构［J］．湘潭大学学报·哲学社会科学版，2009，33（6）：76-80．

［44］张银霞．中国农村贫困救助制度的历史演变［D］．成都：西南财经大学，2009：11-12．

［45］蔡勤禹．国家、社会与弱势群体——民国时期的社会救济［D］．南京：南京大学，2001：28-42．

［46］王蓉．民国农民贫困问题初探［D］．武汉：武汉大学，2010：26-117．

［47］韩文艳．民国时期农村生活水平评估［D］．上海：复旦大学，2013：16-24．

［48］邱远航．民国时期的乡村治理研究［D］．西安：陕西师范大学，2009：9-13．

［49］王晓丽．20世纪农村扶贫开发的历史回顾及启示［J］．吉林工程技术师范学院学报，2008，24（11）：11-13．

［50］雷洋，谢泽氢．包容性增长理念下的偏远地区旅游扶贫研究——以四川平武虎牙藏族乡为例［J］．绵阳师范学院学报，2015（12）：58-61．

［51］向德平．包容性增长视角下中国扶贫政策的变迁与走向［J］．华中师范大学学报·人文社会科学版，2011，50（4）：1-8．

［52］杨占国，于跃洋．当代中国农村扶贫30年（1979～2009）述评［J］．北京社会科学，2009（5）：80-87．

［53］韩广富．当代中国农村扶贫开发的历史进程［J］．理论导刊，2005（7）：85-88．

［54］陆汉文，曹洪民．扶贫开发历史机遇期与战略创新［J］．江汉论坛，2014（5）：130-135．

［55］李勇．改革开放以来东西扶贫协作政策的历史演进及其特点［J］．党史研究与教学，2012（2）：36-43．

[56] 王泽应．共同富裕的伦理内涵及实现路径［J］．齐鲁学刊，2015（2）：61-66．

[57] 刘解龙，陈湘海．精准扶贫的几个基本问题分析［J］．长沙理工大学学报·社会科学版，2015（6）：98-104．

[58] 黄承伟，覃志敏．论精准扶贫与国家扶贫治理体系建构［J］．中国延安干部学院学报，2015，8（1）：131-136．

[59] 苏义林，朱朝阳．"三严三实"话帮扶［J］．中国扶贫，2016（1）．

[60] 韩广富．中国共产党农村扶贫开发工作史纲的逻辑构建［J］．理论导刊，2012（6）：31-36．

[61] 杨波．甘肃精准扶贫开发新路径探析［J］．开发研究，2015（6）．

[62] 邓小海，曾亮，罗明义．精准扶贫背景下旅游扶贫精准识别研究［J］．生态经济，2015（4）．

[63] 唐任伍．习近平精准扶贫思想阐释［J］．人民论坛，2015（20）：28-30．

[64] 田景娟．精准扶贫的内涵、实践困境及其原因分析——基于务川仡佬族苗族自治县的调查［J］．当代经济，2015（33）．

[65] 薄绍晔．深刻领悟精准扶贫精准脱贫的内涵［J］．中国医疗保险，2016（3）．

[66] 余泽梁，于长永．精准扶贫问题研究述评［J］．武汉职业技术学院学报，2016（1）：13-16．

[67] 刘解龙，陈湘海．精准扶贫的几个基本问题分析［J］．长沙理工大学学报·社会科学版，2015（6）：98-104．

[68] 段思佳．新常态下的精准扶贫：困境与出路［J］．合作经济与科技，2016（12）．

[69] 朱云，吴春锋，黄斌琼．精准扶贫方式方法研究［J］．老区建设，2014（15）：41-44．

[70] 张笑芸，唐燕．创新扶贫方式，实现精准扶贫［J］．资源开发与市场，2014，30（9）：1118-1119．

[71] 郝潞霞，韩建新．习近平全面建成小康社会思想探析［J］．思想理论教育导刊，2015（12）：35-41．

[72] 肖贵清．全面建成小康社会的内涵、战略地位和制度保障［J］．思想理论教育导刊，2015（9）：62-67．

[73] 王泽应．共同富裕的伦理内涵及实现路径［J］．齐鲁学刊，2015（2）：61-66．

[74] 李成才．扎实推进精准扶贫精准脱贫努力实现共同富裕全面小康［J］．发展，2015（12）：1-1．

[75] 李小云．精准扶贫——实现共同富裕，啃下"贫困"这块硬骨头［J］．人民论坛，2015（22）：36-38．

[76] 李国祥．农民合作经济组织应成为精准扶贫的重要力量［J］．中国合作经济，2016（4）．

［77］张亚娥．农村精准扶贫新模式探析［J］．南方农业，2016，10（12）．

［78］杨雪敏．发展特色农业 助推扶贫开发［J］．传承，2014（9）：81-82．

［79］王京传，李天元．包容性旅游增长的概念内涵、实现机制和政策建议［J］．旅游科学，2011，25（5）：10-22．

［80］王嘉伟．"十三五"时期特困地区电商扶贫现状与模式创新研究［J］．农业网络信息，2016（4）．

［81］鄢红兵．创新"金融＋"实施精准扶贫——当前我国金融扶贫的难点及对策［J］．武汉金融，2015（9）：56-59．

［82］王克启．试论保险业在精准扶贫攻坚中的经营新策略［J］．经济界，2016（2）．

［83］王茜．关于运用大数据助推精准扶贫的提案［J］．中国科技产业，2016（4）：23-23．

［84］五部委联合发布《关于实施光伏发电扶贫工作的意见》［J］．电源世界，2016（4）．

［85］中共黄冈市委关于制定全市国民经济和社会发展第十三个五年规划的建议［N］．黄冈日报，2016-01-18（001）．

［86］黄冈市统计局．2013年城乡居民消费能力统计［R］．

［87］严洋，黄正轩．黄冈：精准扶贫的湖北样本［N］．黄冈日报，2015-09-24（001）．

［88］袁桥，杨辉，瞿慧一．黄冈市"五位一体"推进精准扶贫工作纪实［EB/OL］．http：//www.dbshsly.com/newsshow.php? id=998＆sid=27，2016-10-12．

［89］黄焕新．英山县整村推进扶贫结硕果［N］．黄冈日报，2010-01-04．

［90］程邈，高洁，张智富．湖北黄州区：三大举措抓整改，助推蔬菜产业化［EB/OL］．http：//cd.qq.com/a/20090817/001598.htm，2009-08-17．

［91］湖北省人民政府扶贫开发办公室．坚持多方位支持 实施产业化扶贫 努力开创湖北省扶贫开发工作新局面［EB/OL］．http：//www.hbfp.gov.cn/fpkf/cyfp/2962.htm，2008-01-31．

［92］罗燕．整村推进扶贫政策实施效果及政策建议——以湖北省黄冈市蕲春县六行政村为例［A］//刘川鄂．荆楚学术．北京：北京理工大学出版社，2015．

［93］王金艳．雨露计划扶贫培训探析［J］．理论学刊，2015（8）．

［94］刘雪荣．"四个一批"扶贫攻坚的实践探索［J］．国家治理，2015（36）：29-34．

［95］邵晓锋，张克新．黄冈市人口增长模型的研究［J］．数学的实践与认识，2008（13）：97-101．

［96］张克新，邵晓锋，江楚义．黄冈市人口增长对经济发展影响的研究［J］．经济研究导刊，2008（17）：163-166．

［97］蔡胤嘉．黄冈市切实加强老龄工作网络建设［EB/OL］．http：//www.hgmz.gov.cn/ywzc/llgz/2015-11-06/3517.html，2015-11-06．

［98］湖北省统计局．人口老龄化对湖北社会经济发展的影响［EB/OL］．http：//

www. stats-hb. gov. cn/wzlm/tjbs/qstjbsyxx/107913. htm, 2013-12-04.

[99] 张济国，熊道龙，周景飞. 黄冈市耕地保护存在的问题与对策 [J]. 湖北农业科学，2010 (8)：2016-2019.

[100] 阎梅，严林浩，谢俊峰. 黄冈市水生态环境现状与保护探讨 [J]. 资源节约与环保，2014 (10)：169-173.

[101] 黄冈市人力资源和社会保障局，全市人力资源供需状况简要分析报告 [EB/OL]. http：//www. hg12333. com/xxgk/dybg/2016-03-02/2103. html, 2016-03-02.

[102] 尹建军. 黄冈市旅游资源开发现状与对策研究 [J]. 黄冈师范学院学报，2010 (4)：89-90.

[103] 杨公朴，等. 产业经济学 [M]. 上海：复旦大学出版社，2005.

[104] 威廉·配第. 政治算术 [M]. 马妍，译. 北京：中国社会科学出版社，2010.

[105] Colin Clark. The Conditions of Economic Progress [M]. London：Macmillan & Co. Ltd, 1940.

[106] Simon Kuznets, Lillian Epstein and Elizabeth Jenks. National Income and Its Composition, 1919-1938 [J]. National Bureau of Economic Reserach, 1941 (1).

[107] W. G. Hoffmann. "The Pattern of Industrial Growth", in The Growth of Industrial Economies, translated from the German by W. O. Henderson and W. H. Chaloner, Chapter IV, Manchester：Manchester University Press, 1931.

[108] 周振华. 结构调整 [M]. 上海：上海人民出版社，1999.

[109] 刘伟. 工业化进程中的产业结构研究 [M]. 北京：中国人民大学出版社，1995.

[110] 江小涓. 世纪之交的工业结构升级 [M]. 上海：上海远东出版社，1996.

[111] 黄继忠. 对产业结构优化理论中一个新命题的论证 [J]. 经济管理·新管理，2002 (4)：12-16.

[112] 喆儒. 产业升级——开放条件下中国的政策选择 [M]. 北京：中国经济出版社，2006.

[113] 原毅军，董琨. 产业结构的变动与优化：理论解释与定量分析 [M]. 大连：大连理工大学出版社，2008.

[114] 周琴. 产业结构优化的路径选择——一般理论及其对长三角的应用分析 [D]. 上海：上海社会科学院，2010：15-16.

[115] 湖北省经济和信息化委员会. 黄冈市产业集群发展现状及存在的问题 [EB/OL]. http：//www. hbeitc. gov. cn/cyfz/jqwg/62730. htm, 2014-08-25.

[116] 黄冈市发展和改革委员会. 关于加快黄冈产业结构优化升级的思考 [EB/OL]. http：//www. hgsfgw. gov. cn/dcyj/2011-07-28/241. html, 2010-07-21.

[117] 黄冈市政府. 2015 年黄冈市政府工作报告 [EB/OL]. http：//hb. ifeng. com/dfzx/

detail _ 2015 _ 02/27/3593122 _ 1. shtml，2015-02-27.

[118] 黄冈市经济和信息化委员会．我市加快推进新型城镇化发展探寻［EB/OL］. http：//www. hgjxw. gov. cn/html/gyjj/xyji/201606/1196. html，2016-06-10.

[119] 牛文元．中国新型城市化战略的设计要点［J］.中国科学院院刊，2009（2）.

[120] 陈甫军，景普秋．中国新型城市化道路的理论及发展目标预测［J］.经济学动态，2008（9）.

[121] OECD. 2015年中国城市化水平发展报告［R］.

[122] 国务院关于深入推进新型城镇化建设的若干意见［EB/OL］. http：//www. gov. cn/zhengce/content/2016-02/06/content _ 5039947. htm，2016-02-06.

[123] 荆楚扶贫网．崛起的黄冈新型城镇化建设［EB/OL］. http：//hbfp. cnhubei. com/2014/1018/168550. shtml，2014-10-18.

[124] 秦尊文，张静，彭智敏．长江中游城市群发展报告（2015）［M］.北京：社会科学文献出版社，2015：214-218.

[125] 湖北省人民政府扶贫开发办公室．四大片区：攻坚难点与对策［EB/OL］. http：//www. hbfp. gov. cn/jpyfzxj/2015ndej/19018. htm，2015-07-20.

[126] 申兵．中部崛起战略中的农村扶贫开发对策［J］.中国发展观察，2006（10）：41-42.

[127] 王婷婷．大别山区贫困集聚的形成机理——基于特征识别的视角［D］.武汉：华中科技大学，2012：38-40.

[128] 宁方馨．大别山连片特困区相对资源承载力评价［D］.北京：首都师范大学，2014：34-35.

[129] 湖北省扶贫办建档立卡数据分析课题组．大别山片区："四定"解贫困（湖北省2014年扶贫开发建档立卡数据分析报告之五）［R］//黄冈市精准扶贫工作手册（一）.

[130] 湖北省扶贫人口精准识别专题审计整改培训班资料汇编［R］. 2016，8.

[131] 湖北省扶贫办综合调研组．黄冈市精准扶贫工作调研报告［R］//黄冈市精准扶贫工作手册（一）.

[132] 中共湖北省委、省人民政府．关于全力推进精准扶贫精准脱贫的决定［EB/OL］. http：//www. hubei. gov. cn/zwgk/rdzt _ v12/2015mhwzt/hbjzfpjxs/hbxdfp/201509/t20150928 _ 723932. shtml，2015-09-28.

[133] 谭诗斌．区域经济的增长与减缓贫困的实证分析——以湖北黄冈大别山区为例［D］.武汉：华中师范大学，1999.

[134] 詹汉荣，刘凤凰．论黄冈市贫困地区经济持续发展战略［J］.黄冈师范学院学报，2007（10）.

[135] 张珺．当前我国返贫现状与问题分析 [J]．中国管理信息化，2011 (6)．

[136] 黄承伟，覃志敏．我国贫困治理体系演进与精准扶贫 [J]．开发研究，2015 (2)：56-59.

[137] 吴雄周，丁建军．精准扶贫：单维瞄准向多维瞄准的嬗变 [J]．湖南社会科学，2015 (6)：162-166.

[138] 左停，杨雨鑫，钟玲．精准扶贫：技术靶向、理论解析和现实挑战 [J]．贵州社会科学，2015 (8)：156-162.

[139] 阿玛蒂亚·森．贫困与饥荒——论权利与剥夺 [M]．北京：商务印书馆，2001.

[140] Alikire S. Choosing Dimensions：the Capability Approach and Multidimensional Poverty [R]. Chronic Poverty Research Centre，2007，88.

[141] 王小林，Sabina Alkire．中国多维贫困测量：估计和政策含义 [J]．中国经济，2009 (12)：4-10.

[142] 联合国开发计划署．人类发展报告 2010 [EB/OL]．(2010-11-4) [2016-3-28]．

[143] 刘伟，黎洁．西部山区农户多维贫困测量——基于陕西安康市 1404 份问卷的调查 [J]．农村经济，2014 (5)：14-18.

[144] 王春超，叶琴．中国农民多维贫困的演进——基于收入与教育维度的考察 [J]．经济研究，2014 (12)：159-174.

[145] 张全红，周强．中国贫困测度的多维方法和实证应用 [J]．中国软科学，2015 (7)：29-41.

[146] 方迎风．中国贫困的多维测度 [J]．当代经济科学，2012 (4)：7-15.

[147] Bourguignon F，Chakravarty S R. The measurement of multidimensional poverty [J]. Journal of Economic Inequality，2003 (1)：25-49.

[148] 邹薇，方迎风．怎样测度贫困：从单维到多维 [J]．国外社会科学，2012 (2)：63-69.

[149] 陈辉．基于多维贫困测度的贫困精准识别及精准扶贫对策——以粤北山区为例 [J]．广东财经大学学报，2016 (3)．

[150] 范永忠，范龙昌．中国扶贫治理机制研究 [J]．经济研究导刊，2012 (22)．

[151] 郭辉，王艳慧，钱乐毅．重庆市黔江区贫困村多维测算模型的构建与应用 [J]．中国科技论文，2015 (3)：331-335.

[152] 王俊文．当代中国农村贫困与反贫困问题研究 [M]．长沙：湖南师范大学出版社，2010：58-112.

[153] 袁静．农村基层党组织工作机制科学化研究 [D]．雅安：四川农业大学，2013.

[154] 中共中央办公厅、国务院办公厅．关于创新机制扎实推进农村扶贫开发工作意见 [EB/OL]．http：//www.china.com.cn/lianghui/fangtan，2016-02-16.

［155］湖北省委、省政府．关于全力推进精准扶贫精准脱贫的决定．［EB/OL］http：//
hbfp. cnhubei. com，2015-09-28.

［156］黄冈市委、市政府．关于全力推进精准扶贫精准脱贫的决定［EB/OL］. http：//
www. xianzhaiwang. cn/news/huanggang/121871. html，2015-10-08.

［157］中共中央办公厅、国务院办公厅．关于建立贫困退出机制的意见［EB/OL］. ht-
tp：//www. scio. gov. cn/xwfbh/xwbfbh/wqfbh/33978/34517/zy34521/Document/
1476865/1476865. html，2016-05-10.

［158］中共中央办公厅．关于全面做好扶贫开发金融服务工作的意见［EB/OL］. http：//
www. whfp. org/fupinyaowen/lingdaoguanhuai，2014-04-10.

［159］中共中央办公厅、国务院办公厅．创新扶贫开发社会参与机制实施方案［EB/OL］.
http：//www. dsrrd. gov. cn/webinfo/ywzx/mtgz，2014-10-16.

［160］刘卉芳，耿相魁．大别山贫困地区精准扶贫策略探究——基于黄冈市贫困人口调研
实际［J］. 农村经济与科技，2016（1）：87-88.

［161］夏梦凡．精准扶贫：现状、问题与路径选择——基于黄冈大别山革命老区案例分析
［J］. 经济研究导刊，2016（3）.

［162］刘雪荣．精准施策促产业扶贫平稳落地［J］. 国家治理，2015（12）：32-36.

［163］黄冈市教育局．精准施策 迅速打响教育扶贫攻坚战［J］. 湖北教育·综合资讯，
2016：10.

［164］黄泽夫，孔铁琼，刘海．务实改革的黄冈实践［J］. 政策，2016（5）：15-18.

［165］刘钰佳，秦远好．旅游扶贫与生态环境的矛盾与调和［J］. 知识经济，2014（24）.

［166］杨能良，黄鹏．教育扶贫——我国扶贫的财政学思考［J］. 福建财会管理干部学院
学报，2002（1）：14.

后　记

党的十八大以来，以习近平同志为核心的党中央把贫困人口脱贫作为全面建成小康社会的底线任务和标志性指标，在全国范围内打响了脱贫攻坚战。脱贫攻坚力度之大、规模之广、影响之深，前所未有。

北京理工大学人文学院在湖北省黄冈市建立经济学实习基地后，我们在黄冈市各部门开展实习的学生就扶贫问题展开了大量的调研分析。实习任务完成后回到学校，我们经济学系的部分老师就学生调研课题内容进行指导分析，最后课题组通过多次讨论，以精准扶贫为课题研究方向，以黄冈市为例，选择这几年来非常有价值的调研报告作为实证案例支撑，并结合扶贫理论的最新发展，形成了本书的研究框架与内容。

本书的编写与最终出版是经济学系教师和学生集体努力的成果，在本书编写过程中，以下这些同学：王琛、赵恬逸、董晋娜、贺鑫、邓琪、叶帆欣、乔小棠、刘峥、朱文哲、高昕茹、马子钰、许克、陈晨、李云娇、王鹏、唐舜尧、岳童、陈照青、胡星等，都付出了一定的努力，在此表示感谢。在本书编写出版过程中，正值党的十九大胜利召开，习近平总书记在党的十九大报告中强调，打赢脱贫攻坚战，要重点攻克深度贫困地区脱贫任务。攻克深度贫困地区脱贫任务是一场硬仗，也是我们师生下一步继续重点关注和研究的内容。我们将不断通过自己的亲身实践和调研，将最新的研究成果进行整理并结集出版，不断推动我国扶贫理论与实践的发展，为地方政府的扶贫工作提供政策参考。

本书能够顺利出版还要感谢知识产权出版社的各位编辑，他们在本书的写作过程中提出很多宝贵意见，也付出了大量的辛勤汗水。

本书编写组
2017 年 11 月